古典文獻研究輯刊

三五編

潘美月・杜潔祥 主編

第 33 冊

《虛齋名畫錄》校理（上）

李福言 著

國家圖書館出版品預行編目資料

《虛齋名畫錄》校理（上）／李福言 著 -- 初版 -- 新北市：
花木蘭文化事業有限公司，2022〔民 111〕
目 18+204 面；19×26 公分
（古典文獻研究輯刊 三五編；第 33 冊）
ISBN 978-626-344-135-4（精裝）
1.CST：中國畫 2.CST：目錄
011.08　　　　　　　　　　　　　　　111010337

古典文獻研究輯刊
三五編　第三三冊　　　　　ISBN：978-626-344-135-4

《虛齋名畫錄》校理（上）

作　　者　李福言
主　　編　潘美月、杜潔祥
總 編 輯　杜潔祥
副總編輯　楊嘉樂
編輯主任　許郁翎
編　　輯　張雅淋、潘玟靜、劉子瑄　美術編輯　陳逸婷
出　　版　花木蘭文化事業有限公司
發 行 人　高小娟
聯絡地址　235 新北市中和區中安街七二號十三樓
　　　　　電話：02-2923-1455／傳真：02-2923-1452
網　　址　http://www.huamulan.tw 信箱 service@huamulans.com
印　　刷　普羅文化出版廣告事業
初　　版　2022 年 9 月
定　　價　三五編 39 冊（精裝）新台幣 98,000 元　　版權所有 · 請勿翻印

《虛齋名畫錄》校理(上)

李福言 著

作者簡介

李福言，男，1985 年生，江蘇豐縣人，任教於江西師範大學文學院，講師，碩士生導師。武漢大學文學博士，北京語言大學博士後。主要研究歷史方言與音韻中的異讀問題。主持教育部人文社科青年項目一項，中國博士後第 67 批面上二等資助一項，江西省文化藝術重點項目一項，江西省社科青年項目兩項，江西省高校人文社科青年項目兩項。入選江西師範大學 2017 青年英才培育計劃。出版專著多部，在《歷史語言學研究》《漢語史研究集刊》《勵耘語言學刊》《中國文字研究》《語言研究集刊》等學術刊物發表 CSSCI 論文多篇。

提　　要

　　《虛齋名畫錄》，16 卷，是清代龐元濟所作。該書收錄作者自藏畫跡五百三十五件，自唐代至清代，分列卷、軸、冊頁三類，按時代先後為序，每種詳細記錄紙絹、尺寸、題跋及印章，凡題跋之高寬，文字脫落，都照原本備載。同時扼要描述畫面用色用墨，人物景象，同時，還照錄與畫作相關的詩文題跋，這些畫作中有宋元名畫三十多件，都是難得的稀世珍寶。該書對研究中國繪畫史具有考索之功，是非常重要的工具書。我們這次點校整理以《續修四庫全書》所收《虛齋名畫錄》為點校底本，該底本為清宣統元年烏程龐氏上海刻本，以李保民校點本（上海古籍出版社 2016 年版）為參校本，期望給讀者一個更好的讀本。《虛齋名畫錄續錄》不列入本次點校。我們整理本以現代標點符號劃分句讀，同時，為節省篇幅，省略了原文的印章圖案。底本出現的「□」，我們遵照底本謄錄。不出校記。

目

次

點校整理說明

　　2014 年 6 月，浙江美術出版社的霍西勝兄邀我點校《虛齋名畫錄》，並把相關資料發給我。當時我剛博士畢業，入職江西師範大學文學院，事情不多。我閱讀了《虛齋名畫錄》，感覺裏面收錄了很多學者、畫家的鑒賞題跋，文辭優美，對於學術研究也有裨益。於是答應下來。謄錄、標點，大約到了 2015 年，初步完成。發給他，他當時手頭有事，沒有立刻出版，後來又轉給另一位編輯，但是這個編輯後來又懷孕生孩子，沒有繼續下去，這就是耽擱了。但我心裏一直想把這個書出版，畢竟花了很多精力和時間。後來發現 2016 年李保民先生出版了點校本，該書標點很好，但仍有不少可商榷之處。我們這次點校整理以《續修四庫全書》所收《虛齋名畫錄》為點校底本，該底本為清宣統元年烏程龐氏上海刻本，以李保民校點本（上海古籍出版社 2016 年版）為參校本，期望給讀者一個更好的讀本。《虛齋名畫錄續錄》不列入本次點校。我們整理本以現代標點符號劃分句讀，同時，為節省篇幅，省略了原文的印章圖案。底本出現的「□」，我們遵照底本謄錄。不出校記。

整理者

二〇二一年十二月

虛齋名畫錄

鄭孝胥敘

　　自張彥遠《歷代名畫記》詳記跋尾押署、公私印記、裝褙裱軸，其後米元章《畫史》亦記裝裱收藏，及張丑《清河書畫舫》，則詳載題識印記，汪珂玉《珊瑚網》專錄名畫題跋，高江村《銷夏記》並記絹素長短廣狹，於是收藏之家，多資以辨驗真偽。吳荷屋中丞謂《江村銷夏錄》首重卷冊尺寸，然余所見贋蹟，如閻立本之《秋嶺歸雲》江村所收錢舜舉之《茹花》兩卷，與原載題詠及卷內尺寸，絲毫相符，要在真鑒而已。虛齋主人收藏甲於東南，仿《江村銷夏錄》之體，著《虛齋名畫錄》，其所錄者止以家藏為限，而積書至十有六卷，雖江村、荷屋以親見記者，猶未能與之抗。噫，亦誠足以豪矣。諸家以著書為務，故並錄他人所藏以矜博覽，虛齋以收藏為主，故惟錄秘玩所蓄以廣流傳，且夕摩挲，與雲煙過眼者，孰為真鑒。此豈可相提並論者哉。虛齋所閱既夥，心得益深，然謙慎不加評騭，則其書之質實謹嚴，尤為可貴。若荷屋中丞之於蹟真跋闕者，亦錄之，以示鑒別，雖精識可尚，恐亦不能無啟後人之疑也。宣統己酉仲秋鄭孝胥書。

龐元濟自敘

余自幼嗜畫,年未弱冠,即喜購置乾嘉時人手蹟,刻意臨摹,頗得形似。先君子顧而樂之曰:此子不愁無飯噉矣。迨後搜羅漸及國初,由國初而至前明,由明而元而宋,上至五代李唐,循序而進,未嘗躐等。每遇名蹟,不惜重貲購求。南北收藏,如吳門汪氏、顧氏、錫山秦氏、中州李氏、萊陽孫氏、川沙沈氏、利津李氏、歸安吳氏、同里顧氏諸舊家,爭出所蓄,聞風而至,雲煙過眼,幾無虛日。其間凡畫法之精觕,設色之明黯,紙絹之新舊,題跋之真贗,時移代易,面目各自不同,靡不惟日孜孜,潛心考索,稍有疑竇,寧慎勿濫,往往於數十百幅中選擇不過二三幅,積儲二十餘年而所得僅僅若此。歐陽子曰物嘗聚於所好而常得於有力之強。余不敢以有力自居,惟好之既篤,積之既久,則凡歷代有名大家,蓋於是略備焉。近者齋居清寂,爰取所藏,時一展閱,仿《江村銷夏錄》體,隨筆登錄共得十六卷,徇友人之請,付諸梓人,俾名蹟永彰,亦以示余所得之不易。後之覽者,若以余為知畫,則吾豈敢。宣統元年歲次己酉夏六月烏程龐元濟萊臣氏識於虛齋。

凡 例

一、法書名畫著錄並重,惟元濟嗜畫入骨,故庋藏較多,今先裒集付梓,名曰《虛齋名畫錄》,紀實也。其歷代名人書蹟,亦多精品,異日當另置一編以供藝林賞析,茲不闌入,庶免混淆。

一、是錄遇書畫合裝,珠聯璧合,並出名家,且係前人所配合,不應分開,失其原式,故並錄之。

一、畫目分三類,首卷子,次立軸,次冊頁。自唐、五代、宋、元、明、國朝,以時代先後為差。至摺疊扇頁,敝篋所藏,由前明及國朝,名繪如林,容俟續錄。

一、《珊瑚網》《書畫匯考》諸書,搜羅薈萃,最稱浩博。惟其所載,不盡家藏,或非目見。是錄披沙揀金,非經寒家所藏,不經入選。

一、世間煊赫名蹟,所存無幾,得歸敝篋,藉為是錄之光。雖屢經前人編錄,仍復首尾登載。俾閱是編者,知名蹟之尚存焉。

一、著錄家於詩古文詞之習見坊本者，恒注原文，不錄，而書其前後款識，茲錄亦遵此例，惟於詩文節取一段，及與坊本有異同者，仍照錄以存廬山面目。

一、內府圖書，收儲珍秘，奎章宸翰，煥若日星，人間不易覯也。然或錫諸臣僚，或軼於離亂，元濟偶然幸值，不惜重貲收之，以備將來，貢諸天府。其亦敬謹登錄者，重遭遇也。

一、遇文字損蝕，模糊不辨者，均以方罫代之。或有譌脫，悉照原本，不敢臆改。

一、所載尺寸長短，悉遵工部，營造不差，累忝跋紙亦同。惟近人題跋，書於拖尾賸池者，間亦不暇致詳。

一、書畫之印章，所以徵信也。本人姓氏，歷代收藏，上至殿廷，下至臣庶，流傳之緒，考鏡所資。故印有方圓、連珠、葫蘆等式，篆有上下疏密錯綜之殊，均用楷書，依文錄入，並下注朱文、白文。其闕佚模糊不辨者，代以方罫。古籀奇異不識者，摹其具體。他如騎縫押花，及鈐印別端者，亦一一識其處所，後人按圖索驥，於此可考。

一、名蹟之來，聚於所好。敝篋所收，頗踰於錄外，但板已開雕，只能以年為斷，續有編錄，俟諸異日。

一、賞奇析疑，雅資同好。陸君廉夫、張君研孫，同客寒齋，是錄之刻，並預校讐。攻錯他山，合應備列。

虛齋主人龐元濟手識。

虛齋名畫錄總目

一軸　宋米元章一軸　宋李迪一軸　宋馬欽山一軸　宋夏禹玉一軸　宋馬麟一軸　宋徐世昌一軸　宋趙彝齋一軸　宋朱克柔一軸　元趙文敏四軸　元李息齋一軸　元方方壺二軸　元朱澤民一軸　元唐子華一軸　元高房山一軸　元柯丹丘二軸　元任月山一軸　元盛文裕一軸　元曹雲西一軸　元王若水一軸　元鄭熙之一軸　元孟玉潤一軸　元黃子久一軸　元王叔明四軸　元吳仲圭二軸　元倪雲林七軸　元馬文璧一軸

卷八　立軸類

明楊孟載一軸　明王孟端一軸　明謝葵丘一軸　明冷龍陽一軸　明杜用嘉一軸　明劉完庵二軸　明戴文進二軸　明姚雲東二軸　明王廷直一軸　明周東村一軸　明沈恒吉一軸　明沈石田五軸　明文待詔九軸　明仇實父四軸　明唐六如五軸　明林以善一軸　明呂廷振一軸　明徐青藤一軸　明陳白沙一軸　明陸包山三軸　明錢叔寶二軸　明陳沱江一軸　明文休承一軸　明王雅宜一軸　明文彥可一軸　明文五峰二軸　明關慎思一軸　明宋石門一軸　明周服卿一軸　明陸子傳一軸　明董文敏六軸　明丁南羽二軸　明李長蘅一軸　明卞潤甫三軸　明程孟陽二軸　明楊龍友二軸　明張爾唯二軸　明邵瓜疇二軸　明陳古白劉振之合一軸　明張君度二軸　明陳眉公一軸　明惲香山一軸　明藍田叔二軸　明項孔彰六軸　明曾蔗庵項孔彰合一軸　明項又新一軸　明崔青蚓一軸　明馬湘蘭一軸

卷九　立軸類

王煙客九軸　王圓照二十六周　王石谷二十五軸　王石谷師弟合二軸　王麓臺二十九周　惲南田十二軸　吳漁山七軸　諸名賢合三軸

卷十　立軸類

陳章侯三軸　龔半千二軸　吳梅村一軸　黃端木二軸　姜學在一軸　徐俟齋一軸　蕭尺木一軸　張大風一軸　程青溪一軸　八大山人一軸　釋石濤三軸　釋石溪三軸　釋浙江一軸　釋目存一軸　王忘庵二軸　查梅壑二軸　笪江上三軸　禹慎齋一軸　沈獅峰一軸　高澹游二軸　黃尊古一軸　張篁村二軸　華秋岳四軸　文南雲一軸　王隨庵一軸　王日初二軸　蔡松原一軸　方環山一軸　皇六子一軸　高西園一軸　王蓬心二軸　潘蓮巢三軸　畢焦麓一軸　董文恪二軸　錢竹初一軸　張夕庵一軸　奚鐵生四軸　黃秋盦一軸　湯貞愍九軸　戴文節十四軸

卷十一　冊頁類

唐宋元明名畫大觀一冊　歷代名筆集勝六冊　明人名筆集勝二冊　明沈石田二冊　明文待詔一冊　明仇實父一冊

卷十二　冊頁類

明徐青藤一冊　明周恭肅一冊　明文休承一冊　明謝樗仙一冊

卷十三　冊頁類

明董文敏一冊　明李長蘅僧筏合一冊　明卞潤甫二冊　明張爾唯一冊　明邵瓜疇一冊　明惲香山一冊　明藍田叔二冊　明項孔彰五冊

卷十四　冊頁類

王煙客一冊　王圓照六冊　王石谷八冊　王麓臺三冊　惲南田三冊　吳漁山三冊

卷十五　冊頁類

六大家合一冊　惲南田王石谷一冊　王石谷師弟合一冊　王石谷查梅壑合一冊　龔半千一冊　釋石濤四冊　楊子鶴二冊　馬扶羲一冊　高澹游一冊　黃尊古一冊　華秋岳一冊　王鹿公一冊　王蓬心三冊　董文恪二冊　金冬心一冊　奚鐵生一冊

卷十六　冊頁類

黃秋盦三冊　湯貞愍一冊　戴文節六冊

卷　一

唐閻立本鎖諫圖卷

【絹本設色，人物高一尺一寸六分，長六尺五寸一分。無款。左角上墨色方印「一文不辨」。王穉登、韓逢禧兩題書於拖尾紙。】

張彥遠《唐朝名畫記》有閻令《鎖諫圖》，今日康虞先生父子攜過齋頭，始睹真蹟。劉聰起北方，故其君臣將左面有沙□之氣。筆法如屈鐵絲，設色古澹，放佛顧凱之遺意，信畫苑之奇琛也。聰一□□□主剛□拒□陳叔達琅瑯其項，慷慨直言，刀鋸在前，有所不避，庶幾朱雲折檻之風。方今海宇多事，憂在社稷，不知謀國諸公有能攖鱗編須若圖中之人否。恤緯之嫠，妄言越俎，又不勝主臣矣。廣長庵主王穉登題。

萬曆癸丑八月十三日，得是卷於徽友吳康虞，時在舊京銀臺公署。是日同觀者朱蘭嵎、俞羨長、曹明斗、丁恭溪、韓逢禧。

唐韓幹呈馬圖卷

【首幅宋刻絲黃地，雙龍抱簽，淡紅字，朱印。】

唐韓幹呈馬圖。【地字五十二。】

【引首紙本高九寸四分，長二尺九寸九分。】

韓幹呈馬圖。【篆書。】澍。

【圖絹本設色，白、青、黑三馬，番僧圉官八人，高九寸九分，長六尺五分。宋徽宗題於本身。王世貞、莫是龍觀款書於前後隔水綾。圖中收藏印章，間有殘缺莫辨。】

韓幹呈馬圖。政和甲午歲御筆　押。

萬曆丙子仲春十三日，王世貞觀。

萬曆二年仲夏三日，觀於弇山堂中。莫是龍敬題。

【跋紙高七寸五分，長一尺九寸五分。】

遊獵郊原意自閒，相馳相逐縱金鞍。風高明月灤河去，千里龍沙雪未乾。句吳周砥。

木落燕山似雪飛，金鞍贏得幾分肥。圉人不是閒馳驟，要逐戎王小隊歸。東吳張本。

遠夷騁獵絡金羈，龍種翩翩汗血恣。光耀晴暉疑白練，尾垂秋草拂銀絲。風生閶闔聲嘶處，水泛昆明浴罷時。四海正逢無事日，三邊何用習驅馳。句曲外史張雨題。

五代趙駙馬神駿圖、趙文敏書合璧卷

【圖絹本設色，人馬各一。高九寸二分，長一尺五寸五分。無款。圖中收藏印章間有模糊不辨。費屺懷三題，書於前後隔水綾。】

後梁駙馬都尉趙岩《神駿圖》真蹟。一名《調馬圖》。睫闇屬。光緒十五年正月，念慈。

趙岩，初名霖，字魯瞻，尚後梁太祖女長樂公主，官駙馬都尉。父節度使犨，青州人。卞令之《書畫匯考》。屺懷。

後梁真蹟，僅見此卷，距今且千年，絹色雖黯敝而神彩奕奕，縱駿骨亦當以千金市之。魯瞻馬正可配李贊華鹿，不知天壤間尚有東丹王畫本否，題此俟之。己丑二月再記，屺懷。

【書絹本，行楷十八行。高八寸二分，長一尺五寸五分。左角一印，模糊不辨。】

南山之下，汧渭之間，想見開元天寶年，八坊分屯隘秦川。四十萬匹如雲煙，騅駓駬駱驪騮騵。白魚赤兔騂皇騟，龍顱鳳頸獰且妍。奇姿逸態隱駕頑，碧眼奚兒手足鮮。歲時翦刷供帝間，柘袍臨池侍三千。紅妝照日光流淵，樓下玉螭吐清寒。往來蹙踏生飛湍，眾工舐筆和朱鉛。先生曹霸弟子韓，廄馬多肉尻脽圓。肉中畫骨誇猶難，金羈玉勒繡羅鞍。鞭箠刻烙傷天全，不如此圖近自然。平沙細草荒千綿，驚鴻脫兔爭後先。王良挾策飛上天，何必俯首服短轅。　　趙岩所畫此圖，深得曹、韓筆法，余亦好畫，何能及也。故以杜子美詩書之。大德五年菊節，子昂。

【跋紙一對接，高八寸九分，長三尺五分。】

國朝已來畫鞍馬，神妙獨得江都王。將軍得名三十載，人間又見真乘黃。曾貌先帝照夜白，龍池十日飛霹靂。內府殷紅馬腦盤，婕妤傳賜才人索。盌賜將軍拜舞歸，輕紈細騎相追飛。貴戚權門得筆墨，始覺屏障生光輝。昔日太宗拳毛騧，近時郭家師子花。今之新圖有二馬，復令識者久歎嗟。此皆騎戰一敵萬，縞素漠漠開風沙。其餘七匹亦奇絕，迥若寒空動煙雪。霜蹄蹴踏長楸間，馬官廝養森成列。可憐九匹爭神駿，顧視清高氣深穩。借問苦心愛者誰，後有韋諷前支遁。憶昔新幸新豐宮，翠華拂天來向東。騰驤磊落三萬匹，皆與此圖筋骨同。自從獻寶朝河宗，無復射蛟江水中。君不見金粟堆前松柏裏，龍媒去盡鳥呼風。　　成化十六年辛丑夏六月既望江西提督學校按察副使夏寅書杜詩於趙都尉畫馬後。

【跋二，藏經紙。高九寸四分，長七寸六分。】

趙岩畫人馬，余不多見，僅見此卷。其筆法高古，猶有曹、韓遺意，蓋梁人去唐猶未遠耳。趙魏公得畫馬三昧者，故深加賞歎，錄杜拾遺長歌於其後。微此歌，此書不稱此畫矣。然檢杜集，無此作，魏公何從得之。古今詞人之作，散逸不傳者多，寧獨此歌而已。余按圖索駿，乃並得詩，恐天廄真龍不博杜老雕龍也。壬辰中秋後五日，王穉登題。

【跋三，藏經紙，對接，高同上，長三尺四寸。】

右《調馬圖》，乃後梁駙馬都尉趙岩筆也。岩喜丹青，工於人馬，而胸次不凡，能脫去筆墨畛域，故其所作與尋常畫手不同。圖後松雪所題，筆法精謹，異於他書，豈亦重其畫而然耶？舊藏余友何翰林元朗處，今始見之，因題其後。時萬曆丁丑三月廿日，茂苑文嘉。

余嘗聞曾空青跋伯時所畫滿川花、照夜白諸作，未嘗不景羨當時諸公勝事。今觀趙都尉真蹟，筆格超遠，形神俱勝，非尋常可到。是以松雪翁亦讓其能，與夏先生俱書杜詩以見意。雅知神品，不可以言語盡也。拜觀之餘，敢記以時日，愧寄名於楮末，以幸衰年，罪過多矣。乾符先生以為何如。萬曆五年三月廿一日，安雅生顧德育拜書。

【跋紙四，高同上，長一尺五寸，阮文達、費妃懷兩題書於拖尾。】

余少嘗於白陽山人所見趙岩所作《昭陵六馬圖》，其鉤染優雅，法度整密，形神嘗在眼中，未嘗不入夢想。今復見此作，惜既老矣，目力漫漶，不能窮賞其妙，慨何可言。及見趙文敏曳書杜作，而跋語謂其深得曹、韓筆法，蓋六馬

本文皇開國所御，當時工畫如曹、韓輩，或嘗傳其神，而岩固有此圖，則文敏謂其得曹、韓法，信不誣也。乾符徐子藏諸十襲，深所寶愛。丁丑夏五，余遊海上，過其第，持以見示，且強題數語其後。余故並往時及今所以寓目者，書以識之。萬曆五年歲舍丁丑夏日，青嶼山人吳門周光志。

道光己酉阮元重赴瓊林之歲，獲觀後梁趙都尉畫馬真跡於怡林泉之南軒，時年八十有六。

甲申四月，有日照之行，道經邗上，於肆中見此卷及石田畫漁家樂長卷，幾四丈許，索值甚高。沈畫作大人物，為生平甲觀，各酬以洋泉百角張而去。閏五月，再經其地，則沈畫已別屬，為之悵惘。又值旅行乏錢，並不能購此，重一展玩而已。今年冬，伯謙仁兄來吳門，攜以見示，如逢故人。物但得所，於彼於此，不足計也。戊子冬中念慈。

此卷為卞令之故物，載《書畫匯考》。趙文敏寫坡翁詩於後，誤作杜詩，為王青羊所譏。王漁洋《居易錄》辨之，謂偶誤記耳，不足為病。豈伯谷亦畢生未見蘇詩耶？余謂明人如百穀、眉公輩，鑒別極精，而疏於考訂，不必與論學問也。西蠡又記。

五代董北苑夏山圖卷

【絹本，淡設色，岡巒重複，雲樹溼蒙，沙磧縈迴，人物秀潤。高一尺五寸四分，長九尺七寸四分。無款。圖前隔水綾上，楷書圖名八字，末字殘闕，圖中收藏印章，間有模糊不辨。】

董北苑夏山圖神□。

【跋紙兩接，高一尺五寸五分，長一丈五寸九分。戴、潘兩跋，書於拖尾。】

予在長安，三見董源畫卷。丁酉得藏《瀟湘圖》，甲子見《夏口待渡圖》，壬申得此卷，乃賈似道物，有「長」字印。三卷絹素、高下、廣狹相等，而《瀟湘圖》最勝，《待渡圖》有柯敬仲題，元文宗御寶，今為東昌相朱所藏。昔米元章去董源時不甚遠，自云見源畫真者五本，予何幸得收二卷，追遡黃子久畫所自出，頗覺元人味薄耳。

董北苑畫為元季大家所宗，自趙承旨、高尚書、黃子久、吳仲圭、倪元鎮，各得其法而自成半滿。最勝者趙得其髓，黃得其骨，倪得其韻，吳得其勢。余自學畫幾五十年，嘗寤寐求之。吳中相傳沈石田、文衡山僅見半幅，

為《溪山高旅圖》，歲癸巳入京，得之吳用卿。又於金吾邯鄲張公得巨軸一。至丁酉夏，同年林檢討傳言，長安李納言家有《瀟湘圖》卷，余屬其和會，復得之。而上海潘光祿有董源《龍秀郊民圖》，其婦翁莫雲卿所遺，並以售余。余意滿矣。比壬戌，余再入，春明於東昌朱閣學所見《夏口待渡圖》，朱公珍之，不輕示人。余始妄意別有良覯。迨壬申應宮詹之召，居苑西邸舍，是時收藏家寥落鮮侶，惟偏頭關萬金吾好古，時時以名畫求鑒定。余因託收三種，此卷與巨軸單條各一，皆希世之寶，不勝自幸。豈天欲成吾畫道，為北苑傳衣，故觸著磕著乃爾？然又自悔風燭之年，不能懇習，有負奇觀也。乙亥中秋書。

癸酉所收三幅董源：一為《秋江行旅圖》巨軸，樹木作風雨狀，枝葉離披，一人騎馬反顧，家園有家老著屐，出視行者，不堪蕭颯。下有蒙衝，穩泊崖腳，一人手把書冊，似無風波之慮。此圖皴法變幻，非復李、范所能彷彿，真神品也。又一小幅，當是巨然，都作點樹，吳仲圭所宗，並此卷而三。余自壬申出山，三載宦遊，往返八千，所得清曠賞心之樂，惟此最勝。丙子六月廿七日閱卷識，思翁老人。

乾隆二年，學畫人方士庶沐手敬觀。

桐城方貞觀、安東程嗣立、吳縣徐堅同觀。

破費囊中九府圓，不營家產買雲山。人生清福能逾此，老我金題玉躞間。四面湖山開寶繪，【婺源齊梅太守得此卷，築湖山書畫樓於陽羨新居。】十年魂夢識前緣。【戊戌九月觀於梅麓講院。】從今一櫂鷗夷子，要傲滄江虹月舡。道光己酉八月滬上徐渭仁記。

道光庚戌八月十一日，海寧楊文蓀、吳縣毛慶善、元和程楨義、韓崇同觀於七泉仙館上海徐渭仁之寓廬。

咸豐己未九月，松江沈韻初大兄赴浙鄉試，攜示董文敏題北苑《夏山圖》。此卷泗天地中龢之氣，假北苑手而發之者。同之為正宗，異之即為外道。畫無款識，惟文敏信之篤。予則能知文敏信之之故，蓋予嗜畫四十餘載，叩空求寂，遇之以神，今日獲睹真蹟，一一皆堪實證，故能歡喜信受，胸無疑滯也。然非韻初慨然出觀，予又安從得此奇遇。韻初真吾師哉。錢唐戴熙盥手謹識。

昔人評北苑畫，「山川渾厚，草木華滋」，不見真蹟，不知此八字實實道出北苑真蹟也。且此八字，景象無日不在天地間，獨北苑能攝之縑素，醇士

前輩謂「天地中和之氣，借北苑發之」，余謂北苑實泄造化之秘耳。咸豐辛酉孟冬上澣，韻初大兄招遊鐵沙，鑒賞所藏法書名畫，出示此卷，歡喜讚歎，不可思議。越日，又獲觀北苑立軸一，亦思翁物，舊藏石田翁處者。墨法正同，兼人物屋宇之勝，為石田一生得力秘本，並識此以佽眼福。吳縣潘遵祁謹書。

韻初與思翁同郡，性高潔，酷嗜金石書畫，聞古人名蹟必多方訪求之，而世間瑰寶若有神物護持，悉歸清閟。是卷當日思翁得之，已詫為奇觀，越二百數十年，復歸於松郡，豈尋常墨緣哉。韻初得是卷，顏其室曰「寶董」，可與斯圖不朽矣。遵祁又識。

宋徽宗雪江歸棹圖卷

【藏經紙簽。】

宋徽宗《雪江歸棹圖》，真蹟神品。王弇洲藏本。竹癡鑒定書簽。

【圖絹本，淡設色山水兼纖細人物舟楫。高九寸二分，長五尺八寸二分。首尾瘦金書兩題。】

雪江歸棹圖。

宣和殿製，押。

【跋一，宋羅紋紙，高同上，長一尺九寸九分。】

臣伏觀御製《雪江歸棹》，水遠無波，天長一色，群山皎潔，行客蕭條，鼓棹中流，片帆天際，雪江歸棹之意盡矣。天地四時之氣不同，萬物生天地間，隨氣所運，炎涼晦明，生息榮枯，飛走蠢動，變化無方，莫之能窮。皇帝陛下以丹青妙筆備四時之景色，究萬物之情態於四圖之內，蓋神智與造化等也。大觀庚寅季春朔，太師楚國公致仕臣京謹記。

【跋二紙，對接，高同上，長四尺五寸五分。】

宣和主人花鳥雁行黃、易，不以山水人物名世，而此圖遂超丹青蹊徑，直闖右丞堂奧，下亦不讓郭河中、宋復古。其同雲遠水，下上一色，小艇戴白，出沒於淡煙平靄間，若輕鷗數點，水窮驟得積玉之島，古樹槎櫱，皆少室三花，快哉觀也。度宸遊之跡，不能過黃河、艮嶽一舍，許何所得此景？豈秘閣萬軸，一展玩間即曉本來面目耶。後有蔡楚公元長跋，雖杳拖不成文，而行筆極楚楚，與余所藏題《聽阮圖》同結構，一時君臣，於翰墨中作俊事乃爾，令人思藝祖韓王椎朴狀。琅琊王世貞。

據蔡楚公題有四圖，此當是最後景耳。題之十又六年，而帝以雪時避幸江南，雖黃麾紫仗斐亹於璚浪瑤島中，而白羽旁午，更有羨於一披簑之漁翁，而不可得，又二年，而北竄五國，大雪沒駝足，縮身穹廬，與餐氊子卿伍。吾嘗記其渡黃河一小詞，有云「孟婆孟婆，你做個方便，吹個船兒倒轉」。於戲，風景殺且盡矣。視江南歸棹中王子猷，何啻天壤，不覺三歎。世貞又題。

朱太保絕重此卷，以古錦為褾，羊脂玉為籤，兩魚膽青為軸，宋刻絲龍袞為引首，延吳人湯翰裝池。太保亡後，諸古物多散失。余往宦京師，客有持此來售者，遂罄裝購得之。未幾，江陵張相盡收朱氏物，索此卷甚急，客有為余危者。余以尤物賈罪，殊自愧米顛之癖，顧業已有之，持贈貴人，士節所係，有死不能，遂持歸。不數載，江陵相敗，法書名畫，聞多付祝融，而此卷幸保全余所。乃知物之成敗，故自有數也。宋君相流玩技藝，已盡余兄跋中，洎太保江陵，復抱滄桑之感，而余幾罹其釁，乃為記顛末以示儆，惟令吾子孫毋復蹈而翁轍也。吳郡王世懋敬美甫題。

宣和主人寫生花鳥，時出殿上，捉刀雖著瘦金小璽，真贗相錯，十不一真。至於山水，惟見此卷。觀其行筆布置，所謂雲峰石色，迥出天機，筆意縱橫，參乎造化者，是右丞本色，宋時安得其匹也。余妄意當時天府收貯，維畫尚夥，或徽廟借名，而楚公曲筆，君臣間自倡和，而翰墨場一段簸弄，未可知耳。王元美兄弟藏為世寶，雖權相跡之不得。季白得之，若過谿上，吳氏出右丞雪霽長卷相質，便知余言不謬。二卷足稱雌雄雙劍，瑞生莫生嗔妬否。戊午夏五，董其昌題。

宋徽宗賜鄆王楷山水卷

【引首描金粉黃箋，高九寸六分，長二尺四寸五分。】

【圖絹本，淺青綠，奇峰矗豎，水繞山回，人物樓閣，備極精細。高八寸一分，長一丈三寸六分。元人五家觀款題於圖前，隔水綾上李、吳二跋書於拖尾。】

宣和殿御製賜鄆王楷。

至正庚子三月四日，武塘盛懋子昭盥手謹觀。

東海徐賁拜觀。

江南鐵史會乩楊維楨謹觀。

至正庚寅上巳日，孤雲處士王振鵬沐手敬觀。

碧霞主人魏應龍敬閱。

宣和道君藝事天縱，世所傳花鳥蔬果，真贋雜出，余所見無慮數十種，其真者足以雁行黃、趙，而山水則未嘗寓目。以董元宰、汪砢玉鑒藏之博，生平所見，亦僅《雪江歸棹》一圖耳。元宰云宣和主人寫生花鳥，時出殿上捉刀，雖著瘦金書，瓢印璽，天水花押，而其中仍多贋跡，十不一真。唯山水清雄俊麗，超軼畫史蹊徑，直闖右丞堂奧，宋代安得有匹者，信非偽跡所能託，宜其真蹟之希有也。凡藝事至於入神之境，自然不可多得，其發之亦甚不易，非一時懸解超悟，無由湊泊。道君此卷真可謂神品矣！俊不傷厚，雕不損淳，經營飛動，擘霍華而吐納煙雲，誰得而襲其軌轍哉。鄆王楷，徽廟之第三子也，初名煥，字德遠，崇寧元年改今名。封高密郡王，以入寶恩除司空、鎮東軍節度使，封嘉王，遷太尉。政和六年，出閣，拜太傅。八年令赴殿試，有司考列第一，封鄆王，徙劍南西川節度使。南北宋諸帝，螽羽詵詵，未有勝於道君者。三十一子中，其相隨北狩者，無可稽考，余皆以衰榮相終始，而風流儒雅，不墜前規，則以元子欽宗、九子高宗、弟三子鄆王楷為最著。楷以深宮居敉，出與白袍鵠立者爭衡，居然龍頭為之冠冕，其尤偉節最怒者歟。斯卷之賜，蓋以稱心之佳作，賞奇於出群之愛子也。一門風雅，笙磬同音，鏗鍧以鳴於翰墨之場，以視開國人豪藝祖、韓王之椎樸，誠為不類，以視魏武之有子桓、陳思，梁武之有六通、昭明，則鼎峙古今，未遑多讓也。《圖繪寶鑒》稱楷工花鳥，善墨竹，猶余事耳。楷之封鄆，在政末，此畫當作於宣和初年，蓋道君晚筆也。不數載，而有靖康之變，明駝千里，播遷於五國城矣。回首龍門、嵩洛間，欲對一丘一壑作畫裏谿山，何可再得。則此卷在當日已如太白殘月，寥寥天壤矣。光緒五年夏四月，譙集愉庭翁之兩櫑軒，悟九中丞攜此卷相視曰：此吾姻家甘子大京卿家傳世守之寶，其高祖太傅莊恪公官冢宰時，預乾清、柏梁兩宴，純廟所賞賜也。咸豐初，粵逆擾奉新，甘氏家毀於兵，獨是卷不肯輕棄，攜以自隨。其舊裝錦標玉籤，宋刻絲盤龍引首，恐其誨盜，悉皆褫去。卷尾題跋，以無外護，亦磨滅於烽鏑間矣。幸絹素首尾、隃池前後，印識累累。元人觀款劣有存者，略識流傳之緒耳。余以子大舊雨也，遂欣然以重值購歸，重付裝池，還其舊觀。除宣龢殿寶、雙龍璽、鄆王之章及觀款諸印外，收藏之家尚存賈平章三印、趙文敏夫婦父子廿二印、王元美八印。蓋自南宋以迄元明，由半閒堂、松雪齋，而歸於弇州山人者也。進於天府，當在明季國初時矣。王敬美云：吾兄所藏

徽宗山水卷，行筆俊拔，彷彿唐人。江陵權相求索甚迫，吾兄堅持不與。倘即指此卷歟。以江陵之氣燄豪放而不得，吾以冷落人薜苫而得之，非墨緣奇遇乎？且宣和之初，郯邸適遷劍南節度，宸章寵賚，必驛致於青城、玉壘間，吾蜀人得之，非丹青自有神契哉。是歲十月廿有六日，題於蓼園左陶右邵之齋。中江李鴻裔蘇鄰平生真賞。

　　光緒乙卯夏四月作真率第四會，集於兩罍軒。凡會同人必各出名人字畫，互資平賞。是日，勒悟九中丞攜宋徽宗設色山水長卷見視，云為姻家甘子大京卿世傳之寶。甘氏故當收藏，遭亂遺棄殆盡，獨此卷保守未失。雖絹色黯敝，裝池脫落，而渲染古厚，皴擦渾雄，工麗之中，逸韻橫溢。至其峰回嶽崎，水繞川縈，林木鬱蔥，人物秀發，祥雲瑞靄，浮動於樓臺縹緲之間，洵可謂意匠天成，鑪錘造化。藝事至此，固由天縱，亦關學力。郯王雅精繪事，富於儲積。此卷為愛子津梁，故刻意經營，不遺餘力，恐當日秘府所藏，睿藻雖多，似此山水長卷亦罕有也。卷高今工部營造尺八寸三分，長一丈五寸四分，前後題跋，亂中佚去無存，止存元明人觀款而已。楊維楨、盛懋、王振鵬、魏應龍、徐賁共五人均書於賝綾。

　　蘇鄰主人與甘氏舊識，知其家貧待價，遂不惜重值購去。逾半載，為是歲十月十三日，悟公開府八閩，使節過蘇，小留旬日，行將別去，同人援真率舊例，復集於兩罍軒，適此卷重裝藏事，賝池嶄新，墨光煥發，同人歎翰墨有緣，神物得所，皆謂不可無紀，屬余操管，逡巡未墨。越兩旬，蘇鄰主人復以此卷委題，已加長跋。凡畫理之精微，名流之印記，與夫得失原委，考證甚詳，無庸再贅。謹將卷式廣狹，元明人觀款姓氏，及真率會中同觀舊侶，跋中未及者，一一補書之，聊以備後人徵考云爾。同會聚觀者為勒悟九中丞、潘順之太史、彭訥生都轉、顧子山、潘季玉、沈仲復三方伯。方之九老，只欠一叟；比之七賢，已增一人。良朋遇合，勝會無常，似此雅集。吁，亦胡可多得哉。是歲冬十一月初三日，愉庭吳雲題於金石壽世之居，距前會二十日矣，並識。

宋李龍眠醉僧圖卷

　　【藏經紙籤。】

　　李公麟醉僧圖。　　長春書屋真秘，無上神品。

　　【引首紙本，高一尺三分，長一尺七寸。引首後御題另書於藏經紙，高九寸，闊三寸五分，界烏絲格，嵌裱於隔水綾。】

燈影往來，游絲無跡。古香齋節思翁所題語，丁卯御筆。

米元章謂李公麟畫人物秀發，各肖其形，無一點塵埃氣。此《醉僧圖》尤其得意作，天趣盎然，想見酒氣拂拂，從十指間出，非通神者安足語此。乾隆丁卯春正月御識。

【圖紙本，水墨松樹。一木上掛葫蘆，一童持紙，一僧坐石上，振筆而書。僕人二，各抱酒罈作同行對語狀。人面微著赭色，高一尺，長一尺八寸九分。圖紙前後邊上有三半印，文闕不辨。御題皆書於本身。

李伯時畫。

書抗顛張顛，禪契元與元。兩童抱壇來，三百青銅錢。醉筆一揮灑，楚紙生雲煙。便云狂亦得，堪謂佛而仙。丁卯仲春月御題。

白衣送酒似淵明，不著送為公與卿。已足高傅醉僧趣，書詩那繫老泉名。

身似枯藤心似灰，醉中把筆笑顏咍。公麟津逮僧繇法，貌出公孫看舞回。丁丑春御筆再題。

【跋紙對接，高一尺二分，長三尺七寸三分。老泉詩下有白文一印，左邊上有朱文半印，二接縫處有白文一印，皆模糊不辨。】

人人送酒不曾沾，終日松間掛一壺。草聖欲成狂便發，真堪畫作醉僧圖。

唐僧懷素以草書名天下，唐賢善書者亦推重之。素有自敘一篇，備載諸人之詞。素深喜絹書，吾家前後所得數軸，了無紙上一字，最先所得，乃人人送酒之詩也。老泉山人學書垂四十年，每愛此詩，時時寫之，不下數十張矣。龍眠李伯時因是時遂作此畫，頗能狀醉僧之態。而老泉所書自成一種風格，所為二妙圖耳。東村間居方外堂字爰書。

鑒古齋雅玩。

按是圖卞永譽《書畫匯考》送酒詩下，綴有老泉書懷素詩，並仿其草法十一字。又詩後有跋，署款云：東村閒居方外堂字爰書，亦不識其為何人。今按，《圖畫見聞志》載張僧繇作《醉僧圖》，懷素有詩，即此絕句。載《全唐詩》。戲鴻堂刻是帖，則云或東坡曾書此詩，為人誤入集中。而卞永譽《書畫匯考》載此圖之董跋，又以為老泉書，則其昌說已歧出矣。而是卷中董跋亦失去。又蘇軾集載是詩，題作《題懷素草帖》。是一詩也，或云懷素，或云東坡；一書也，或云老泉，或云東坡。鑒賞者但當論書畫之佳否，不必泥記載之糾紛。與其輕信，無若闕疑。乾隆甲辰新正再識。

宋米敷文楚山秋霽圖卷

【引首紙本，高七寸三分，長二尺四寸四分。】

楚山秋霽。【篆書。】玉雪坡書。

【圖紙本對接，水墨雲山。高七寸二分，長七尺二寸三分。首尾兩題。】

楚山秋霽。

襄陽米元暉作。

【跋紙，七接，高七寸三分，長一丈三尺一寸四分。】

楚山真叢叢，落日秋雲起。向曉一登臺，滄江日千里。乾道辛卯三月十二日，晦翁題。

山東傖父周密觀於玉琴軒。

江樹青紅江草黃，好山不斷楚天長。雲中樓觀無人住，只有秋聲送夕陽。退齋。

澄江漾旭日，青嶂擁晴雲。孤舟彼誰子，應得離人群。錢唐白珽題。

虎兒胸次有奇趣，袞袞天機入毫素。煙樹雲山不計重，浮圖迥在知何處。崑崙月窟青冥蒙，巴江下與東吳通。坐待秋清天一色，御風飛上蓬萊宮。晉陵宋無。

翳翳雲中樹，亭亭江上山。秋風生柁尾，蕩蕩碧波間。吳郡陸友題。【隸書】

遠近春山翠不分，雨晴江樹暖氤氳。短籬茅屋知何處，還許移家住白雲。馬琬。

雲本無心偶出山，青山何意入雲間。雲山若使有心意，安得終朝相對閒。醉樵。

洪武十年中秋日，展玩數過，故紀之。吉水如玘。

庚申三月廿四日，重裝於願學齋，並換籤，因記「文志仁」於後。

元暉家學相承妙，山水精微得其奧。雲煙變幻出天真，意在筆先人不到。我觀此圖如有神，墨氣淋漓渙發新。楚山勝概都在目，萬里秋光如一瞬。展卷令人意氣揚，使我醉筆欲發狂。漫題數語不足重，此卷可以比珪璋。永樂三年歲次乙酉夏，避暑於竹林精舍，袁君文理出是卷索題，遂作長句於後。倉率應命，殊覺蕪贅，可笑可笑。六月廿四日，翰林學士兼春坊大學士解縉。

天順甲申五月望後二日，王祐與徐尚賓同閱於舟中。楚峰溪頭車騎散，鏡湖影裏畫圖閒。有客相尋草堂去，何人卻棹酒船回。是處山林有真隱，如此風塵無好懷。青袍不似黃冠樂，米老風流安在哉。

右米敷文《楚山秋霽圖》，雲山煙樹，景象蕭閒，深得乃父之遺風。余見之漫綴二絕，以識歲月，時宣德十年乙卯春正月十日，嘉議大夫通政使司通政使羊城陳璉書。

宣德十年春二月十七日，監察御史張楷觀。

青山影裏梵王宮，綠樹森森礀水重。欲向此間友猨鶴，碧雲深處渺難從。嘉禾周鼎題。

嘉靖丁亥仲春十有一日，同袁褧觀於馬禪寺之虛白堂。許初題。【篆書。】

右米敷文《楚山秋霽圖》，乃真筆也。原有柯九思籤題並印章，今籤已失，柯印猶存，蓋奎章舊藏之物，今在余友杜君處。嘗求先太史題而未果，今二十年矣。其子於始持來求跋。按元暉畫自負出王右丞之上，觀其晚年墨戲，淘洗宋時院體而以造化為師，蓋董北苑之嫡冢也。而石田先生論營丘云：丹青隱墨墨隱水，其妙貴淡不貴濃。余觀此圖，脫去筆墨畦逕而專趨於平淡古雅，層巒疊嶂，縈灘曲瀨，略無痕蹟。信乎非元暉不能而為營丘之亞也。萬曆乙卯冬十月既望，茂苑文嘉題。

萬曆甲辰八月廿日觀於西湖之昭慶禪房。董其昌。

此米侍郎在臨安時作。山色空濛，當亦西湖之助。吾家所藏瀟湘白雲，差足當之。是日書於雨牕。

玄宰與余同遊白石山，觀此煙雲拂拂，從十指流出，大奇大奇。眉公。

道光壬寅春日重觀於滄浪亭行館。梁章鉅。

【尾紙，高七寸八分，長一尺六寸四分，阮文達手札，嵌裱此紙之上。】

此卷舊藏王蒙泉郡丞處，余在吳門已借觀兩次。去冬恭兒以公車過吳，遂以厚價易之。卷中有元暉兩印，蓋山谷所贈，必居其一。竊謂圓印尤古雅，當是也。前題後款共廿一人，自朱子、解大紳、文休承、董思翁、陳眉公外，余亦宋元明間名流，見各書畫著錄。中惟退齋、如玘、文志仁、袁褧四人里貫未詳，尚須再考。其卷前袁忠徹、周鼎及柯敬仲、姚雲東、王弇州各印，殆歷經收藏此本者耳。余齋小米雲山只有一小立軸，自獲此卷，可掃其餘。畫本神品，況重以朱子手蹟乎。余齋所藏宋畫率多青綠工筆，且鮮跋尾。似

此水墨，已覺耳目一清，況重以諸名流題筆乎。是可寶已。道光乙巳中秋，七十一叟梁章鉅書於南浦新居之北東園。

小米畫既佳，朱子詩亦佳，諸跋皆宋紙宋印而退翁印又適符大號。即此二字，亦可與「晦翁」二字同重，不專在米畫也。極宜寶之。如暇時，尚願觀之。元頓首。

宋陳居中胡出獵圖卷

【藏經紙本，對接，設色，八人八騎，中雜鷹犬，余無布景。高九寸四分，長七尺六寸八分。】

居中。

【跋紙，高九寸四分，長一尺七寸三分。】

漢時畫家皆工人物，故論畫者以人物為上乘，山水次之。陳待詔，嘉泰時畫院中人，工人物、番馬，往常見其《射熊圖》，紙墨稍遜，此更完善。余得之吳江沈氏，昔前人曾未有跋耳，後之寶之者，其果以余言為然耶。乾隆丁丑年浣花日，靜山汪繩煐跋。

宋趙大年水村圖卷

【絹本，設色，汀渚水鳥，煙樹鄉村，高六寸一分，長四尺八寸三分。左邊有葫蘆半印，文闕不辨，諸跋書於拖尾。】

元符庚辰，大年筆。

庚辰乃元符三年也。道光辛丑中秋，吳榮光題記。

趙令穰，字大年，官光州防禦使。畫師東坡作小山叢，殊有天趣。惟所畫多京洛間境，未免為時人所譏耳。是卷畫汀渚水鳥，有江湖意，明窗淨几，時一展玩，為之神怡者竟日。道光丁未十月，聽颿樓主人題。

趙大年高尚其志，以讀書能文負重名，故所作繪事，書味盎然，溢於楮墨。此水村圖卷，變幻中純正，沈密中蕭疏，豈食煙火人所得放佛其一二耶。季彤又題。

令穰人品卓絕，其畫法在北宋最有名。此圖設色重而不滯，用筆工而不俗，其造境布景，聯絡映帶，妙極自然。展讀數過，恍置身竹籬茆舍間，親見楊柳迎風、鳧鷺拍水之致，正不必盧全七椀，始覺兩腋風生也。咸豐戊午嘉平月，仁和蔡振武識。

莽天涯，一條流水，吟魂惹起千頃。石樑鎖住清谿路，十丈軟紅都屏。人境靜，看鎮日，蟬嘶去盡煙中艇。垂楊破暝。驀紅蓼梢頭，斜陽一片，飛上鷺鷥頂。　　茅三五，茅外疏林掩映。網罾閒掛岩磴，漁兄漁弟依衡宇，一局江湖分領。添遠興，願載我、全家唱個風波定。沙鷗可肯，但荷製容穿，菱租略給，再不夢塵境。　　調寄《摸魚兒》。庚申五月，晉笙氏觀於嶽雪樓並題。

臨流修禊快清談，上巳重逢三月三。歸把煙村醉中看，暮春時節憶江南。　　庚申珠江閏修禊醉歸，題令穰煙村圖，七十二峰主人厚昌甫記。

幾點殘鴉，一汀饑鷺，谿橋寂寂人誰渡。這分明畫到江南，綠楊煙影斜陽暮。　　草色黏天，波光蕩處，問誰寫落霞孤鶩。添他一個著漁簑，得來黃葉村邊住。　　調寄《踏莎行》，少唐子倚聲。

野人結舍中泠畔，繞屋波光淨如練。門前芳樹低漁梁，沙口新荷點谿面。春風款款春草肥，汀上鳧鷺相逐飛。輕劃細槳向何處，柳暗煙深人未歸。光緒戊申孟陬，宋伯魯拜觀並題句。

宋趙千里春龍出蟄圖卷

【絹本，青綠山水，雲氣蒸騰，雲中一龍，昂首向日，人物舟楫，纖細如芥。波紋山腳，皆以泥金鉤勒。高一尺二寸四分，長六尺四寸六分。左角有兩印，文闕不辨。】

趙伯駒。【泥金小楷，三字書於右邊山石上，末一字已磨滅。】

【跋，絹本，高同上，長三尺二寸九分。】

唐宋人常於尺幅中作萬里勢，觀趙千里卷，山川縣邈，雲海清光，使心小如芥，十日坐臥不盡。年來觀《上林卷》《洛神卷》，皆一時奇遘。此卷又不易也。謹識。鐵橋道人。

澄懷觀道，臥以遊之。時甲辰長至識，酈應亨。

徐文長先生題沈徵君畫云：精緻入絲毫，而人眇小止一豆。今閱趙千里畫卷，細微潤秀，固自爭先。然其人物尚不及一豆，足見宋元墨妙猶高出一層也。時丙午上巳羅謙識。

毫末無遺恨。少陵千古細心妙語，閱千里奇絕處，似過之。李致。【隸書。】

趙千里真蹟，余總角時於李宗伯家得見二大幅，蓋王弇洲家所藏，流於李也。精工神妙。閱此卷當勝曩所觀者，與其作《天台圖》同一法耳。宋畫多

工，元畫多文。今人則草次而無師承，偶以主者命，妄為評贊，勿謂無佛處稱尊可也。高儼。

宋馬欽山列女圖、宋高宗書女訓合璧卷

【絹本，書畫各四段，設色人物。無款。每圖惟鈐四印。第一段圖仕女三，小孩二。高八寸，長一尺七寸。書高八寸一分，長一尺七寸八分。】

大家曰：「夫為人母者，明其禮也。和之以恩愛，示之以嚴毅。動而合禮，言必有經。男子五歲教之以數物，七歲辨之以方位，八歲習之以小學，十歲從以師焉。使出必告，反必面，所遊必有常，所習必有業。居不主奧，坐不中席，行不中道，立不中門。不登高，不臨深，不毀訾，不苟笑，不有私財，立必正方，耳不傾聽。使男女有異，坐必別席，食不共器。遠嫌避疑，不傳巾櫛。女子七歲，教之以婦德，其母儀之道如此。」皇甫士安叔母有言曰：「孟氏三徙，以教成仁。曾父烹豕，以教存信。居不卜鄰，令汝魯鈍之甚。《詩》云：教誨爾子，式穀似之。」

【第二段，圖仕女七。高八寸，長一尺五寸七分。書高八寸一分，長二尺一寸六分。】

諸女曰：「若夫廉貞孝義，事姑敬夫，揚名則聞命矣。敢問婦從夫之令，可謂賢乎。大家曰：是何言歟！是何言歟！昔者周宣王晚朝，姜后脫簪珥，待罪於永巷，宣王為之夙興。漢成帝命班婕妤同輦，婕妤辭曰：妾聞世代明王皆有賢臣在側，不聞與嬖女同乘。成帝為之改容。楚莊王耽於游畋，樊女乃不食野味。莊王感焉，為之罷獵。由是觀之，天子有諍臣，雖無道，不失其天下；諸侯有諍臣，雖無道，不失其國；大夫有諍臣，雖無道，不失其家。士有諍友，則身不離於令名；父有諍子，則不陷於不義；夫有諍妻，則不入於非道。是以衛女矯齊桓公不聽淫樂，齊姜遣晉而成霸業。故夫非道則諫之，若但從夫之令，又焉得為賢哉。《詩》云：猷之未遠，是用大諫。」

【第三段，圖一人騎馬疾馳，遠布高臺，身半沒水中。仕女凡六，坐立臺上，細小如豆。高八寸一分，長一尺七寸一分。書高八寸，長一尺七寸六分。】

立天之道，曰陰與陽；立地之道，曰柔與剛。陰陽柔剛，天地之始。男女夫婦，人倫之際。故乾坤交泰，誰能間之。地婦夫天，廢一不可。然則丈夫百行，婦人一志。男有重婚之義，女無再醮之文。是以芣苢興歌，蔡人作誡，

匪石為歡，衛生知慚。昔楚王出遊，留蔣氏於漸臺，江水暴至，王約迎夫人，必以符合，使者倉卒，遂不請行。姜氏曰：妾聞貞女義不犯約，勇士不畏其死。妾知不去必死，然無符不敢犯約。雖行之必生，無信而生，不如守義而死。會使還取符，則水高臺沒矣。其守也如此，汝其勉之。《易》曰鶴鳴在陰，其子和之。

【第四段，圖仕女七。高八寸一分，長一尺六寸。書高同上，長八寸一分。】

大家曰：五刑之屬三千，而罪莫大乎妒忌。故七出之狀，標其首焉。賢順正直，和柔無妒，理於幽閨，不通於外，目不徇色，耳不留聲，耳目之欲，不越其事，蓋聖人之教也。汝其行之。《詩》云：令儀令德，小心翼翼。古訓是式，威儀是力。

【跋紙一，高七寸九分，長一尺二寸五分，界烏絲格。】

按《唐・藝文志》有曹大家《女誡》一卷，薛蒙妻韋氏續大家《女訓》十二章，而不載《女孝經》，意者此書乃後人檃栝二書之旨，依仿《孝經》篇目而為之者也。然宋人畫此者頗多，余曾於駙馬都尉樊公處見李龍眠一卷，又聞沈石田亦收一卷。此卷舊以為馬遠畫而高宗書，今觀所畫諸景，皆筆力超絕，而婦女容態自有國有家者，以至田野紡績，莫不端莊靜雅，無一毫斜僻意思，望之令人肅然起敬，若此者要非遠不能邪。其書則出當時內夫人手，而用乾卦御書並掛號印信耳。知書者自能辨之。正德丁丑七月六日，水村居士陸完書。

【跋紙二，高八寸一分，長二尺四寸。】

曹大家，漢之女史，言出為經，不讓父兄。所著《女訓》尤為彤編典則，馬欽山每為段落而圖之。北宋院本原首推馬，居常所見亦只喬松一老而已。今遊邗上，獲觀是卷，亭臺工整，界畫精嚴，明璫翠袖，有欽莊之色，洵得立言之旨，誠神品也。書不署名，全篇無一懈筆。末鈐圖章有御賞字樣，審屬內府寶玩。昔在秀州見澄心堂紙，董文敏公，猶不敢書，僅於楮邊楷書名銜借觀而已，足見前賢敬慎。而予不能已於言者，何歟。猶在卷外，亦志得睹法物之幸云爾。古鄲後學吳山濤謹題。

右《女孝經圖》四幅，筆墨沉著，動心駭魄，希世之珍也。前明陸全，吳中大鑒家，定作馬遠，可以為據，而謂其書出當時內夫人手，尤為特識。文治。

宋馬欽山樂志圖、王雅宜書樂志論合璧卷

【圖紙本，設色。松樹兩株，遠山一角，一人倚樹臨流，一僮抱琴傍立。高七寸七分，長九寸四分。小款三字書於右邊石上，隱約可辨。】

臣馬遠。

【書紙本，高七寸六分，長一尺八寸八分。青花邊，界青絲格。李竹朋題，另書尾紙。】

《樂志論》。【文不錄。】丁亥四月既望，雅宜山人王寵書於楞伽山房。

右雅宜兄丁亥歲所書《樂志論》，時年已三十四歲。其筆力雖不及已後書，而與早年者不同矣。得此者亦當珍惜之。茂苑文嘉。

款題左方石上「臣馬遠」三字，僅可辨識。按欽山每畫殘山勝水，當時謂「馬一角」，此幅真所謂一角山耶。

宋夏禹玉谿山無盡圖卷

【紙本，凡七接，設色山水，兼細人物。高一尺二寸九分，長二丈四尺六寸九分。右角上鈐朱文半印，文闕不辨。右邊石上，有「夏圭」二字之半，隱約可辨，當係裱時切去也。】

【跋紙，對接，高一尺二寸三分，長二尺四寸二分。】

木翳兮林深，境幽兮徑平。峰高兮日小，澗古兮泉清。霧氛氳兮圖彩，水瀇瀁兮琴聲。春欲暮兮鳥啼花落，秋將至兮崔嗁猿鳴。膏吾車兮整吾駕，將有事乎林坰。爰發爰啟，載徵載興。訪仙人兮琳宮，扣釋子之充扃。高揖浮丘，遠邀廣成。拾丹田之搖草，采翠巘之瑤英。掘棲煙之杞術，斸含露之參苓。駐余顏兮長春，延余年兮遐齡。與日月兮同光，偕天地兮不傾。蔽明兮掩聰，凝神兮嗇精。清心兮欲寡，躬安兮氣寧。絕交息遊罷休迎。不記晦朔，寧知虧盈？不事王侯，寧識公卿？得失出處，寵辱不驚。何必論泰山之重，鴻毛之輕，麻衣之賤，金章之榮。又何必計蠅頭微利，蝸角虛名，長途擾擾，鬧市營營。蹈草廬之高躅，調陋室之佳名。土床石枕，霧帳雲屏。依稀和靖，仿髴淵明。玩庭楳之冷艷，嗅籬菊之秋馨。聽鴛鸞之求友，呼鷗鷺之完盟。展奇松之軒蓋，鋪軟草之氈茵。臨清流兮洗耳，過滄浪兮濯纓。躬耕幽嶼，戛釣荒汀。酒船茶灶，詩卷棋枰。樵漁賓客，收園弟兄。更唱迭和，極論深評。雲邊橫笛，月下吹笙。隨心去住，任性縱橫。緬思疇昔，慶快平生。衿懷洒落，胸次崢嶸。逍遙丘壑，放浪形身。悠然遺世，脫爾忘情。回視彼抗塵

走俗之輩，蜂房課蜜之功，甚時可辦？蟻穴封侯之夢，何日能醒？亦異於填海之精衛，良可悲夫燒空之火螢。至正庚寅夏日，為恒齋學士題夏珪《溪山無盡圖》，顧仲瑛。【隸書。】

卷　二

宋龔翠岩中山出遊圖卷

【引首粉地暗花箋，高一尺，長三尺四寸八分。】

【圖紙本，對接，水墨。鍾馗與妹各乘肩輿，隨從鬼怪，形狀詭異。高九寸八分，長五尺二寸五分。本身無款，總題另書後紙。】

【題紙，高同上，長一尺一寸五分。左角上下有朱文二印，文闕不辨。】

髯君家本住中山，駕言出遊安所適。謂為小獵無鷹犬，以為意行有家室。阿妹韶容見靓妝，五色胭脂最宜黑。道逢驛舍須小憩，古屋何人供酒食。赤幘烏衫固可亨，美人清血終難得。不如歸飲中山釀，一醉三年萬緣息。卻愁有物覷高明，八姨豪買他人宅。□□君醒為掃除，馬嵬金馱去無跡。人言墨鬼為戲筆，是大不然。此乃書家之草聖也，世豈有不善真書而能作草者？在昔善畫墨鬼有姒頤真、趙千里。千里丁香鬼，誠為奇特，所惜去人物科太遠，故人得以戲筆目之，頤真鬼雖甚工，然其用意猥近，甚者作髯君野涮，一豪豬即之，妹子持杖，披襟趕逐，此何為者耶。僕今作《中山出遊圖》，蓋欲一灑頤真之陋，庶不廢翰墨清玩，譬之書，猶真行之間也。鍾馗事絕少，僕前後為詩，未免重用，今即他事成篇，聊出新意焉耳。淮陰龔開記。【隸書。】

【跋紙一，凡五接。高同上，長一丈三尺。】

《中山出遊圖》。黃山樵叟。

老夫書倦眼模糊，睡魔魘去復來不受驅。古人偶過蓬蒿居，授我一卷牛腰墨戲圖。午牕拭眥拭展玩，使我三跐還長籲。人間何處有此境，眾鬼雜杳

相奔趨。一翁烏帽袍鞾黑，兩鬼共舉藤輿出。怒瞠兩目髯舒戟，阿妹雙臉無脂鉛。只調松煤塗抹色如漆，前呵後殿皆鬼徒。亦有橫挑直挑之鬼物，又有玃鬼數輩相隨各執役。陰風淒淒寒起袂，道是九首山人出遊中山捕諸鬼。三郎聰明晚何謬，玉環孤媚不悟祿兒醜，當年曾偷寧王玉笛吹，豈信此徒亦復效顰來肆欺尵也。詎能一一盡擒捉，舉世滔滔定復誰知覺。我欲嘖髯扣其術，人言個是翠嵓老子遊戲筆。卻憶漁陽鐵騎來如雲，騎騾倉遑了無策。錦韉遊魂竟弗歸，方士排空御氣無從覓。老嵓去我久，九京難再作，遺墨敗楮空零落。安得江波化作蒲萄之新醅，畫鼓四面轟春雷，叱去群魅不復顧，大笑滿傾三百杯。

老尵怒目髯奮戟，阿妹新妝臉塗漆。兩輿先後將何之，往往徒御皆骨立。開元天子人事廢，清宮欲藉鬼雄力。楚龔無乃好幽怪，醜狀奇形尚遺蹟。古並王肖翁。

《中山出遊圖》凡一展玩，見者無不驚訝。世之奇形異狀，暴戾詭譎，強弱吞啗，變詐百出，甚於妖魅者不少，人不以為怪而何。蓋耳聞目接，久而與之俱化，故視為常也。吁！髯翁之畫，深有旨哉。或以鍾尵事只見明皇夢中為疑，余謂往古來今，星流電摯，烜赫淒涼，菌生漚滅，何事非夢，獨於是疑焉？今贅數語於卷末，又豈非夢中說夢邪。東湖襪襆翁題。

是為伯強為橘狂，睢盱鬼伯髯怒張。空山無人日昏黃，迴風陰火隨幽篁。辟邪作字魏迄唐，殿前吹笛行踉蹡。飛來武士藍衣裳，夢境胡為在緜絣。中山九首彌荒唐，猶可為人祓不祥。是心畫師誰能量，筆端正爾分毫芒。清郡紫府昭回光，三十六帝參翱翔。陰氣慘淡熙春陽，謂君閣筆試兩忘。一念往復如康莊。安陽韓性。

楚龔胸中墨如蜀，零落江南髮垂耳。文章汗馬兩無功，痛苦乾坤遽如此。恨翁不到天子傍，陰氣颯颯無輝光。翁也有筆同干將，貌取群怪驅不祥。是心頗與尵相似，故遣魔斥如翁意。不然異狀吾所憎，區區白日胡為至。嗟哉咸淳人不識，夜夜宮中吹玉笛。谷陽陳方。

老髯見鬼喜不嗔，出遊夜醉中山春。髯身自是鬼尤者，況乃前後皆非人。楚龔老死無知己，生不事人焉事鬼。吁嗟神鼎世莫窺，此圖流傳當寶之。釋宗衍。

小魁欺人亦可憎，鬼翁怒縛敢馮陵。莫言怪狀元無有，老眼髯龔見屢曾。錢良右敬題。

酆都山黑陰雨秋，群鬼聚哭寒啾啾。老馗豐髯古幞頭，耳聞鬼聲饞涎流。鬼奴輿馗夜出遊，兩魖劍笠逐輿後。槁形蓬首枯骸瘦，妹也黔面被裳繡。老馗回觀凹目鬥，料亦不嫌馗醜陋。後驅鬼雌荷衾枕，想馗倦行欲安寢。挑壺抱甕寒凜凜，毋乃榨鬼作酒飲。令我能言口為噤，執□罔兩血灑骱。毋乃剁鬼作鬼鮓，令我有手不能把。神閒意定元是假，始信吟翁筆揮寫。翠岩道人心事平，胡為卷上陰風生。老馗氏族何處人，詫言唐宮曾見身。當時聲色相沉淪，阿瞞夢寐何曾真，宮妖已踐馬嵬塵。倏忽青天飛辟力，千妖萬怪遭誅擊。酆都山摧見白日，老馗忍饑無鬼喫，冷落人間守門壁。翠寒宋無。

堪笑龔侯戲鬼神，豪端寫出逼萸真。我貧不敢披圖看，恐作邪揄來笑人。劉洪。

鍾叟蒼髯妹漆膚，前驅後擁兩肩輿。能令五鬼非吾患，免使奴星結柳車。孫元臣題。

百鬼紛紛擾士民，明皇選得夢中身。前訶後擁中山道，翻與群妖作主人。呂元規。

月黑山空聚嘯聲，搜神志怪寫猙獰。老馗疾惡風霜面，泉壤千年不隔生。湯時懋。

歲云暮矣寫鬼神，九首山人生怒嗔。獵取群妖如獵兔，驅儺歸去作新春。高郵龔璛。

長嘯空林百草秋，蒼髯煤臉也風流。當時竊得三郎夢，卻向中山學夜遊。金源王時。

何處張弧鬼一車，中山曾見夜搜圖。芬芬眼底朱成碧，後乘鍾家有此妹。樓霞居士白斑。

翠岩龔先生負荊楚雄俊才，不為世用，故其胸中磊磊落落者，發為怪怪奇奇，在豪端遊戲。氣韻筆法非俗工所可知。然多作汗血，老驥伏櫪，態度若生，蓋志在千里也。寫《中山出遊圖》，髯君顧昐，氣吞萬夫，輿從詭異雜沓，魑魅束縛以待烹，使剛正者睹之心快，姦佞者見之膽落，故知先生之志，在掃蕩凶邪耳，豈徒以清玩目之。噫，先生已矣，至今耿光逼人。後學象山周耘敬識。

【跋紙二，對接，高一尺，長一尺七寸五分，朱、李、許三題書於拖尾。】

翠喦翁為宋臣，入元遂不仕，人品如此，故書畫皆妙絕，所作八分，全用篆法，有秦權量，漢汾陰鼎，綏和壺遺意，其圖鬼物怪怪奇奇，用意要非

玩戲而已，詩曰為鬼為蜮，則不可測。世間此輩，固自不少，安得盡供髯君咀嚼耶。嘉靖丁亥二月五日四明豐坊觀於寶峴樓，因題。【隸書】

自唐吳道子作《鍾馗出遊圖》，其後畫者日眾，蓋離奇虛誕，各有所寄也。龔翠嵒入元不仕，旅舍無炊，往往攤紙於其子之背，為圖易米，人爭購之，然所傳於世亦無多。丁丑冬，余請養初還，得其《羸馬圖》於吳門。今年六月，又得其《中山出遊圖》二卷，皆極著者。前賢題跋多且佳，余故並珍之。客曰：昔人詩篇圖畫多託之馬者，或以喻才俊，或以傷不遇，尚有意在。似此鬼隊滿前，何所取乎？余曰：不然。世之人形而鬼怪其行者，不一而足。安知此輩貌醜而不心質耶？凡遇世事之可喜可諤可駭可怒可恐可歎者，取茲觀之，必忽爾大笑，以古人為不爽。康熙庚辰七夕前一日立秋旬餘，余暑日熾，軒窗近晚，始有微涼，滌研消遣，隨筆成語，書罷起立，纖月已在簷際，茉莉花開，滿樹繽紛，回憶少年，別是一境味。江村藏用老人高士奇。

康熙壬午春，秀水朱彝尊觀。【隸書。】

畫自一畫而化無窮，意之所至，託諸毫末，可諷可諫可褒可頌可禱，盡視為畫，鮮識其旨，固可縱情而逞癖。夫筆墨也，果有得也，則觸處皆是驚人駭俗，致觀者訝然，此作是也。拔有云：嫁妹出遊，鑿言之無據，泛言無庸。所以物色而藏之者，蓋有遐思焉。伊祁李世倬。

此卷筆墨奇古，深得武梁祠像筆意。洞心駭目，可寶可寶。道光丁酉元夕後二日，錢唐許乃普觀於章門使署之靜香齋，並記。

宋錢舜舉草蟲圖卷

【紙本，設色，殘荷，水草，青蛙，蚱蜢，蜻蜓等類，高八寸四分，長三尺七寸七分。右角一印，模糊不辨。】

吳興錢選舜舉。

【跋紙，兩接，高同上，長六尺七寸六分。接縫處葫蘆印一，模糊不辨。】

蘋藻縈紆葦葉黃，一番微雨過橫塘。聲聲絡緯含商思，兩兩蜻蜓映夕陽。盡有新圖消歲月，即看餘枝盡文章。醺然心手調娛候，勘點蟲魚入醉鄉。東陽柳貫題。

陵陽應謙。

齊物莊生論，蟲魚爾雅箋。畫師兼賤手，巧匠奪天然。沙渚觀生意，林塘寫靜緣。相將狎鷗鷺，從此會逃禪。至元三年後丁丑歲秋九月望日，錢唐岑師吉書。【隸書。】

剡谿藤滑染丹黃，便似茗川十錦塘。大力【二字本南華。】固應忘色相，化工直欲鑄陰陽。一池荷葉遺裳服，兩部蛙聲奏樂章。公已欲祛塵世慮，水雲深處合為鄉。至正二年春三月五日，丹丘柯九思書。

金風蕭瑟遍滄洲，勝有殘荷葉尚留。解向靜中觀物化，露蟲冉冉寫清秋。永樂五年丁亥春三月十有二日，後學滕用亨拜題。【隸書。】

巽峰畫佳者，余嘗見數卷。茲又從文度參議得觀此卷，秀韻天成，羌無俗韻。文度近又獲陸放翁書，與此殆稱雙璧。神物之合，如延津龍劍，快何如。桐鄉楊青。

曩有持承旨趙公作《牧馬圖》示余索句，為率題一絕，有「墨花飛灑天閒裏，不向西風繪黍離」之句，意若有不滿者，舜舉與趙同時，趙且師事之，苟容推轂，何難致顯，而獨徘徊於茗雪間，絕意進取，其人品固已高矣。右卷用意入細，生氣遠出，野塘風景，宛然在目，有識者自能辨之，固無俟余之讚歎，而即因是以想見其為人，更有得於鳴動趯躍之外者，即以殘荷叢葦蕭瑟之間。蓋公於此，意隱然有所寄矣。舒閱數回，漫記於後，莆田林俊。

萬曆癸酉臘月二日，同百穀兄觀於歸來堂，茂苑文嘉。

宋錢舜舉石勒問道圖卷

【紙本，設色，佛圖澄閉目支頤，坐石上。石勒拱而立，侍從二人，捧印立於後。高八寸八分，長三尺四寸六分。右角上有白文半印，文闕不辨。】

吳興錢選舜舉。

【跋紙，對接。高同上，長一尺六寸二分。李竹肌題，書於拖尾。】

吳興錢舜舉效趙千里格度，寫石勒參佛圖澄圖，人物狀貌殊得三昧意趣，觀之使人皆起歡喜心，真絕藝也。予於修撰虞伯生館，偶得一展玩。噫，澄以幻術拘勒，惜不能以大義復晉，蓋方外之徒，不足深議，若繪事之精，信可寶也。渤海吳養浩題。

晴窗展圖畫，往事不必言。千金寶一紙，尺璧無瑕痕。勒也何為者，跳樑我中原。彼澄西域胡，知有佛法尊。變幻多技能，口欲群魔吞。指人以東代，又指人西轅。吾儒責以義，把此公案翻。塊然一拳石，白日雲霧昏。言之非其人，吾舌當自捫。偶於士龍氏，醉我黃金尊。閒將詩畫意，細與君評論。徐明善。

按《書畫譜》載《石勒問道圖》，石勒拱而問，佛圖澄踞石坐，以手支頤而寐，背後作一石壁，盤石松其上，無侍從。石勒背後乃有侍從數人，描是鐵

線兼蘭葉，色則輕著青綠，雖秀勁乃致不高古。黃潛、陳繹曾跋，以為唐人非也，當是趙千里云云。此卷布置與所載略同，佛圖澄背後無石壁，乃舜舉摹千里筆而微有變化者，其運筆之清潔，設色之雅靜，則有目所共賞也。同治丁卯新春，竹朋李佐賢跋。

宋錢舜舉紫茄圖卷

【紙本，工筆設色。高八寸九分，長一尺八寸三分。】

蚤日毗山愛寫生，瓜茄任我筆縱橫。自憐巧處還成拙，學圃今猶學未成。吳興錢舜舉畫並題。

【跋紙，高七寸九分，長一尺三寸。】

壬子歲，余客丹徒，與太原李鶴舫同舍。會丹陽姜子恂持宋元人畫冊來觀，中有舜舉畫茄，妙絕如生物，每憶之不忘。於今十四年，余幸再遊，又見此幅，頓還舊觀矣。昔松雪翁晚歸林下，檢笥中得舜舉茄菓各一幅，因題其上云：交遊來往休相笑，肉味何如此味長。想見古人高致，因並識之。時乙丑歲十月八日，將樂余思復。

宋錢舜舉浮玉山居圖卷

【引首點金箋，高九寸三分，長一尺六寸七分。】

山居圖。【篆書。】太僕寺丞前中書舍人、文華殿四明金湜篆。

【圖紙本，設色山水。高同上，長三尺九分。御題書於本身，左角下書一「祇」字，當係項墨林收藏記號。】

瞻彼南山岑，白云何翩翩。下有幽棲人，嘯歌樂徂年。蓊石暎清泚，嘉禾澹芳妍。日月無終極，陵谷從變遷。神襟軼寥廓，興寄揮五弦。塵影一以絕，招隱奚足言。右題余自畫山居圖，吳興錢選舜舉。

未聞巢由買山隱，巢由隨處定名山。五畝之園千古計，數椽草堂終日閒。高賢群結忘年友，舊句應同半偈刪。鈲槻豈必傳靈運，吾亦遊神於此間。丁卯小春上澣御題。

【跋第一紙，兩接，高同上，長四尺七寸三分。】

錦城方天瑞玄英先生後人，得《白雲山居圖》，彷彿桐廬山中隱所。錢舜舉真跡，別是一種風致。漫系以詩，山村老人仇遠。

翼翼山千朵，蕭蕭屋數間。石崖不可渡，門遷幾曾關。綠樹經秋在，白雲終日間。依俙鏡湖曲，西島水迴環。延佑四年九日，書於杭城北橋。

吳興公齠歲得畫法於舜舉，舜舉多寫人物花鳥，故所圖山水，當世罕傳。此卷蓋其自寫山居，景趣既高，筆墨精妙，尤為合作。詩亦雅麗，非近人語。僕以戊子秋七月得於書肆，如獲古圖史云。因次韻識歲月於後。

秋風動岩樹，歸鳥何其翩。我思岩中人，可以樂忘年。夫君乃詞客，畫手故作妍。吳興圖畫藪，詎隨時好遷。上岩雲積雪，下岩水鳴弦。展卷才尺許，坐對兩無言。山澤臞者張雨，題於開元靜舍之浴鵠灣。

雪谿翁吳興碩學，其於經史，貫串於胸中，時人莫之知也。獨與敖君善，講明酬酢，咸詣理奧，而趙文敏公嘗師之，不特師其畫。至於古今事物之外，又深於音律之學，其人品之高如此。而世間往往以畫史稱之，是特其遊戲而遂掩其所學。今觀貞居所藏此卷，並題詩其上。詩與畫稱，知詩者乃知其畫矣。至正八年九月八日，大癡學人黃公望稽首敬題，時年八袠。

無官落得一身閒，置我當於丘壑間。便欲松根結茅屋，清秋採菊看南山。顧阿瑛。

餘不之水浮玉山，仙人來往乎其間。珪璋藻思發天巧，粉墨絹楮留人間。錢翁山居窈縣密，深潤山林閟白日。翁去而今能幾年，舊遊一變成荒煙。惟有墨蹤長不泯，夜夜白虹光滿天。遂昌鄭元祐。

舜舉偏工著色山，如斯水墨畫尤難。蒼茫樹石煙霞外，合作營丘老筆看。石道人題。

何山西上道場山，山自白雲僧自閒。至人不與物俱化，往往超出乎兩間。洗心觀妙退藏密，閱世千年如一日。翁今仙去未百年，人民城郭俱飛煙。囊楮題詩留粉墨，劍瘞豐城光在天。倪瓚次韻遂昌翁所賦，庚戌。

【跋第二紙，凡九接。前兩接高八寸二分，長三尺九寸，後七接高九寸三分，長二丈二尺九寸二分。項墨林藏印繁多，凡已見前幅者，概不重錄。】

題《山居圖》後。

廿年前，余閱錢舜舉《山居圖》於璜谿沈悅梅宅，生紙用筆，得王右丞家法。綠淺墨深，細膩清潤，真與唐人爭衡。圖為張貞居伯雨所得，和詩一篇，詞指甚遠，書法精妙，殆非時制。余時初學貞居書，以悅梅為吾壻張訓舅氏，從其乞得之，置古墨林卷中。書雖存而圖則缺，每有神劍異處之歎。成化癸卯二月四日，悅梅之子志行以義新授承事郎，載酒往賀，出圖贈余，兼得黃子久、鄭明德、琦楚石、倪元鎮、仇仁近諸作，展誦之餘，不忍釋手。簀燈滄江，虹月舟中，且閱且和，凡得四首，惟志所喜，罔知形穢，不可與古並

也。雖然，古今人未必不可相及，故韓退之送楊巨源嘗一言之，余可無言，以附尾耶。神劍合併，豈亦繫之天也。余之後人，尚保有勿失。後學姚綬記。

右第一跋，初得之為虹月舟物也，故誌喜以云。然為物於虹月，知第幾哉。予又初見之於今之日焉。仲夏二日鼎識。

追次諸作附。

雪谿回群山，山勢相聯翩。雪翁構山居，往來已多年。得趣自寫圖，林壑秀且妍。起處與歌嘯，於此無播遷。外有白板扉，中有朱絲絃。貞居事品藻，亮為知者言。

右張貞居先生韻。

展圖不獨可娛閒，妙絕當求古作間。長願眼明如此日，短蓬隨地看佳山。

右玉山顧阿瑛韻。

客常笑我不買山，我愛水竹村幽閒。石樑平坦行可度，吠犬鳴雞鄰舍間。昔人養性藏深密，懶出戶庭消永日。花開花落罔知年，補屋牽動蒼蘿煙。錢公畫圖好山樹，一綠交映如春天。

右遂昌鄭明德韻。

山麓沿谿上，山居入樹間。雨香泉決決，風細鳥關關。僻地真堪住，新圖不等閒。一時諸作手，價重玉連環。

右山村仇仁近韻。

東海倪元鎮之作，乃鄭遂昌韻，故不次耳綬記。

雪錢之奇墨，非句曲、玉山、遂昌、雲林、山村諸大老，不能以有聲之畫相為奇也。非吾雲東逸史，又安能繼諸老後塵？其不為虹月舟聚奇也耶？鼎題。

《山居辭》。

谿有山兮山有居，山中之人兮樂何如。朝開窗兮雲合暮，開窗兮雲舒，水循除兮宛轉，樹繞蒼兮扶疏。蔭前簷兮高柳，摘南園兮佳蔬。社祈年兮飲酒，客乘月兮驅車。田屢登兮新穀，架盈插兮舊書。或託友兮麋鹿，或混迹兮樵漁。詠衡門兮翼翼，忘夏屋兮渠渠。既理亂兮不知，曷庸心兮毀譽。山中之人兮樂有餘，故吾薄世味兮蚤歸歟。

吾適所安兮維其朝暮，吾知止足兮庶幾無過。山居兮伊何，可抱元兮養素。啟戶牖兮見彼南山，居之安兮意高閒。仁者樂兮在靜，日自落兮雲還。猗山中兮有猨有鶴，四時之交兮良不惡。起處食息兮於斯，難以告人兮吾心之樂。

考槃磵阿兮碩人之軸，獨寤歌兮獨寤宿。瞻菉竹兮淇園，歎白駒兮空谷。彼寫圖兮人斯，高世之士兮繫以詩。百年文物兮予得之，睹其物兮渺予思。

三月十又九日，逸史重題。

錢舜舉畫品甚高，人以花鳥見稱，蓋未嘗多見其山水故也。觀此《山居圖》，七分用墨，三分設色，筆法絕類輞川，優入顧愷之之域。趙松雪素所師資，豈真阿私所好哉。況貞居於書肆中，一見此圖而賞識之。復和其詩，語意沖淡，字畫清逸，無慚是翁。大癡云「知詩者乃知其畫」，亦名言耶。故余大書特書，不一書而足也。是日緩過石雲橋記。

深墨寫山石，淺綠敷樹林。人家足亭榭，魚鳥相浮沉。古渡嵐霏合，平橋野色侵。日日塵中客，於焉肯幽尋。吾乎辨此志，清世早投簪。佳境若真有，時攜孤桐琴。一寫山林樂，允契千古心。

古人得佳畫，不限於大小幅，或橫卷縑楮，仙佛、古賢、花鳥、樹石、龍水之類，米芾《畫史》首載晉人顧愷之、戴逵不二三幅，筆彩生動，為不易得。比及六朝有唐，附以五代，如張僧繇、王維者，蓋不多得，其人古今一揆。余得舜舉《山居圖》佳甚，何在長幅大軸耶！更越數百年，即舜舉之筆，何可得也。政猶米芾之於顧愷之、王維輩是已。貞居謂如得古圖史者，誠哉是言。越三日甲寅，過鴛鴦湖書。【以上諸跋均界烏絲格。】

水閣新展卷，山居舊寫圖。樹陰紛若有，嵐氣遠還無。上下峰巒互，東西浦漵孤。藍田莊子上，單袷可風乎。

我欲移清霅，沿流借好山。塵飛隱几外，趣在卜居閒。新水遊魚動，斜陽倦鳥還。輕肥五陵內，能得幾時閑。

展卷復展卷，賦詩還賦詩。鳥喭山葉晝，人坐野花時。暫輟任公釣，重玄墨子絲。風流千古事，今日渺予思。

白裏貞居者，摛詞類古人。書當北海妙，句逼杜陵真。握筆銷清夜，開圖對好春。都將眼前水，洗盡半生塵。

挑燈論畫法，尚友重文章。夜色自爛熳，歌聲方抑揚。茅峰仙夢遠，霅水墨波長。二百年餘物，來登逸史堂。

展卷生新喜，吟哦結舊知。鐙花紅靡靡，劍鍔白差差。品藻當居上，斯文合在茲。鄰翁笑予老，樂此不為疲。

晡時書於西麗橋下。

跋後又和韻四首，自為韻騷體三首，唐選一首，五言律六首，喜甚而不已於詞，由乎物之佳甚而不厭心目口手故也。予耄矣，心目之不厭，聊彷彿吾丹丘一二，口手之倦甚，則虹月之一冗客。況鄭、倪、仇、顧，可丹丘主人曠世相友，豈桐村牧可穢耶。八十三翁桐村周鼎書於武唐舟次。

《山居圖歌》

吾地水竹友，獨恨青山遠。今得山居圖，詩篇喜盈卷。此圖何人作，乃是霅翁選。霅翁山水落墨強，畫法駸駸乎晉唐。矮屋不類綠野堂，怪石絕似黃茅岡。白雲去來書滿床，主人偃仰清晝長。東菑西漾無遺老，樹外小橋迷碧草。展圖不復得此翁，松雪齋中昔為好。齋中盡是搗玉塵，等閑不許天風掃。人雖已矣卷長留，人得文章才壽考。吁嗟得圖難，攜上步虛壇。毛骨盡森爽，瀼瀼零露寒。零露寒，峭無語。若山對面相爾汝。今年借居擬避暑，蔚然深秀閟行旅。朝開暮闔窮煙霏，誰能來此行采薇。顧圖幻出一拳石，千巖萬壑爭光輝。美哉仙伯貞居子，得圖賦詩有如此。百年遺吾勝百朋，二老之神何日死。貞居霅翁生同時，時有先後云誰思。水竹仙村永為寶，星斗射虹光陸離。落花茫茫絮漠漠，一度披圖一歡樂，我尚攜登天祿閣。

右歌張鐩時始於分鄉鋪成於本覺寺，明日隸古於卓林石門之間，匪欲誇有，唯志愛之無已焉耳。三月念三立夏日，逸史綏題記。【隸書。】

舟中賴此能消日，半匹溪藤意趣多。霅叟畫圖凌晉宋，貞居詩語逼陰何。山迴樹繞門空設，雨過風清水不波。誰個躋攀窮險阻，一聲長嘯出煙蘿。過語兒溪賦。

三日不展卷，何異隔三秋。今日一展之，頓然銷百憂。片紙與隻字，古人尚見收。矧茲美圖史，契我山居幽。林鳥當我哦，石瀨當我流。寄傲倚南窗，濯足弄扁舟。回視五陵內，輕肥乃浮漚。吾生保此卷，賴仰盡優游。

在碧鳳堂，人來索了清逋，日紛如也。比夜則饑蝨惱懷，遂徹鐙火，無暇展卷。四月二日早飯罷題。

余自辭官來，忽忽十五年餘，有志世外真樂，凡於古人圖畫翰墨，有關乎此者，輒收蓄之。今年春，既得錢舜舉《山居圖》，其上有張貞居和章，脫去塵土，深愜所志。不閱月，又得羽客惠松雪學士遺扇一握，絹素絕不剝爛。手書七言四句云：古墨輕磨滿几香，研池新浴照人光。北窗時有涼風至，閒寫黃庭一兩章。於志又復愜之，何幸疊得吳興二妙，並皆珍重，乃兼記耳。

我能山中行，未能山中居。他日故園裏，跂望空躊躇。黛色干雲霄，相去百里餘。誰開依林窗，誰抄種樹書。無山有水竹，聊將襟抱舒。況得山居圖，詩什深起予。願言住西湖，既樵而復漁。

方伯劉閣諸公邀予遊吳山之紫陽庵，飲至酣暢，因得以窮山水之樂。明日大參韓公復邀予泛西湖，登讌於靈隱寺。山行凡百日，感而賦之。逸史記。

人見余題《山居圖》太多，或者笑之或者知，余懸懸此圖餘二十年，一旦得之，譬諸與一交好者別久乍見，必傾倒不自知，言之重且複也。此則知余者也。士信於知己，屈於不知己，從古為然。何足異哉。是月三日西湖書院飲歸燈下記此。【以上自《山居圖歌》起至此跋，皆界烏絲格。】

中段長句二首，一三月廿三日舟至本覺寺作，一念五日抵靈芝寺作。又七言律一首語溪舟中，蓋廿四日也，五言選二，一則四月二日在靈芝，一在靈隱不日。最後二跋署是月三日，則靈隱之作於是日，跋於是夕。前後凡二十餘首，亦自訟其太多，貽或者笑。又自解曰士屈於不知己，信於知己。予固非真知己者，不笑其多，愛其敏而贍也，特笑其嗜古成癖，有自溺以劫蔡太保之顛，欲巧為之解，得乎。既而強予續貂，予欲強分此卷為二物，移虹月於桐村上也，則怖予以米之顛自許，分則死，不許焉。予亦以其所怖予者怖之，坐客睅眙，哄然一噱，曰：古今癡絕，代不乏賢。端陽前三日周鼎書。

前輩風流不可得，得見風流在遺墨。無聲詩數書溪翁，妙句尤能淡無迹。黃篋樓中寶藏久，題品曾煩井西叟。迂倪跋鄭相後先，唾落珠璣欲盈斗。玄英有孫白雲房，又解轉藏人所藏。回首桐廬好山色，也曾仇覽棲鸞凰。翩翩鶴輩群仙去，環佩餘音妙何許。神光吹不散罡風，斗畔時時夜虹吐。雲東逸史獮豸衣，嗜古急忙如渴饑。等閒光怪手可招，筆底奇珍皆我歸。銀海波寒蕩明月，玉池秋水暖生肥。對此不覺融心神，吐詞連連如轉機。古人今人曠百世，前身後身無乃是。卷舒舒卷兩相忘，猶自不能忘夢寐。謾將華鳥評吾雪，一紙青山落屏几。袞袞篇章題未盡，癡黃言其學有本。苦為詩畫掩其名，自古美才天所悋。歸來乎，雲東子，所逸所勞者何事。答言一掬硯池春，盡力工夫了於此。門外冗塵閒自起。方自揮毫掃生紙，苕雪二溪同一水。安知溪上山峨弁，不在鴛湖鏡光裏。明年甲辰春正月乙卯書於雲東仙館，時年八十有四。鼎識。

奉次前題。

畫法師心者難得，手與心融脫繩墨。政如老雪山居圖，宛宛猶疑見行蹟。此居依山往來久，又如五一置一叟。但能容膝自然佳，豈怪人嘲小於斗。水竹村有吾堂房，頃得此圖吾寶藏。先朝諸老遺賦詠，句曲眾中孤鳳凰。雪溪流水湯湯去，併入苕溪知幾許。詩語長留天地間，雜沓春山暖雲吐。嗟余早製芰荷衣，濯足滄浪每樂饑。有時散步夕陽裏，芳草野橋隨意歸。桃花柳花次第落，萬綠繞簷陰自肥。漁童聯翩出泛艇，織婦伊軋鳴當機。我思古人雖異世，畫絕癡絕今亦是。考槃在磵復在阿，永矢弗諼於寤寐。桐村老牧光前作，展卷大書橫棐几。乾坤清氣流不盡，倡和連篇乃張本。闃寥短章余附尾，才如襪線非余恡。便欲招起玄真子，橛頭細雨同其事。明月太虛今古心，擲卻浮名皆似此。如吾老牧不吝作，牛腰之軸還添紙。尚伺倒傾三峽水，洗盡徐寧塵萬斛，不使飛來吾社裏。是歲二月朔，姚綬書於白雲枕書窩。【以上兩題，界烏絲格。】

楊循吉拜觀。

卷初到卷末，文采何翩翩。模糊山水留，一紙餘百年。寘藏雲東館，披乘風日妍。仙翁愛惜重，至老心不遷。新題時舉筆，白雪在朱弦。嗟餘亦何者，亦尾古人言。循吉。

錢雪用畫山居圖，詠元諸名公品題詞翰，姚侍郎丹丘公墨妙裝潢成卷，項少溪主人授弟墨林子珍秘。原價三拾金。秖。

雪溪為有宋遺老，故每作山居以自況，此卷著款處署為題。余自畫山居，墨山翠樹，意境殊絕，迥非人間所有，元明以來名家林立，誰敢著此？一想國初孫退谷、高江村兩家，所錄一卷，傳為老屋扁舟，雲白樹紅者，曩曾在定府見之，旋歸常熟邵翰編松年矣，視此猶是尋常谿逕。大癡跋尾謂「此老山水，當世罕傳」。今此卷與利津李氏舊藏《弁山雪霽卷》同歸遲盦八丈太夫子秘笈。計此二十年間，得見雪溪山水卷子者三，深幸眼福不淺。光緒廿有一年十二月，門下再傳弟子懿榮謹記。

宋人風雪度關圖卷

【絹本，設色，雪景關山，一人戴笠騎牛，自山洞而出。高一尺四分，長二尺三寸三分。無款，筆法絕似夏圭。右邊半印殘闕不辨。】

跋紙對接，高七寸五分，長二尺六寸，此詩非詠此圖，或係前人合裝成卷。

北風卷地白草折，胡天八月即飛雪。忽如一夜春風來，千樹萬樹梨花開。散入珠簾拂羅幕，狐裘不暖錦衾薄。將軍角弓不得控，都護鐵衣冷難著。瀚海闌干千尺冰，愁雲慘淡萬里平。中軍置酒飲歸客，胡琴琵琶與羌篴。紛紛暮雪下轅門，風掣紅旗凍不翻。輪臺東門送君去，去時雪滿天山路。山回路轉不見君，雪上空留馬行處。

雲卿為孟端書於石秀齋。

金李山風雪杉松圖卷

【紙簽嵌裱於圖前隔水綾。】

李山風雪杉松圖。

【圖絹本，水墨杉松十餘株，樹下茅屋竹籬，遠山層列。高九寸三分，長二尺四寸九分。御題書於本身。】

平陽李山製。

千峰如睡玉為皴，落落撐空本色真。茅屋把書寒不輟，斯人應是友松人。乾隆御題。

【跋紙，凡四接。高同上，長一丈一寸一分。萬慶款下鈐方印一，模糊不辨。跋後尚有餘楮。】

繞院千千萬萬峰，滿天風雪打杉松。地爐火暖黃昏睡，更有何人似我慵。

此參寥詩，非本色住山人不能作也。黃華真逸書，書後客至，曰賈島詩也。未知孰是。

此老在泰和間，猶入直於秘書監，予始識之，時年幾八十矣，而精力不少衰。每於屋壁間喜作大樹石，退而睨之，乃自歎曰：今老矣，始解作畫。非真積力久，工夫至到，其融渾成就處，斷未易省識。今觀此《風雪杉松圖》，其精緻如此。至暮年自負其能，亦未為過，而世俗豈能真有知之者。故先人翰林書前人詩以品題之，蓋將置此老於古人之地也，覽之使人增感云。癸卯六月廿有二日，萬慶謹書。

右金秘書監李山畫《風雪杉松圖》，而黃華老人王庭筠題參寥詩於後。二君皆宋名家子，為完顏氏禁近，有聲。余偶得二絕句，題其後云「撲地漫天卒未休，松杉千尺迥堪愁。丹青不作王孫草，老向胡天共白頭」，又「朝色蔥曨映碧虛，千峰瑤草漸凋疏。何當長白山頭樹，到了枝枝玉不如。」今二君而在，不免泚顙，然李用筆瀟灑，清絕有致，出蹊逕外。庭筠翩翩，遂入海嶽

庵三昧。皆可寶也。此君僅四十有七而沒，然時時自稱「黃華老人」，極可笑。跋後所謂萬慶者，仕至行省右司郎中，《金史》誤作曼慶，當以此為正。隆慶戊辰夏六月，吳郡王世貞謹題。

此卷向嘗觀於金陵，每在夢想，今復得再觀，不勝欣慰。時友人錢叔寶、顧季狂、尤子求在坐，記之者五峰山人文伯仁也。隆慶戊辰六月既望，大暑中【元敬】美出此，真奇賞哉。

乾隆二十八年春孟六日，皇帝御重華宮召廷臣共二十四人賜宴，臣啟豐蒙恩與焉。有頃御製律詩二章，即命臣等賡和。又特頒內府鑒藏名人畫卷各一，臣啟豐得《風雪杉松圖》，頓首祗受，宴畢，攜歸邸舍，展閱是圖，為金泰和間秘書監李山畫，係絹本，凡大小杉松十一樹，諸峰層列，隱隱有寒冱色。茅屋蕭然，有人據案執卷。堂前眾樹聳立，直榦喬枝，風雪中不可撓屈。元陰龍蓯，又若俯翳其下。蓋金去宋未遠，其樹石皴染皆守宋人家法，後有黃華真逸王庭筠書參寥詩，明王世貞跋稱其筆法入海嶽之室，黃華之子萬慶續為之題，而弇州山人槀又謂李山此卷，用筆瀟灑，出蹊逕外。然則此圖自完顏氏以來，膾炙名賢，且數百載。伏讀御製七言絕句，意思深長，豪端渾脫，圓神方智，別具鑪錘，此卷足以不朽矣。抑臣啟豐於客冬奉命擢左都御史，天章下貴，凜然勉以後凋之節，皇極所敷，使樗櫟下材，蒙被雨露，克終保其天，而免於斧斤之患，誠不勝厚幸焉。其簽碧玉為之，刻「乾隆御詠李山風雪杉松圖」八分十一字。其印章曰「石渠寶笈」，曰「三希堂精鑒」，璽曰「乾隆御覽之寶」，曰「宜子孫」，曰「得佳趣」，曰「几暇怡情」，曰「乾隆鑒賞」，曰「珍秘」，曰「子孫保之」。舊有「平陽」「乾坤清賞」「有明王氏圖書之印」，「江表黃琳」、「休伯」、「安儀周家珍藏」，「梁清標印」，「蕉林鑒定」，「蕉林秘玩」，「鼎」、「元」「仲雅」、「顧」、「九德」、「嚴澤」、「張羽鈞之印」。其在後方者，不具錄。前有標題七字，當是明王穉登書。賜進士及第、光祿大夫、都察院左都御史、南書房臣彭啟豐敬記。

御賜大司馬彭公金李山《風雪杉松圖卷》，公恭紀顛末，未及自書。頃公已下世，公子紹升屬前翰林侍讀王文治補書。時乾隆五十一年夏孟九日。

元柯丹丘霜柯秀石圖卷

【引首青箋，高七寸二分，長二尺六寸九分。】

霜柯秀石。【隸書。】太原王穉登書。

【圖紙本，水墨。柯木竹石。高同上，長三尺八寸二分。】

敬仲。

嘗見東坡有此石本，趙松雪曾擬作之，藏於道場禪室，較之石本，但無荊棘而竹石尤清潤，自有一種高風韻逸，出人意表。一日過道口，長老無可出紙命僕效顰，此卷是也。時有山人韓夢庵在席，見而愛之，遂歸於韓。今二十年矣，而山人之弟公達出以示予，予切有感焉。而拙作鄙庸，迺為韓氏珍藏若此，蓋以山人所愛重故也。且僕自出山中來，遊宦京師，初聞無可師上駕水示寂，山人又復仙去，今吾與公達同仕於朝，追念舊遊，存沒之感，不能不愴然於懷也。至正二年長至日，丹丘柯九思書。

【跋紙，兩接。高同上，長三尺八寸六分。】

木石山中拔舊盟，歲寒不改此君清。相期雲霧隨龍化，更待天風引鳳鳴。靜對聞琴宜夜雨，閒來欹枕愛秋聲。老樵自是伶倫手，調入黃鐘取次成。笑隱。

老樹最宜清圃，修竹恰稱高齋。敬仲本來面目，長康幻化形骸。辛亥二月，過道西齋題。呂敏。

竹樹蕭疎苔石宜，嗽茗清坐白雲移。滿池水墨香浮暗，正是高人落筆時。清江黎恬。

古木蒼龍影，修篁碧玉枝。相看兩不厭，同抱歲寒姿。雲丘道人張簡為夢庵題於霜月軒。

碧波浮翠浸珊瑚，看到東磎有幾株。留得丹丘冰雪幹，歲寒何必論榮枯。吳興松泉隱者。

素節盲虛直，蒼顏無古今。靜存仁者體，清得此君心。笋潤挹朝爽，尊涼借午陰。投簪時得造，舒嘯一披衿。嚴陵邵享貞題。【隸書。】

竹樹蕭疎水石隈，山中雅趣足奇哉。分明一段眉山意，移入丹丘筆底來。長洲陳鑑。

山光倒漾石溪流，竹影交加古木稠。一任風霜搖落後，個中景物不知秋。安成彭華題。

元管仲姬修竹美人圖卷

【引首紙，高一尺五寸五分，長三尺五寸六分。】

日暮倚修竹。【隸書。】秀水朱彝尊書。

【圖絹本，設色青綠。修竹五竿，一仕女倚竹而立。高一尺五寸四分，長一尺四分。間有破損，款字下一印，殘缺不辨。】

□人□□□□室無事，偶閱杜少陵日暮□修竹之句，漫為圖此，□□□□道升。

【跋紙，兩接。高同上，長八尺八寸。】

管仲姬為趙文敏公配，家吾鄉德清之茅山。今管氏子孫猶有存者。世傳畫一幀，云是管夫人自寫小照，守之幾三百年，時人競欲之而不可得，後歸於邑中沈給諫，寶之如拱璧。嘗出示余曰：是非夫人照也，乃寫杜詩「日暮倚修竹」之句。所題跋猶隱隱可讀，惜未得好手裝潢。蓋其意亦擬後人永保之耳。忽忽三十年，此畫又落骨董人手，余識其舊物，力購始得。每一展卷，恍如給諫之言猶在耳也。給諫名應旦，字方平，前庚辰進士，其畫亦最工云。康熙甲子重九日，蘋村徐倬方虎氏識。

讀松雪與中峰和尚札，知其伉儷之情極重。中有云：伺東衡房屋修整。又云：求和尚一到東衡。則東衡為松雪故居無疑。沈方平黃門乃東衡人，倬之墓田丙舍亦在東衡，時時往來其間，搜討遺蹟，塵得此畫，心甚寶之，不敢自私，上供鄒老夫子清玩，蒙不棄遺，重為裝潢。殘縑斷素，久埋沒於煙炱塵蠹之中，一旦縹緗玉軸，煥焉改觀。且倬舊有跋語，亦不刷洗，仍置幀尾。村野姓名得入清閟閣中，固已深幸。即天水夫婦，有不感知己之遇於九京乎。此亦畫苑中一段佳話也。門下老弟子徐倬拜手再記。時戊寅嘉平月。

管夫人工書，善畫墨竹，不以人物名，故人物之傳於世者頗少。此卷相傳為夫人小照，雖未敢定，而翠袖天寒，修然有林下風味，可貴也。蘋村自言此卷得之同鄉前輩，不敢自秘，以贈其師戒荓先生。戒荓重加裝潢，手書屬余曰：欲得數行，為後人世寶。余乃題其後而還之。他日一展卷而兩家世講淵源猶可想見云。康熙戊寅臘月望後一日，商丘宋犖題。

仲姬畫竹舊傳名，瞥見扶疏立幾莖。翠袖薄寒人倦倚，浣溪好句為開生。

蠅頭小字跡模朗，斷續蛛絲半有無。道是懷人瞻望切，強將韻事託新圖。

故家自昔保南琛，賞編名流好古心。束筍忽過明聖水，清風彷彿襲衣襟。海昌楊雍建題。

《畫評》稱仲姬好畫竹，故每畫必有竹。此直取杜甫句畫之，好在故也。特竹有二種，往往真定相公許。觀姬竹二頁，一是墨竹，一是鉤勒竹。其題有云仿協律郎蕭悅竹鉤勒白竹而填之以青，即此圖畫法也。前此董叔達、夏禹

玉輩皆鉤勒花葉而不及竹，要是仲姬獨擅耳。康熙乙卯長至後廿日，七十七翁奇齡觀。

不將離緒譜新詞，間展生綃繪杜詩。修竹亭亭風欲晚，毫端寫盡黯然時。

風流學士自王孫，一笑登朝賦遠征。峝閣更藏幽意切，出山爭似在山清。

吳興墨竹久荒蕪，斷素零紈勝有無。珍重琅函歸玉局，仲姬千載快知吾。松陵吳家駒拜題。

管夫人不獨書畫精妙，於詩詞無弗工。是圖乃松雪翁出使在外而作者，節取少陵詩句以寫照，不自衒其長而望遠懷人之思，纏綿如見，有《卷耳》《草蟲》之遺風焉，宜其流傳三百餘載，苕中士大夫寶之勿失也。蘋村宗伯既購得之，不敢自秘，以奉其師宮詹先生，愛惜裝潢，復屬蘋村再三題識而藏之。畫雖藝事，於此見松雪夫婦敦伉儷之倫，宮詹師弟子篤淵源之誼，風雅中名教存焉。吾知其傳之益當久遠矣。同里後學龔翔麟因觀並題。

塑成你我久周旋，得似丹青不記年。修竹無心隨日暮，蒼梧極目去天邊。才盈尺寸冰綃古，莫關尋常彩筆妍。徙倚傳神應一笑，風簾搖曳燭花偏。侄章藻功題正戒翁老年伯。

閨閣風流說仲姬，王孫你我鎮相隨。懸知此際懷人處，正是天寒日暮時。

行間題識尚依稀，極目蒼梧雁影微。記得少陵詩句好，何須攬鏡學崔徽。

小立臨風竹徑幽，當年承旨得知否。相傳幾輩珍藏久，片璧還應學士收。

尺綃寸楮重吳興，才美雙高各擅能。若向畫閣相比併，宜將修幹易驕騰。【子昂工畫馬，故云】瀨江彭會洪題。

是卷為徐蘋村宗伯家藏，其為夫人自繪小像，未可知。斷絹模糊，墨香猶在，真五百年物也。松雪夫婦敦伉儷之倫，以書畫擅名元代。然讀《孝思道院記》，惓惓先人之敝廬，則夫人有不忍於其親，王孫豈有忍於故君也者？玩其書少陵句意，美人天末，寄託遙深，藹然忠孝之思，髣髴幀素之外。爰題長句，用志表微。

蓮花落盡鷗波冷，舊宅淒涼一銀杏。斷縑幾筆寫琅玕，亭亭猶立風前影。煙鬟霧髻儼神仙，零落人間五百年。我來拂拭開生面，文采風流總可憐。杜鵑啼上冬青樹，良人何事蒼梧去。一行小款認香名，簪花美女傷遲暮。塑來你我共溫柔，惆悵王孫不自由。白雁橫飛天欲暮，夢痕回繞管公樓。棲賢山下數弓地，行吟無限瀟湘意。年年芳草問歸期，為寫孝思道院記。竹粉模糊

淚未乾，餘不溪水鑒清寒。幽懷訴與鴻詞客，莫把催徵寫照看。嘉慶乙亥九秋，順德何太青拜觀於清溪之梅花書屋，並題。

元王孤雲避暑圖卷

【絹本，設色青綠山水，兼工細樓臺，人物仕女。高九寸五分，長九尺一寸四分。圖中收藏印章，間有模糊不辨。】

大元皇慶壬子仲春，孤雲處士王振鵬畫。

【跋紙，一對接。高九寸五分，長二尺一寸三分。】

右《避暑圖》，乃孤雲處士筆也。用意精密，運墨神巧，設施布置，無毫髮滲漏，信非孤雲不能為矣。然觀圖中，山水縈回，樹木交蔭，重樓綺閣參苙於霄漢之表；曠榭曲欄，繚繞於澗壑之隈。棟樑梯徑，采餼服玩，靡不曲盡情態。一展閱間，而若清風習習，涼沁肌骨，真似身居華清、仁壽，而炎氛為之退舍矣。豈徒嘯詠於溪流樹影者所可企哉？得是珍之，則龍皮扇、澄水帛，又何足重乎？四明陳敬宗題。

延祐間，大司農買住進《栽桑圖說》，仁廟以農桑為衣食之本，此圖甚善，命刊印千帙，散之民間。時王振鵬素被眷愛，乃繪《避暑圖》，設經御覽，不幾啟主上以晏安耶？唐尹繼昭畫姑蘇臺、阿房宮圖，千棟萬柱，極其壯麗。說者謂於此不無勸誡，蓋侈靡中寓規諷也。余謂振鵬圖此，倘亦無逸帝鑒之意乎？後有作者，亦將觀感於斯。至治癸亥四月望後二日，翰林學士吳澄跋。

【跋紙二，高同上，長七寸。】

元王振鵬，仁宗賜號「孤雲處士」，畫稱一時之絕。界畫極工致，即唐宋諸名家弗能過也。此卷宮殿臺閣、亭榭軒砌，俱極詳備，又能廓落地勢，暎帶池塘，真神品也。展玩累日，不忍去手，書此以識。景泰三年三月三日，及庵葉盛。

元任月山人馬圖卷

【絹本，設色。一馬作滾勢，圉官兩人，立而對語。高九寸三分，長二尺五寸三分。】

平坡草綠春正肥，圉人放牧除銜羈。蹹飽忽作驟塵勢，霜蹄四仰黃埃飛。紫鬃搖搖拂莎磧，回頭真有千鈞力。駑鈍空居十二閑，騏驥裊娜俱辟易。此畫未遜韓與李，出奇變態筆鋒裏。安得王良為爾鞭，逐電追風日千里。月山道人並題。

元張子正鶺鴒圖卷

【紙簽。】

元張子正《鶺鴒圖》。明初題詠七家，卞令之《名畫大觀》大推篷冊弟七葉。【安麓村蔣恒軒】舊藏海鹽陳德大子有甫，曾鼎山房至寶，乙卯夏四月。

【圖紙本，水墨。鶺鴒一飛一立石上，作相對狀。高六寸五分，長一尺九寸二分。】

至正庚子，張子政作。

【跋紙一，幾四接。高六寸四分，長三尺七寸六分。蔣恒軒題，書於周子冶後。】

物色晚蕭森，岩崖秋水深。鶺鴒在原意，兄弟友於心。看畫思邊景，懷歸動越吟。行看逐輕翼，飛棹適江陰。安成周子冶。

桃李紛華鶯亂啼，予如原上鶺鴒飛。日長一曲塤摝樂，橘刺藤梢半掩扉。金陵端木智。

秋風原上春鴒鳴，碧草寒華夕露清。寫入畫圖看更好，古今不盡弟兄情。史官吳勒。

雙飛來去即相呼，不是尋常燕雀徒。人世弟兄忘孝義，試看原上鶺鴒圖。錢唐高讓。

西風沙際春令鳴，一步相呼掉尾行。惆悵閱牆燃豆者，可能無愧在原情。博士錢仲益。

雨晴原草碧萋萋，二鳥相隨不暫離。急難相從思阿弟，披圖三復不勝思。憲僉李顯。

落落平原兩鶺鴒，行時掉尾復飛鳴。物情尚有急難意，何況人間好弟兄。越人茂題。

朝聞鶺鴒鳴，暮為鶺鴒歌。鶺鴒飛不歸，已矣可奈何。擇木胡不慎，焚巢諒非它。徘徊原上情，淚下如懸河。

流水何淥淥，白石亦鑿鑿。雖為同窩主，奈何一天各。當年重恩義，豈不兩鳥若。一朝所向歧，原隔悲飄落。

仁風被光宇，飛走皆生成。抗翮遊四海，棲止終未寧。果然失中路，投羅自相攖。忘爾明發懷，倉卒呼友生。

昊天昭無私，恩威原自一。先民厲忠慎，家世傳清白。一朝背明訓，一死難塞責。淒淒棠棣詩，三復有餘惻。丁丑十一月十一日再題，溥。

【跋紙二，高八寸六分，長三尺三寸六分。蔣恒軒第一題，暨顧艮庵題，均界烏絲。】

大鳥生二子，一東自一西。兩兩非不顧，所向終難齊。清濁本涇渭，高下如徑畦。鶺鴒鳴於原，終夜悲淒淒。一樹桃花開，好風吹靡靡。一片落泥滓，一片隨清水。造物詎有私，亦其自取耳。相鼠尚有皮，何為乃速死。本自開一面，胡為自網羅。黃鳥賦伐木，況自出一窩。庭前紫荊樹，難令影婆娑。對此三歎息，徘徊喚如何。呼天如可挽，血淚顧一揮。搶地如可回，肝膽顧一披。爾誠自作孽，負罪莫可追。或託先世澤，望恩如一絲。乾隆丁丑十月廿四日題，蔣溥。

庭前枯樹花，春風吹出之。人生歸泉壤，一往無還期。去年憶弟時，爛熳畫折枝。【去歲畫海棠鶺鴒，繫以二詩最之。】折枝零落盡，涕淚紛漣洏。今辰城南園，紅蕚睹絳蕤。杜陵傷面草，虔州夢思歸。尚有三十口，吏拘東魯陲。仕途偶失足，作孽嬰此罹。昨者已釋還，眾雛無有知。索耶誤呼伯，垢膩來牽衣。婦女掩面泣，形狀慘若癡。旅櫬滯山右，風雨應淒而。寂寞引素旐，方將反靈輴。虞山營淺土，淺土安汝屍。亡者長已矣，存者悲天涯。我誠失諄誨，抱疚今曷追。支撐畢後圖，那計心力疲。尚望汝之孤，善承吾祖貽。戊寅三月初六日，過城南憶園看海棠有感，再題此卷，恒軒溥。

乘風好去，掃地從他鶺鴒舞。搔首良朋，山鳥山花好弟兄。

行穿窈窕，斜日綠陰枝上噪。芳草萋萋，白石岡頭麴岸西。

右調減字木蘭花。集辛稼軒詞，題張子正《鶺鴒圖》，癸酉仲夏艮庵。

元黃子久秋林煙靄圖卷

【引首紙本，高九寸六分，長二尺七寸一分。】

龝林煙靄。

【圖紙本，對接，淺絳山水。高九寸五分，長八尺八分。】

至正二年七月既望，大癡道人作。

【跋紙，高同上，長二尺八寸二分。】

子久寫此滄浪景，墨雲忽散青天影。葉飛片片舞霜紅，風卷浪花飛萬頃。回首青山黃鶴磯，無由展眺臨清暉。鴻飛冥冥煙霧白，一棹滄茫何處歸。予昔江陵弄明月，肥鱸作膾堆紅雪。俄然風雨作龍吟，篷底笛聲吹石裂。今覽斯圖遊帝京，扶桑閒霽曉揚舲。漁翁有約歸來好，清嘯垂虹江上亭。　　永樂十五年，歲在丁酉七月，豫章胡儼題子久《秋林圖》。

霜葉輕寒色正紅，白雲如海晝溟濛。山中雞犬無塵到，谷口漁樵有路通。雙屐行蹤留蘚迹，五弦靈籟響松風。浩歌招隱披圖畫，目斷冥飛漂渺鴻。升齋道人題。

青林曉雨過，金羽鳴嚶嚶。鳥聲尚求友，何人無友生。於焉得勝侶，拂榛躡微行。囊琴欲奚適，雲壑訪幽貞。高彈《別鶴操》，細寫秋風聲。靈籟應響谷，飛泉噴琮琤。我知若人儔，芳香握荃衡。妙得山水趣，襟袍有餘清。白駒在空谷，何由致深情。霽景所展畫，庭綠草抽萌。焦桐且掛壁，東皋思耦耕。春山忽在眼，眉黛花前橫。楊士奇題。

元王叔明怡親堂圖卷

【引首點金箋，高七寸八分，長三尺二寸。】

怡親堂圖【篆書】四明楊尹銘篆。

【圖紙本，設色山水，兼屋宇人物。高七寸六分，長三尺四分。】

黃鶴山人王蒙為張君志所寫。【篆書】

【跋紙一，對接。高七寸四分，長五尺二寸七分。界烏絲格。】

怡親堂記。

永豐張志所早喪父，篤於奉母，顏其堂曰怡親，翰林修撰曾君子啟來為徵記。夫怡，和也，和之為言順也，人子之事莫大乎事親，事親莫大乎順。世之為子能養者足矣，至於纖毫無違，順適其志，雖曾元有所未盡，況其他乎。今夫遊惰而不立，好利而從欲，勇狠以危身，亡行義而棄於人，凡所以戚其親而不顧者，比比有之，求乎能養，又不可得也。能養而和順於親，稽之古人，則有之矣。然皆處人倫之常，未足為難，雖以曾參之孝，僅得其可。蓋凡人子之能為，皆職分所當為也。故曰不得乎親，不可以為人；不順乎親，不可以為子。必求乎人倫之至，處其難而克盡其道者，其惟大舜乎。舜不幸遭乎頑嚚，古今所難處者，而能使之烝烝，又幡然底豫，而天下化之，其於子職為何如。嗚呼，此怡親之大者，非聖人不能也。方其未得乎親，天下之士悅之，妻帝之二女，富有四海，尊為天子，舉不足以解憂，遑遑然如窮人無所歸，而負罪引慝，虁虁齊慄之心，未嘗少替。嗚呼，此其親烏得不底豫也哉。求其所以能若是者，亦曰順而已矣。志所以不得養父，幸其母之存，故奉之也尤篤敬順之意，昆弟子婦，朝夕升堂，承顏奉歡，凡所以怡親者，無所不用其情，則親之和樂可知矣。余喜其得安人倫以盡子道，且其先君文惠，又嘗為揚州守，有能名，皆可書也，故為記之。

永樂三年歲在己酉夏六月，國子祭酒豫章胡儼書。

怡親堂記。

言昔之孝者，曾子為能養親之志，而曾元則養口體者也。二者均之，為能養矣。鄒孟氏每不足於元而多子輿者，豈無其意哉。夫廣廈細旃，安車板輿，服有輕煖，食則滫瀡，此眾人之所謂孝而君子不謂也。惟能從容將順，深愛和氣之孚洽，如春溢冰泮，有以悅其志而慰其意也。油然天倫之樂，藹然慈孝之情，略無芥蔕於其間，是乃君子之所謂孝，而曾子終身以行之者也。嗟乎，中世以降，得見眾人之孝，斯可矣。求如曾子其人者，不亦難哉。永豐張志所氏，其先君文惠嘗守揚州，墓宿草矣。志所與其兄弟築堂，以奉其母，顏曰怡親，蓋將從事於斯也，且求予記。余甌喜之，以為志所不徒能養，而思有以怡悅其親也。是不以眾人之所以事親者事其親，而有志乎曾子之志者，予安得而不喜之也。然而悅親有道，反身不誠，不可得而悅也。欲誠其身，亦明乎善而已。不知志所果能踐其言否也。予聞志所倜儻，負奇氣，好交遊，鄉黨稱之，朋友信之，則能踐其言也，審矣。誠能踐言，又豈非善學乎曾子者歟。雖然，事親如曾子，而孟子猶曰可也而已。豈以其孝為有餘哉。志所尚，毋以孝為有餘，則愛親之誠，終始無間，信乎為純孝人矣，遂書於堂以俟。永樂四年四月十六日，翰林學士兼右春坊大學士同郡解縉紳書。

【跋紙二，高七寸八分，長三尺。】

余於元四家畫，尤愛黃鶴山樵，故所收獨夥。此卷最後得而致佳，是宋漫堂先生舊藏物。恭兒見而欲之，余謂堂以怡親名，畫以怡親作，前人跋之詳矣。恭兒之母已逝十二年，睹此得無所動於中乎。然余十齡，先慈即見背，恭兒失恃之年，已在授室生子之後，庭幃之樂，勝余多矣。余久為孤露之人，實不忍對此，因以畀之。篆首之楊尹銘，寧波人，洪武初以工書徵為中書舍人。篆學周伯琦。後兩跋之胡若斯、解大紳皆明初聞人，不必贅云。道光甲辰九秋，福州梁章鉅記於北東園時年七十。

讀畫論文，令人蓼莪之思油然而生，是為有關名教文字。野園同年取以名堂，其至性有過人者，遂作榜書而復識於卷末。嘉慶十一年二月既望，鐵保拜題。

叔明畫法工細者，悉出外家所授，而其天機清妙，胸中又富有卷軸，凡皴染山石，布置林木，能於松雪外，別具邱壑，自成宗派。至今論元四家畫，莫不推重叔明，亦由其能獨樹一幟，故不為外家所掩也。餘生平見叔明畫頗

夥，而烜赫著名約六七種，以此《怡親堂卷》與《林泉清集圖軸》為甲觀。過雲樓主人以重值購得此卷，屬為品題，因書數語以志眼福。同治十二年癸酉閏六月中澣，歸安吳雲識。

元吳仲圭竹卷

【絹本，三接，水墨。高八寸二分，長一丈一尺八寸。畫分四節，間以題識。】

墨竹之法，備於文與可。故息齋李學士作譜傳世，亦言宗其趣。但其真蹟日亡日少，人皆不能辨真贗，而學者多背而違之，麁俗狼藉，不可勝言。既識而從之，又須用功而後得。昔與可授東坡訣云：竹之始生，一寸之萌耳，而節葉具焉。今畫者乃節節而為之，葉葉而纍之，豈復寫竹必先成竹於胸中，執筆熟視，乃見其所欲畫者，急起振筆，直遂以追其所見，如兔起鶻落，少縱則逝矣。東坡曰：余不能然也，而心識其所以然。而不能然者，內外不一，心手不相應。不相應，不學之過也。且坡翁天資高邁，識見過人，尚以為不能然者。不學之過，況他人乎！學者必由規矩，真積力久，自所得。梅道人戲墨。

【第一節晴竹】

野竹野竹絕可愛，枝葉扶疏有真態。生平素守遠荊蓁，走壁懸崖穿石罅。虛心抱節山之阿，清風白雨聊婆娑。寒梢千尺將如何，渭川淇奧風煙多。梅道人戲墨。

【第二節風竹】

東坡先生守湖州日，遊胡道兩山，遇風回，憩賈耘老溪上，澄暉令官奴秉燭畫風雨竹於壁間，題詩於上。其略云：更將掀舞勢，秉燭畫風篠。美人為破顏，恰似腰枝裊。後好事者摹刻於石，置郡庠。今年余遊霅，見而熟視，歸而寫此枝，特愧不能彷彿萬一耳。梅道人識。

【第三節雨竹】

風來聲謖謖，雨過色涓涓。梅道人戲墨。

【第四節直杆一、筍二】

輕陰護綠苔，清風翻紫籜。未參玉版師，先放揚州鶴。梅道人戲墨，至正十一年五月端陽日。

元倪雲林書畫合璧卷

【引首灑金箋，高九寸五分，長三尺五分。】

雲林書畫。

己酉閏夏朱昌頤。

【圖紙本，水墨樹石遠山，高九寸五分，長一尺五寸八分。】

壬寅十月二日，寫贈寓齋尊丈，倪瓚。

【書紙本，高八寸八分，長一尺四寸三分。】

瓚頓首再拜，寓齋尊丈先生執事：瓚契闊乖違，忽然四改，□思見眉宇，時形夢寐，不可得一接也。近因事入城，獲拜德公於林下，中吳風流文雅，淪落漸盡，獨遺執事巋然如魯靈光。又高年而強健，為之欣慨，不能勝情矣。乃復累厪飲食教載之賜，相與話先正之前言往行，閱秘篋之珍圖名跡，此區區山野麋鹿之蹤，何以得此於左右哉。惟重銘感。此陶公所謂冥報以相貽者，豈徒飲食歟？亦在情義耳。奉別以來，已劇瞻詠，即日伏想尊履康裕。茲因正已公還，輒附狀道謝萬一。要大令嗣畫幅，到家心情未定，憒憒大不堪，稍遲納上也。倘見惟寅兄，幸道瓚致謝意。鶴山書院碑刻，冀為留意，訪尋一本，五六日中得自攜來尤好，《歐陽大全集》，亦可攜來也。周仁卿《懷崧樓記》玉馬相見間，渠倘出城道便，令其帶出一觀，不可則已。十二日早同張景昭過宅上飯，同於市中陳鼎庵藥肆贖藏用丸二服【計銅錢】，十五日，已留銅錢景昭處還之，出入便塗，乞語之也。令嗣敬叔來侍，並為致意。未期參侍，臨楮無任惓惓，仰冀加愛以慰遠懷。瓚頓首再拜，謹呈。靜春先生詩，遇便乞寄下。十五日，謹空。

【跋紙，高九寸五分，長四尺三分。】

迂翁不獨畫入逸品，即書法亦天然古澹，神韻獨絕，由其品高，故能如此。若詩家之有陶潛，不徒於翰墨遇之也。余家藏竹樹小山卷子，為上賜先文莊公物。畫僅尺幅，跋字居其半，後有朱絲闌楷書《黃庭內景經》，全卷不下四千言，用筆有凌雲欲仙之妙。內府標識入《石渠寶笈》上等。御題和倪瓚韻七律一首於畫幅，真不世之寶也。今觀此卷，書畫合璧，居然無天上人間之異。鮑君其足以自豪矣。乾隆己未春月廿又七日，山舟梁同書觀並記。

右雲林先生山水手簡共一卷，瀟灑絕俗，足稱二妙，皆為寓齋作也。寓齋姓袁氏，名泰，字仲長，吳郡人。父易，字通甫，宋知遺老，仕元為徽州路石洞書院山長。才高行古，與郭祥卿、龔子敬齊名，趙松雪有吳中三君子之目，即簡尾所稱靜春先生者是已。袁氏世居尹山，至泰始別徙居，因以寓名其齋。王忠文公禕為作記，可按也。考靜春卒於大德丙午，此畫作於至正庚

寅，相距已五十六年。惟時寓齋春秋已高，而雲林年僅四十有四，故簡中詞極謙下。簡無年月可考，按《停雲館帖》有雲林次韻陳惟寅懷古詩，亦作於庚寅之冬。自跋云今年予病瘵下疾幾半載，惟寅兩來問余。十一月一日，覺體中稍佳，遂復書此云云。今簡中有致謝惟寅並贖藏用丸，及「要大令嗣畫，到家憒憒大不堪，稍遲納上」之語，度是時疾尚未平，去十二月二日作畫時，不甚相遠也。雲林真蹟世不多見，茲以無意得之，客窗多暇，復於《靜春堂集》後檢得寓齋姓氏，更以《停雲館帖》證印之，無不脗合，尤快事也。因疏右方，俟博雅者審定焉。乾隆三十八年歲次癸巳閏三月三日，歙鮑廷博識於翠玲瓏館。

雲林人品清高絕俗，故書畫真蹟傳世頗希。弇州山人正續二槀題跋宋元名畫，可謂多極，而雲林畫僅兩種，孫退谷《庚子書畫記》亦然。今儷荃四弟收藏倪迂真蹟乃至四種，足以豪矣。此卷書畫合璧，足成逸品，因結屋藏之，顏曰迂庵。復以生性迂僻，喜潔好懶，亦與雲林相似，遂以迂庵自號。信乎物常聚於所好，抑亦針芥之投有以感召也。雲藻題。

乾隆乙未穀雨前三日，小雨乍晴，蕭齋清寂，正試龍井新茗，適吾友鮑子攜倪高士畫卷見示。展玩一過，覺蒼潤之氣，溢於紙墨之外，筆劃亦極古雅沖澹，真可寶也。用志時日，漫題於後。竹泉居士金嘉琰。

嘉慶丁巳展重陽日，石門方薰、安邑宋葆醇、錢唐陳希濂，同觀於息堂。

【隸書】

昔人以藏家有無倪蹟分雅俗，高士墨寶，光照宇內久矣。此卷一畫一書，珠聯璧合，妙絕千古，所謂神品而兼逸者此也。元季四大家，自當首推一席。戊申八月潘正煒書。

高士書畫之妙不待言。此畫作於壬寅，考壬寅為元順帝至正二十二年，是年先生六十一歲，老懷恬澹，老境深淳，可於筆墨間遇之。己酉六月張維屏識。

卷　三

明王孟端修竹幽亭圖卷

【紙本，水墨。高八寸九分，長二尺三寸八分，無款。三家題詠，書於本身。】

移得珊瑚繞檻栽，清陰長日護蒼苔。幾分春向簾前入，一片秋從雨裏來。座榻任教疏影占，柴門常為此君開。道人久謝穠華事，萬紫千紅莫浪猜。

百花淨盡草亭幽，只樹琅玕學隱流。白晝有雲晴欲雨，綠陰無暑夏如秋。理開小徑留詩客，唱斷新詞勸酒甌。多少清風與清興，不知世事幾沉浮。吳興沈貞吉。

老幹新梢總出奇，小亭開處綠參差。一林霜節幾千個，滿地涼陰十二時。明月不來湘女珮，清風長在衛公詩。此君顏色何曾改，只有丹山彩鳳知。太原王肄，時天順庚辰夏五也。

【跋，藏經紙，高同上，長一尺五寸八分。梁茞林題，書於拖尾。】

寫得淇園綠，凌空起鳳翰。蕭蕭晴欲雨，颼颼晝生寒。千畝未云足，幾竿聊自安。王孫家法在，清諷滿人間。雪谿王宗道拜題。

湘浦夕沉沉，幽篁別作林。色連金潤近，影落碧池深。為重凌霜節，能虛應物心。年年承雨露，長對紫庭陰。伊莪子陳津。

明初王孟端，名紱，以九龍山人著名，精繪事，畫竹尤為所長，實明代畫家之冠。殘縑片紙，世爭珍之，直上追元代之倪、吳耳。相傳孟端竹於倪高士、柯敬仲兩家參酌其法，是以得倪之逸，無其疏野；得柯之雄，無其伉浪，至其秀致妍態則有獨長者。此小卷為其矜意之作，每不落款，僅右角下

孟端一印，玩其紙質，極為光潔，或疑為宣德箋。而筆致神韻亦復超絕。本紙題者三人，後題在藏經紙者二人，皆同時之畫家高手，要足為此卷增色也。精鑒賞者，寶之可耳。道光丁未六月，病叟梁章鉅揮汗書，時年七十有三。

明姚雲東松石圖卷

【引首紙，高九寸七分，長三尺一寸二分。】

松粉　仲山王問題。

【圖紙本，三接，水墨。高同上，長一丈四尺五分，莫雲卿題，書於本身。】

雲東逸史公綬作。

姚雲東者，其或隱君子邪。筆墨蒼勁，意況高古。東坡讀孟詩云：初如食小魚，所得不償勞。然此簡易，又非彭越之空壘，故藏者寶珠。辛巳秋日，書於石秀齋中，莫是龍。

明周東村聽秋圖卷

【圖紙本，水墨。樹石蘆草，一人獨立遠眺。高一尺一分，長一尺九寸。】

東村周臣。

【跋紙，凡六接。高九寸，長六尺一寸二分。】

親沒皆當穀未登，每逢秋到百憂增。候蟲唧唧三更月，風木蕭蕭半壁燈。泣比臯魚還自慰，賦如歐子是誰能。大行立馬悠悠者，卻動孤懷望眼凝。逸史書於雲東之紫霞碧月山堂，弘治庚戌二月八日。

傾耳高堂感慨深，屋樑落月靜沉沉。數聲雁淚頻增恨，幾度雞鳴每觸心。椿葉滿庭空有蹟，萱花委地寂無音。傷哉孝子思情切，歎息如聞淚滿襟。慈谿王汝南。

半夜西風兩耳悲，二人奄棄九秋時。紙屏掩藹烏驚夢，玉露凋傷木下枝。白髮鏡容存小障，清商琴調感孤兒。【樂府清商琴調有孤兒行】永思何物堪憑據，滿袖啼痕滿鬢絲。唐寅。

秋氣發靈籟，恍疑金石音。只緣親不在，因致耳難禁。暗雨還來屋，悲風復滿林。淒涼情莫盡，空抱百年心。黎陽都穆。

一片商音起樹頭，思親孝子獨傷秋。都來耳畔淒涼籟，總是心中感慕愁。門掩疏砧禾黍地，月明長笛雁鴻樓。西風歲歲催黃落，不管滄江日夜流。顧

君，吾交厚，宗器之子，能孝而聽秋，實追慕二親而號也。余特表而出之，則其聽而感於秋也，豈直聲音笑貌為哉。庚戌夏吉日，鄉人蔣昂識。

明沈石田江村漁樂圖卷

【引首點金箋，高七寸八分，長二尺七寸九分。】

江村漁樂圖。【隸書】

【圖紙本，對接，設色山水兼人物。高同上，長五尺二寸九分。】

沙水縈縈浪拍堤，蘆花楓葉路都迷。賣魚打皷晚風急，曬網繫船西日低。蓑草雨衣眠醉叟，竹枝江調和炊妻。人間此樂漁家得，我困租傭悔把犁。沈周詩畫。

【跋紙，對接。高同上，長三尺三寸五分，硯壽崇本，二題書於拖尾。】

滿江煙浪翻千尺，一望雲山爭翠碧。漁翁賡唱竹枝詞，小舟蕩漾六七隻。蘆花深處泊陰陰，沽酒烹魚酣月色。長安多少利名人，爭似伊家無榮辱。嘉靖乙酉季夏五月端陽後一日，浙東姚貞書於北固山寺。

本朝丘壑首推啟南，片紙斷縑，得者奚啻珠玉。余友張公晦，嗜古，雅尚圖畫，數十年藏此篋中，每酒後出示抵掌，欲與余惠崇《溪山春曉》絜大比長。嗟嗟。墨筆之妙，何古今哉。公晦其寶之。萬曆戊寅陳永年跋。

石田山人老畫師，信手圖來俱絕奇。煙水微茫漁艇集，誰家隈開上茅茨。林下班荊坐野老，瓦盆盛酒誰醉倒。提魚換得新酤來，幾個紛紛興未了。四野秋深蘆葉黃，向陽鴻雁東南翔。霜寒水淺魚可釣，漁翁樂事真難當。十里孤村復何有，溪山深處萬株柳。縣官不稅打魚錢，好與漁郎期白首。萬曆癸未夏五月江上丈人鄔佐卿題。

有明一代畫家，以石田為第一，猶劉文成之於詩，董文敏之於書也。故當時有「殊方異域，皆知沈周先生」之語。石田自題其撫雲林小景句云：「筆蹤要是存蒼潤，墨法還須入有無」。蓋「蒼潤」二字自拈出後，衡山遂以之題盛時泰軒額。李肇亨及王麓臺又以之鐫小印。是為北苑正脈要訣，而實自石田發其蘊也。此《江村漁樂圖》尤稱平生合作，卷後題跋諸人，亦非近代所得，幾其氣韻耳。

此卷為嘉善錢撫棠前輩樾所藏，余於乾隆辛亥歲易得之，付次兒阿琥收弄，弢園主人崇本識。

明沈石田思萱圖卷

【圖紙本，兩幅對接，設色。霜林數株，遠山一角，樹下茅屋中一人對萱而坐。高九寸五分，長八尺一寸九分。前幅作圖，後幅題詠。】

念母常看母種萱，只疑遺愛有歸魂。當年人好花亦好，今日花存人不存。痛淚濺枝驚夜雨，清芳穿土觸春恩。牡丹舊感東家物，但使繁華鬧子孫。沈周。

【跋紙，凡四接。高九寸七分，長一丈二尺七寸三分。顧艮庵題詞，書於拖尾。】

《思萱後序》

邑人黃君獻之喪其母，間以思萱自稱。當請予祝先生序之矣，謂予亦不能無言。予謂凡所以規勉勗相子之孝者，咸具祝氏，宜無容言，而獻之之情，若有不能已者，姑為道之。夫父母之恩罔極，其生也事，其死也思，人子之常道。其思也必觸於物，觸於物而不久者，非也，物而止於一者，亦非也。區區一草木，豈能該其終窮之思哉。若夫萱以喻母，母死而思於萱，則切近事也。其所喻者當，則所思者正，而切近者，又烏容於不久乎。然吾恐其思之局於萱也。獻之能擴充其思，如所謂履霜露而怵惕，濡春雨而悽愴，萱之接於思，一如母之登於目也。晨飆夕樹，悠悠北堂，如是則獻之之孝，庶幾乎假萱以盡，而祝氏舉一之論，益信然矣。敢贅是而歸之。戊午八月朔張靈書。

慈親舊種北堂萱，一度經心一斷魂。風雨不殊人已逝，古今雖改痛長存。終天未了平生事，寸草難酬罔極恩。泣罷幾迴還戲綵，要看老父弄諸孫。古吳王洪和石田先生韻。

樹萱堂北憶當時，親健花榮志獨怡。今日親隨花共隕，雨枝風葉總縈悲。丹陽都穆。

宜男能使百憂忘，君憶芳叢欲斷腸。曉雨浥花疑閣淚，晴風翻葉想牽裳。慈顏一旦歸幽竁，清夢頻年繞北堂。我亦悼親羞睹物，緝成哀誄問黃香。羊城高相。

一種情悰何所託，卻從堂背草枝縈。自緣慈色違哀目，有甚花榮慰哭聲。盎盎春暉天地滿，悠悠時序古今更。若為能盡人間子，一掬青鉛落地明。

屈指吾生餘幾，從頭悔恨難追。當時倩得春留住，日日老萊衣。　　偏奈雪寒霜曉，而今物是人非。群花泣盡朝來露，風雨斷腸時。【集辛稼軒句】

　　猶似前時春好，也知不作花看。故園已是愁如許，惆悵一株寒。欲覓生香何處，飄零圖畫人間。西風暗剪荷衣碎，留住白雲難。【集張玉田句】右調《錦堂春》，題沈石田《思萱圖》。同治三年甲子夏五，顧文彬並識。

明沈石田耕讀圖書畫卷

　　【圖紙本，設色。春景山水，一人坐於草堂，一人負耒而行田疇中，一人牽牛作耕耘狀。高八寸三分，長四尺七寸三分，本身無款。】
　　【書紙本，高同上，長二尺一分。】
　　兩角黃牛一卷書，樹根開讀晚耕餘。憑君莫話功名事，手掩殘篇賦子虛。沈周。
　　【跋紙尺寸同上。】
　　昔聞諸葛隆中隱，又道龐公壟上耕。梁父高吟真傲世，鹿門深處可逃名。洋洋泌水環谿淨，灼灼桃花夾岸明。此景會心誰寫得？石翁意匠本天成。
　　是圖石田翁所寫，耕隱之景，曲盡其趣，且筆法墨氣古雅，秀潤可愛，蓋真蹟之佳者。展卷三歎，漫賦一詩。嘉靖戊子八月朔旦，谷祥題。
　　五柳垂門槿作藩，竹林回互帶花源。青山背倚屏風疊，碧浪前臨玉鏡軒。即擬雲中住雞犬，真成物外起田園。荷鉏歸去東皋晚，著得潛夫凡幾言。余獲睹石田先生《耕讀圖》大小數幅，其精絕秀潤，無如此卷，王吏部題識不誣也。余不敢贅一辭，董附鄙作如右。萬曆丁丑九月既望，周天球書。

明沈石田山水詩畫卷

　　【紙本，三接，設色。高八寸二分，長五尺八寸。第一接畫，第二接書，第三接王宗錫題。】
　　我生貧且賤，徒懷惠濟心。捐金及指廩，此事非所任。所願事醫藥，博施德滋深。七劑奪人命，床褥起呻吟。其術與愚戾，玄奧意但歆。宗尹擅方脈，早譽鄉邑欽。比來徐工亞，假手起痾沉。歸來遂休致，扶護同自南。【葉】茲當返醫垣，如鳥辭故林。秋高健翮舉，別酒喜再斟。丈夫慎厥術，墅國振芳音。長洲沈周。
　　愛子風流迥出塵，前身曾說是盧綸。誰云賢相能扶世，我道良醫亦濟人。都下才名誇獨步，吳中聲價重千鈞。此行定沐天家寵，國脈應須壽億春。琴川王宗錫。

明沈石田書畫卷

【紙本，設色山水，高九寸二分，長四尺五寸七分。】

沈周。

【書紙本，高同上，長二尺八寸，劉子振題於本身。】

老夫裹足人，遊事與我讐。山川夢中物，皓然空白頭。之子本吳產，結廬太湖洲。山在水中央，汎若萬斛舟。住此奇觀間，汗漫未足酬。浩歌出門去，雲帆遡湘流。買酒醉黃鶴，倚劍長天秋。自云司馬史，豈藏壑與丘。胸中有名勝，更在身外求。江山固有助，豪吟動公侯。公侯未足動，要與造化遊。我尚伺子歸，燒燈話南樓。楚漢落霏屑，亦厭吾生浮。

王君原德詩學有聲，挾此為楚遊者有年。余老矣，裹足不能出門，莫與原德倡和山水之間，自以為欠事。造此拙語，聊發其汗漫之興云。弘治丁巳七夕日，長洲沈周。

滿船書畫三湘路，老去詩名客裏多。歸釣五湖湖上水，吳中新得楚人歌。南坦劉麟。

明沈石田仿雲林山水卷

【紙本，水墨。高八寸二分，長四尺九寸六分。】

遠樹平沙帶落暉，汀蘆獵獵晚風微。虛堂自領青山色，艇子湖頭醉未歸。

成化二年十月六日歸自石湖，船膔多暇，戲仿雲林筆意作此小景，並繫以詩。沈周。

【跋紙，高同上，長二尺三寸一分。】

石湖歸未晚，秋意浩無窮。舟遠天涵水，汀虛荻漾風。危橋低傍岸，古木上撐空。僧寺浮雲外，人家落照中。乍疑牛渚客，又似鹿門翁。咫尺餘佳致，尋常見化工。金陵城上望，風景宛然同。

石田先生此圖寥寥數筆，似不經意而成，而簡遠虛和，真得迂翁神髓。晴膔展閱，不啻身在畫圖間也。敬賦一詩，附名卷尾，用志欽幸。萬曆壬子九月，句曲楊孟堅。

康熙庚申三月六日得於京即之護國寺，重裝而識其後，是月廿六日南海程可則。

明沈石田東原圖卷

【引首淡青箋，高八寸八分，長二尺七寸五分。】

草堂餘韻　魏之璜

【圖紙本，設色。茂林叢竹，板橋遠山，竹下茅亭中一人倚書而坐，一人自橋外攜杖而來。高九寸一分，長三尺七寸三分。右角下有半印二，文闕不辨。】

門人沈周補東原圖。

【跋紙本，對接。高同上，長九尺九寸二分。】

杜東原先生年譜　門人長洲沈周編次

洪惟我太祖高皇帝登極於金陵，國號大明，建元洪武元年戊申。

二十九年丙子十二月初五日，先生生於城中之太平坊。

三十年丁丑正月日，先生之父草堂府君，以閭右實京師，卒於大中橋之邸第。

三十五年壬午【即建文君四年】三月，先生母顧夫人遣從鄉師習句讀，天分高敏，過目不忘。

永樂元年癸未

五年丁亥，從中書舍人劉孟切學，遂能通《孝經》《論》《孟》大義。

七年己丑，授經於五經博士陳嗣初之門。

九年辛卯，嗣初應召出仕，擇門人中克任師表者，乃命先生授徒。

十一年癸巳，娶新城縣典史長洲陸氏女。

十三年乙未，子嗣昌生。

十四年丙申冬十一月，祖母王夫人卒葬吳縣橫山【山一名五塢，先生因號五塢山人】

十七年己亥，往南京得草堂府君所遺書籍玩器歸。

十八年庚子，以講讀《大誥》率生徒朝於北京。

十九年辛丑春二月，妻陸氏卒。

二十年壬寅冬十月，繼娶長洲張維新女。

二十一年癸卯，所為詩文始留稿，署曰《學言》。

洪熙元年乙巳，修《太宗林文皇帝實錄》，遣使採訪事蹟。本府延舉先生修纂。

宣德元年丙午

九年甲寅，郡守況公【鍾】欲舉先生異才應詔，固辭而止。

十年乙卯修《宣宗章皇帝實錄》，本府延先生為七縣總裁。

正銅元年丙辰，始遷居樂圃裏作如意堂。

庭有二至花生焉，夏至而開，冬至而謝，葉青青，四時不變。顧節婦言：茲花夏至而開者，順陰道也；冬至而謝者，避陽道也；葉青青四時不變者，有貞節也。殆如吾意焉。於是作堂以名。武功伯徐有貞為記。

二年丁巳，孫韋生，始開東原，號「東原耕者」。朝廷求賢詔復下，郡縣首以先生為舉，復固辭之。迺以母夫人顧氏之節為言，吳寬表所謂「率用旌其母之節，而不敢強仕」是也。

四年己未，有司上母夫人顧氏貞節，詔旌表門閭，復其家。

六年辛酉，是歲造版，係定籍色，有司定著杜氏為儒籍【吳邑先惟俞貞木氏陳嗣初氏及今乃三姓云】

九年甲子秋八月，嗣昌卒。

九月，繼室張氏卒。

十二年丁卯春二月，繼娶常熟王氏女。

十三年戊辰，與諸儒結文社。【徐用理、陸康民、王敏道、陳孟賢、王孟南、鄭德輝、賀美之與先生凡八人】

景泰元年庚午，作延綠亭，號「延綠亭主人」。以鹿衣作冠，又號鹿冠道人。

二年辛未秋八月，節婦顧夫人卒。九月葬橫山。

三年壬申正月，子啟生。

五年甲戌，朝廷修《輿地志》，郡守任公【漟】具書請先生修輯郡中事以進。

天順元年丁丑秋七月，往遊武林。

三年乙卯冬十月朔，郡守楊公【貢】請鄉飲。

四年庚辰，曾孫曾生。

成化元年乙酉

三年丙戌，鄉飲三賓。

五年乙丑，鄉飲大賓。

七年辛卯，孫愈生，曾孫閔生。

八年壬辰冬十月，郡守丘公霽具書詣門請鄉飲，固辭之。

　　丘公書曰：朝廷設鄉飲之典，而有司任遴選之責，惟在得人，以示勸化。郡中躬行碩德，學博望重如老先生者而不與焉，是朝廷之典虛，而有司之責無以塞矣。先生辭曰：特書躬降，榮寵至矣。老朽何能，敢不赴命？但以年來衰疾屢作，頓嗽彌日，豈能一刻以處於禮法之所哉。

　　十年甲午，丘公【霽】修《蘇郡志》，請先生參校優劣，不紀述。秋八月，啟應天府鄉試中式。孫憼生。九月，先生病。十月戊申，卒於正寢。【享年七十有九】

　　十一年乙未四月乙酉，奉葬橫山祖墓。凡三吳之耆宿門生、緇黃名流，會葬者數千人。門生趙同、魯婁序等，會諡淵孝先生，陳頎、史鑒為之誄。

　　二十年，翰林學士吳寬表其墓道。【辭曰先生，今世之隱君子也】

　　弘治元年戊申

　　七年，以啟貴璽書贈「文林郎直隸大名府開州長垣縣知縣」。玉音有「鄉邦舊學，泉石高蹤」之褒。

　　十一年戊午，三學生員費紘等會呈，設主府學鄉賢祠祭享。

　　附錄祭文：

　　維弘治十有一年，歲在戊午二月丁卯朔，越二十日丙戌，直隸蘇州府知府曹【鳳】等，謹以剛鬣柔毛牲醴之儀，敢昭告於明故吳儒贈文林郎、長垣縣知縣東原先生淵孝杜公之靈曰：天以理付於人，人得之而為德，德既有以正諸己，然後使物無不格若人也。是以身教非徒恃語言之刺刺，正禮所謂宜祭於社，而示為人之式者歟？恭維先生天資淳厚，心懷質直，咀嚼六經，以端其本；厭飫百家，以博其識。貫穿疏通，探之莫窮。瑰碩宏大，守之愈力。措之行，廉慎敦愨，尤先孝養之純；發之辭，平實典雅，詎藉葩藻之飾。擴天人之要妙，遵聖哲之儀則。望重鄉閭，屢承華軒之顧；分甘韋布，兩辭薦章之辟。論經生，可陋京房之講壇；擬師儒，合占康成之丈席。良以其陳理也周而暢，其敘事也精而覈。交與者叨麗澤之資，遊從者藉化雨之益。俾媚學弁髦如暗之赴炬、疑之決蔡、匱乏之遇獲者，歲五十餘易焉矣。身雖沒而感之者猶勤，風斯在而仰之者無斁。揆禮攸宜，合預鄉賢之例；副士所望，允為世俗之激。謹設菲奠祚靈歆食，尚冀郡邑善類之普多，儒風丕變而洋溢，嗚呼哀哉，尚饗。

　　東原先生入鄉賢祠詩以頌之

　　節孝公然當祀典，千年香火見斯人。莫由貴子能為地，須信窮儒自致身。標榜令名賢者位，追陪諸老德之鄰。奉歌斐語林堂艷，再拜祗迎颯有神。門人沈周百拜。

明文待詔山水王雅宜行楷合璧卷

　　【引首紙本，高七寸七分，長二尺七寸四分。】

　　衡山墨妙【隸書】熙載題。

　　【圖紙本，水墨。高七寸六分，長一丈三寸。吳熙載題，書於隔水綾。】

　　嘉靖癸丑四月既望，徵明。

　　衡山此卷有翁君蘿軒題後，云：畫法諸家具備，一洗凡俗。可謂知言。蓋大家之筆，無體不包，無法不習，自鑄一局，闔闢變化，乃為得心。非俗工沾沾一得，遂自許名家者比也。咸豐乙卯大寒，梅生出示因題。同觀者為蔣文若、杭秀升。熙載記，棣生侍。

　　【書紙本，對接。高同上，長四尺五寸九分。翁蘿軒題，書於拖尾。】

　　秋色滿諸天，秋湖蕩梵筵。香從霞外落，思入定中玄。芝饌延狂客，松龕兀酒禪。欲知清淨賞，萬竹映飛泉。花露曉猶泣，鶯歌秋轉繁。白雲靜四望，朱槿照中園。晶瑩天光徹，淒清野聽喧。唯應待鸞鶴，玉洞去朝元。

　　沙際一群鶴，丘中獨隱家。川明霞散綺，岩馥桂交花。山愛秋嵐紫，人憐霜鬢華。將隨勾漏令，學道訪丹砂。

　　竹覆愚公谷，鶯啼謝客岩。秋華粲禾黍，曉霧沐楓杉。列岫疏高館，垂楊拂過帆。焚香北窗下，危坐讀仙函。寵。

　　待詔此卷相隨甚久，攜之行笥，往來南北，畫法各體俱備，時時展閱，頗覺有進，一洗畫家陋習。同門友張容軒欲以他卷易之，此何可得。容軒化去，其所藏黃、王合作《竹趣圖》，不知其後人能守否，時流連於胸次也。雅宜山人書亦高古。癸巳六月，避暑東湖之小園蘿軒漫識。

明文待詔赤壁勝遊圖並書前後赤壁賦卷

　　【引首淡青點金箋，高九寸五分，長四尺一寸七分。】

　　赤壁勝遊【隸書】徵明

　　【圖紙本，設色山水。四邊界烏絲闌，高同上，長四尺四寸三分，無款，惟鈐二印。】

　　【書紙本，兩接，高同上，長一丈三尺四寸一分。】

赤壁賦【文不錄】後賦【文不錄】嘉靖壬子十一月朔日書，徵明時年八十三。

明文待詔石湖清勝圖書畫合璧卷

【圖紙本，設色山水。高七寸三分，長二尺一寸。】

壬辰七月既望，徵明寫石湖清勝。

【書紙本，凡六接，界烏絲闌，高同上，長一丈一尺一寸五分。】

《遊石湖》

石湖煙水望中迷，湖上花深鳥亂啼。芳草自生茶磨嶺，畫橋橫注越來谿。涼風裊裊青蘋末，往事悠悠白日西。依舊江波秋月墮，傷心莫唱夜烏棲。

《京師歸初汎石湖》

舟出橫塘思渺然，本來歸計為林泉。青山相見無慚色，白社重投有宿緣。三月鶯花歌扇底，五湖煙水酒樽前。吟風弄月閒情在，此是春遊第一篇。

《再汎》

吳宮花落雨絲絲，勝日登臨有所思。六月空山無杜宇，五湖新水憶鴟夷。春深茂苑生芳草，月出橫塘聽竹枝。十日一回將艇子，白頭剛恨去官遲。

《中秋石湖玩月》

月出橫塘水漫流，風生別浦暮移舟。回思弔影長安夜，何似開樽茂苑秋。雲樹微茫青嶂隱，星河顛倒碧空浮。清光萬頃無人占，領取年年照白頭。

《八月十六夜汎湖》

皎月飛空輾玉輪，平湖如席展湘紋。蒼煙斷靄千峰隱，秋水長天一線分。不恨蹉跎逾既望，終嫌微點有纖雲。歌聲忽自中流起，驚散沙邊鷗鷺群。

《九月遊石湖》

風日晶晶麗物華，漫拖雙屐上楞伽。百年幾見重陽霽，雙鬢偏憐暮景斜。滿目湖山空茂草【時方毀諸寺】，幾家籬落有黃花。行春橋外人如蟻，誰識風流老孟嘉。

《人日石湖小集》

人日南湖霽景鮮，東風初汎木蘭舡。自憐白髮非前度，聊與青山敘隔年。暎日柳條如弄色，浮天野水欲生煙。花前雁後情無限，總落滄洲白鳥邊。

《上巳泛石湖》

楞伽湖上曉風和，茶磨岩前宿雨過。士女競浮青雀舫，野人自占白鷗波。春來花鳥閒情在，老去山林樂事多。辦取一樽酬令節，扣舷聊和竹枝歌。

《夏日陪盛中丞遊石湖》

平湖六月類清秋，桂楫蘭橈爛熳遊。新水欲浮茶磨嶼，涼風徐度藕花洲。清歌落日淹文鷁，疊鼓中川起白鷗。正是江湖行樂地，希文獨抱廟廊憂。丁巳十月廿又三日書，徵明。

《人日石湖燕集分韻得談字》

芳筵人日越城南，淑景良朋得笑談。柳外旗亭喧社鼓，竹間香室淨禪龕。迎春寶勝花爭巧，試暖瓊梅蘂尚含。興洽任教歸路晚，飛觴弄月不辭酣。

《春日遊石湖次崦翁韻》

雨過楞伽蒼靄收，山亭欣從上公遊。花間好鳥如簧囀，天外晴雲入鏡流。誰見鴟夷浮一舸，空餘震澤浸三州。閒身自得江湖樂，春草何曾解笑愁。

《上巳修禊石湖登上方》

三月暮春春服成，勝遊觴詠暢幽情。忽聞瀚海煙塵掃，更愛澄湖霽景明。臨水徜徉修禊事，登山髣髴御風行。及時為樂輸吾輩，肯負滄州鷗鳥盟。

《夏夜石湖汎月次衡翁韻》

石湖新月淨娟娟，更上袁宏汎渚舡。載酒不辭兼卜夜，當歌何必問流年。波涵山影蒼煙外，風遞荷芬白鳥邊。況復追從香社老，披襟緩帶共陶然。

《張嘉定諸公石湖燕》

川色巒容湖上幽，群公卜暇共來遊。千年吳苑空成沼，百尺郊臺尚有丘。寶刹遙迎青雀舫，畫橋斜映綠蘋洲。一時勝賞留文藻，它日圖經合併收。

《秋日病起過石湖草堂》

石湖風日湛清秋，病起重來汗漫遊。蘭若靜中行訪隱，竹林深處坐銷憂。雲峰掩映松杉徑，煙水逶迤蘆荻洲。向晚回橈情不極，白鷗飛狎似相留。丁巳臘月六日書，谷祥。

載酒芳辰勝侶同，畫舫還艤越溪東。煙中弱柳消空翠，風外游絲冒落紅。草色翻隄春漲淺，山光隔塢夕陽通。徘徊泊莫不能去，卻羨鷗群樂自融。湖上春暉接淼漫，西南一望極奇觀。霩浮洲草連天碧，浸入圩田受水寬。夾隩桃花藏古寺，孤亭鷗鳥伴回闌。紫薇村下青山路，更遣籃輿度九盤。纖纖華月淨嬋娟，湖上清歌載酒船。壁水丹山聊一酌，吳宮越壘自千年。波翻素練冰壺裏，橋臥蒼龍煙島邊。忽聽庾公傳雅調，臨風身世已泠然。汝南袁尊尼。

春到江南何處好，石湖山水畫圖開。新蒲細柳一時綠，鸂鶒鸕鷀無數來。三月暮春湖水平，拖藍潑綠暎空明。青天倒掛芙蓉障，畫鷁徐飛錦繡城。白

鷺群飛天倒開，波搖山動水縈回。陜帆羨殺乘風舸，何啻張騫槎上來。茶磨
楞伽疊翠屏，汀洲蘆筍立鷓鴣。白雲輕薄搖波靜，黃鳥丁寧喚酒醒。山壓晴
湖水暎山，遊人日暮不知還。行春橋上好風景，綠樹紅花滿目斑。腸斷春湖
新水流，傾城兒女踏青遊。郊臺不識吳王事，指點楞伽最上頭。一簇桃花紅
欲然，數枝楊柳綠生煙。奈何春光留不住，桃花零落絮漫天。山西緋桃太含
糊，竹裏斑鳩逐隊呼。形勝有餘心獨苦，王符閉戶草潛夫。

　　昔年嘗與履吉讀書湖上，遂有斯作。繼而伯起亦久住僧寮，山中景物已
與相忘，因請諸公咸錄舊題以代臥遊。余詩雖不足以寫山湖勝處，亦聊以發
伯起之興，其能終默默乎。己未十月念有四日，文彭識。

　　《石湖泛雨懷彭隆池》

　　几上巒容曉夢縈，扁舟挾雨泛崢嶸。泥深不隔青山路，雲細仍看碧草晴。
疏樹吟風秋颯爽，平湖開日鏡空明。由來丘壑同心賞，卻憶彭宣隔暮城。

　　《九日登郊臺》

　　掌上湖光一鏡秋，楓林無處不停舟。傾城出赴白衣會，隨俗聊為青嶂遊。
極目煙波吳越迥，傷心臺榭古今悠。佳辰莫負登臨興，更待重陽已歲周。堅
瓠生陸安道。

　　《石湖八絕句》

　　范相祠前水接天，越谿莊上柳如煙。石湖盡是青油舫，不數西湖有畫舩。
行春橋影臥長虹，落日波搖萬頃紅。山似蓬萊人似玉，杖藜徐步水精宮。補
陀巖下石樑橫，醉臥能令萬慮醒。亦有蒼藤昏日月，只無江峽岡雷霆。拜郊
臺迥插蒼天，茶磨峰高凌紫煙。一線太湖雲外見，萬家煙火望中懸。澄碧樓
高盡面湖，草堂清寂坐虛無。倚闌煙水皆鷗鷺，拂檻松杉總畫圖。村前村後
幾家住，家家桃杏花如蒸。偶然來上岡頭望，雞犬桑麻似武陵。鷓鴣鸂鶒滿
晴沙，紅杏夭桃亂著花。十里湖山開畫障。一雙小艇載琵琶。湖上群山濕翠
蒙，寺前流水淨涵空。越王臺榭千年恨，估客帆檣萬里通。己未十一月二日
茂苑文嘉書。

　　《遊石湖楞伽山遂登上方絕頂癸丑》

　　客語上方勝，藤蘿手自攀。歸雲初半塔，過雨忽分山。崦冉開青鏡，參
差列翠鬟。苔衣沾步屐，栢子落禪關。自喜長年慢，猶慚老宿閒。鳥還應已
暮，未肯下人間。　　　　《徐汝寧解郡歸諸名士同汎石湖分韻得俖字癸亥》

石湖天開鏡中水，煙濤東浸吳王壘。峰頭古刹接上方，松陰半落澄波裏。日月浮沉總跳丸，雲霞舒卷時成綺。問誰遊者徐使君，歸來沾沾殊自喜。高第不拜穎川金，新詩空貴洛陽貝。以茲五馬倦買臣，欲汎扁舟隨范蠡。野夫兄弟操酒舫，重以吳下諸名士。據石雄披萬里襟，槙流清洗千秋耳。醉狂顛倒為子歌，立波摧空大風起。榜人色奪催欲罷，回首中原暮山紫。驪龍有珠鬱未吐，夜色蒼茫暗歸艤。但住十日了不妨，君不見五湖已屬王元美。

《雨中公暇邀登治平寺作得來字甲子》

繫榜湖橋屐徑開，偶逢精舍鎖崔嵬。蓮花倒插空中鏡，蘿薜長懸定後臺。夕雨漸從茶磨斂，故人能載酒舫來。無煩聽講三生法，倚石看雲更幾回。琅琊王世貞為伯起先生書。

《徐汝寧解郡歸同諸名士及家兄汎石湖分韻得豪字》

汝南太守賢且豪，倦遊便欲歸林皋。漢法雖能中循吏，楚狂未可輕吾曹。鳴榔五月下闉闍，期我共汎芙蓉舠。吳下諸山勝誰絕，石湖南來風景饒。迴波沖融山色動，陡壑歙窣松雲高。列峰襟抱望不極，水面忽出雙蘭橈。中流長風聲怒號，俄頃萬玉堆波濤。狂飆颯颯吹布袍，亦日黯黕不得驕。使君此時正神王，舉手欲釣任公鰲。吾兄叫絕浮大白，諸君一一誇霜毫。君不見畢生狂飲持蟹螯，壺中有酒名可逃。江湖萬里落吾手，詎可屈詰令心勞。石湖之傍差足老，使君慎勿輕蓬蒿。

《雨中同公瑕登治平寺望石湖作得蒸字》

長嘯秋空一摭膺，荒煙大澤莽憑陵。越來溪外波相撼，茶磨峰頭氣欲蒸。破浪孤帆歸估客，閉門修竹臥門僧。招攜未盡楞伽興，躡屐沖泥許更登。琅琊王世懋為伯起丈書。

曩予寓讀石湖，得陳淳父先生一圖，以呈太史文公，公稱善久之，欣然有技癢意。信宿，亦作一圖見寄，畫法雖殊，而各臻妙境。裝潢成卷，界以烏絲，以俟題詠。攜之寓所，日積月累，共得一十六段。自太史而下，皆名流高品，嘉篇精翰，展卷彙集，雖瓊林大盈，似不能過。予既老而傳以授宿兒，宿兒珍若拱璧。乙巳之冬，就試玉山，其母以歲計出而鬻之，渾噩歸君捐金購得。予謂楚弓楚得，在彼猶在此也，況屬之賞鑒家乎。兒歸，當有以解之，不令眷眷也。張鳳翼，時年七十有九。

【跋紙，高七寸四分，長一尺七寸三分。】

文待詔當明季盛時，風流弘長，筆墨流傳，得若拱璧。今觀其《石湖圖》一卷，流麗清潤，脫盡凡俗之氣。遊湖諸作，寄託閒適，可以想見其襟懷矣。以後諸題詠，共垂不朽。含吉表弟宜寶藏之。婁東王原祁題。

明文待詔落花圖書畫合璧卷

【圖紙本，設色。亭臺樹石，落花滿地，兩人騎馬並行。高七寸一分，長二尺一寸三分，無款。】

【書紙本，兩接，小楷，界烏絲格。高六寸九分，長八尺二分。文從先跋，附書於後。】

《詠得落花詩十首》　沈周啟南

富逞穠華滿意春，香飄瓣落樹還貧。紅芳既蛻仙成衛，綠葉初陰子養仁。偶補燕巢泥薦寵，別修蜂蜜水資神。年年為爾添惆悵，獨是蛾眉未嫁人。

飄飄蕩蕩復悠悠，樹底追尋到樹頭。趙武泥塗知辱雨，秦宮脂粉惜隨流。癡情戀酒黏紅袖，急意穿簾泊玉鉤。欲拾殘芳搗為藥，傷春難療個中愁。

玉勒銀罌已倦遊，東飛西落使人愁。急攙春去先辭樹，懶被風扶強上樓。魚沫欹恩殘粉在，蛛絲牽愛小紅留。色香久在沉迷界，懺悔誰能倩比丘。

是誰揉碎錦雲堆，著地難扶氣力頹。懊惱夜生聽雨枕，浮湛朝入送春杯。梢傍小剩鶯還掠，風背差池鵬又催。瞥眼興亡供一笑，竟因何落竟何開。

十二街頭散冶遊，滿街紅紫亂春愁。知時去去留難得，誤色空空念罷休。朝掃尚嫌奴作賤，晚歸還有馬堪憂。何人早起酬憐惜，孤負新妝倚翠樓。

夕陽無賴小橋西，春事闌珊意亦迷。錦里門前溪好浣，黃陵廟裏鳥還啼。焚追螺甲教香史，煎帶牛酥囑膳媛。萬寶千鈿真可惜，歸來直欲滿筐攜。

一園桃李只須臾，白白朱朱徹樹無。亭怪草玄加舊白，腮嫌點易亂新朱。無方漂泊關遊子，如此衰殘類老夫。來歲重開還自好，小篇聊復記榮枯。

芳菲死日是生時，李妹桃娘盡欲兒。人散酒闌春亦去，紅消綠長物無私。青山可惜文章喪，黃土何堪錦繡施。空記少年簪舞處，飄零今已鬢如絲。

供送春愁上客眉，亂紛紛地竚多時。慵招綠妾難成些，戲比紅兒煞要詩。臨水東風撩短鬢，惹空晴日共游絲。還隨蛺蝶追尋去，牆角公然有半枝。

昨日繁華煥眼新，今朝瞥眼又成陳。深關羊戶無來客，漫藉周亭有醉人。露涕煙洟傷故物，蝸涎蟻蹟弔殘春。門牆蹊徑俱寥落，丞相知時卻不嗔。

《和荅石田先生落花之什》　文壁徵明

撲面飛簾漫有情，細香歌扇障盈盈。紅吹乾雪風千點，彩散朝雲雨滿城。
春水渡江桃葉暗，茶煙圍榻鬢絲輕。從前不恨飄零事，青子梢頭取次成。

零落佳人意暗傷，為誰憔悴減容光。將飛更舞迎風面，已褪猶嫣洗雨粧。
芳草一年空路陌，綠陰明日自池塘。名園酒散春何處，惟有歸來屐齒香。

蜂撩褪粉偶黏衣，春減都消一片飛。蒂撓園風無奈弱，影搖庭日已全稀。
鱄前漫有盈盈淚，陌上空歌緩緩歸。未便小齋渾寂莫，綠陰幽草勝芳菲。

恨人無奈曉風何，逐水紛紛不戀柯。春雨捲簾紅粉瘦，夜涼踏影月明多。
章臺舊事愁邊路，金縷新聲夢裏歌。過眼莫言皆物幻，別收功實在蜂窠。

戰紅酣紫一春忙，回首春歸屬渺茫。竟為雨殘緣太冶，未隨風盡有餘香。
美人睡起空攀樹，蚨蝶飛來卻過牆。脈脈芳情天萬里，夕陽應斷水邊腸。

桃蹊李徑綠成蕪，春事飄零付落紅。不恨佳人難再得，緣知色相本來空。
舞筵意態飛飛燕，禪榻情懷裊裊風。蝶使蜂媒都懶慢，一番無味夕陽中。

開喜穠纖落更幽，樹頭何用勝溪頭。有時細數坐來久，盡日貪看忘卻愁。
惹草縈沙風冉冉，傷春恨別水悠悠。不堪舊病仍中酒，疏雨煙鎖畫樓。

風裊殘枝已不任，那堪萬點更愁人。清溪浣恨難成錦，紅雨鏖香併作塵。
明月黃昏何處怨，游絲白日靜中春。急須辦取東欄醉，倒地猶堪藉綺茵。

飛如有戀墮無聲，曲砌斜臺看得盈。細草棲香朱點染，晴絲撩片玉輕明。
江風漂泊明妃淚，綠葉差池杜牧情。賴是主人能愛惜，不曾緣客掃柴荊。

情知芳事去還來，眼底飄飄自可哀。春漲平添棄脂水，曉寒思築避風臺。
沾衣成陣看非雨，點徑能勻襯有苔。穠綠已無藏艷處，笑他蠻蝶尚裏徊。

《同徵明和荅石田先生落花十詩》　徐禎卿昌穀

不須惆悵綠枝稠，畢竟繁華有斷頭。夜雨一庭爭怨惜，夕陽半樹小淹留。
佳人踏處弓鞋薄，燕子銜來別院幽。滿目春光今亦老，可能更管鏡中愁。

狼籍亭臺一夜風，可憐芳樹色銷穠。舞飄江浪春三級，飛入宮牆恨萬重。
黃雀啄殘紅粉薄，杜鵑驚怨綠陰濃。不知開落渾常事，錯使愁人減玉容。

門掩殘紅樹樹稀，客車休訪雨中泥。蜂攀故蕊將心護，鳥過空枝破血啼。
半月簾櫳風不定，一川煙景日平西。先生臥病渾難覓，拾得餘英醉裏題。

歌酒闌干事已非，玉人惆悵卷羅幃。可堪茌苒爭先謝，更不躊躇各自飛。
盡掃庭枝風斂怨，偶黏屋網雨沖圍。今朝蝶似長安客，羞見殘春寂莫歸。

　　莫怪傷春意緒濃，百年光景一番空。梁王醉斝今朝覆，楚客離魂何處逢。
瓶雪灸銷簷外白，鬢紅吹墮燭邊風。侯家茵席千重軟，憐取微姿側幕中。

　　飄蕩東西不自持，多情牽惹有飛絲。恩私漫憶曾攀手，精魄難拋未冷枝。
每戒兒童搖樹戲，空煩衛路隔牆窺。經春為爾添新債，開費清罇落費詩。

　　微綠臨牕障讀書，樹頭葉密結陰初。湘江有客傷遲暮，金谷無人惜未鋤。
何處光陰三月閏，今朝消息幾分疏。情知世事渾如此，閒把蕭蕭髮對梳。

　　流鶯飛絮兩爭忙，齊送春歸出苑牆。禁路晴車塵散綺，小橋溪店水浮香。
輕狂合著風情句，悵怏慚非鐵石腸。整取明朝詩篋在，晚陰涼閣賦池塘。

　　穠華奄忽又飛塵，門戶青苔白日貧。煙柳前村仍好景，禪房曲徑有餘春。
筇邊拂袖聽啼鴂，樹下離亭送遠人。時節匆匆驚過眼，豈能長得鬢毛新。

　　開時才見葉尖芽，轉眼成陰又落花。平地水䓈添膩漲，滿庭月色浸殘霞。
不憐玉質泥塗忍，好厄紅顏造化差。堪笑唐王太癡絕，卻教御史管鉛華。

《再荅徵明昌穀見和花落之作》　沈周

　　百五光陰瞬息中，夜來無樹不驚風。踏歌女子思楊白，進酒才人賦雨紅。
金水送香波共渺，玉階看影月俱空。當時深遠還重鎖，今出牆頭西復東。

　　陣陣紛飛看不真，霎時芳樹滅精神。黃金莫鑄長生蒂，紅淚空啼短命春。
草上苟存流寓蹟，陌頭終化冶遊塵。大家準備明年酒，慚愧重看是老人。

　　擾擾紛紛縱復橫，那堪薄薄更輕輕。沾泥寥老無狂相，留物坡翁有過名。
送雨送春長壽寺，飛來飛去洛陽城。莫將風雨埋冤殺，造化從來要忌盈。

　　侶雨紛然落處晴，飄紅泊紫莫聊生。美人天遠無家別，逐客春深盡族行。
去是何因趁忙蝶，問難為說假啼鶯。悶思遣撥容酣枕，短夢茫茫又不明。

　　春歸莫怪懶開門，及至開門綠滿園。漁檝再尋非舊路，酒家難問是空村。
悲歌夜帳虞兮淚，醉舞煙江白也魂。委地於今卻惆悵，早無人立厭風旛。

　　芳華別我漫匆匆，已信難留留亦空。萬物死生寧離土，一場恩怨本同風。
株連曉樹成愁綠，波及煙江有幸紅。漠漠香魂無點斷，數聲啼鳥夕陽中。

　　筇枝侵曉啄芳痕，借而階庭亦暫存。路不分明愁喚夢，酒無聊賴怕臨軒。
隨風冝去從新嫁，棄樹難留絕故恩。惆悵斷香餘粉在，何人剪帋一招魂。

　　賣叟籃空雨滿城，鏖芳戰艷寂無聲。挽留不住春無力，送去還來風有情。
莫論漫山便麄俗，仍憐點地亦輕盈。亂紛紛處無馮據，一局殘棋不算贏。

　　十分顏色僅堪誇，只奈風情不戀家。慣把無常玩成敗，別因容易惜繁華。
兩姬先殞傷吳隊，千艷叢埋怨漢斜。消遣一枝閒拄杖，小池新錦看跳蛙。

香車寶馬少追陪，紅白紛紛又一回。昨日不知今日異，開時便有落時催。只從個裏觀生滅，再轉年頭證去來。老子與渠忘未得，殘紅收入掌中杯。

《和石田先生落花詩十首》　呂䛒秉之

醉拍金罇餞眾芳，東風無力更斜陽。溪魚跳浪驚多食，山鳥收聲似暗傷。鄒卻面皮同我老，笑他行色為誰忙。停針關意閨中婦，獨負年華過一場。

兒戲人間萬事同，春來春去幾番風。無端相對生愁處，不若全飄向醉中。幻景忽驚隨土化，餘姿暫借與溪紅。浮雲富貴皆如此，翟相門頭客子空。

黃四娘家蹟已陳，今朝豈有昨朝春。不勞苦要人吹笛，自覺愁多酒入唇。粉蝶來尋無可奈，紫騮嘶過亦何因。芳魂定結仙妹在，馮杖高樓語句新。

夜聽無聲曉已殘，當時初賞種憂端。舞輕飛燕身隨隕，魂散嵬坡血未乾。世事快情那可久，天公薄相個中看。教人酩酊懷長吉，樂府宜將此曲彈。

不識春殘更出城，故枝別去聽無情。雨前尚或逢游女，街上而今絕賣聲。一朵依稀疑碩果，半江狼籍葬傾城。馮誰常駐東風面，呼起黃筌與寫生。

倚杖風前莫歎嗟，為貪結子損榮華。隨鳥去去於誰屋，媿燕飛飛護舊家。后土祠旁渾不見，平章宅裏寂無嘩。向來遊賞先馮酒，不衛澆愁更用賒。

紛紛舊徑復新蹊，成陣飄紅咫尺迷。和露掬香猶撲鼻，與酥煎喫免污泥。關情飛絮殷勤送，愁殺黃鸝一再啼。絕倡西施逢范蠡，新恩不戀越來溪。

村北村南只樹林，細推物理一微吟。雖於落木分前後，總是流年送古今。薜荔滿牆蒙點綴，蜻蜓近水學浮湛。隙駒夸父那追得，始信春宵可換金。

雨打風披兩折磨，隔牆一樹也無多。過時先泣東家女，感事真逢春夢婆。山鳥山蜂渾懶卻，湖煙湖水欲如何。陰陰柳岸移舟晚，只有漁郎發棹歌。

大觀除是達人知，執極更張固自宜。頓覺樹無驕侈相，正如國有老成時。來禽乞果先臨帖，梅子酸牙已詠詩。照料一枝筇竹杖，芳罇不誤隔年期。

《三荅太常呂公見和落花之作》　沈周

分香人散只空臺，紅粉三千首不回。惡劫信於今日盡，癡心疑有別家開。節推繫樹馬驚去，工部移舟燕蹴來。爛熳愁蹤何地著，謝承惟有一庭苔。

玉蕊霞苞六蹕全，一時分散覺淒然。風前敗興休當立，腮下關愁且背眠。放怨出宮誰戀主，抱香投井死同緣。無人相喚江南北，吹滿西興舊渡船。

馬追紅雨倦遊回，春事闌珊意已灰。生怕漸多頻掃地，酷憐將盡數嗛杯。莽無留戀牆頭過，私有裵徊扇底來。老去罣牽宜絕物，白頭自笑此心孩。

落柄開權既屬春，少容遲緩亦誰嗔。酷憎好事敗塗地，苦被閒愁殄殺人。
細數只堪滋眼纈，仰吹時欲墮頭巾。不應捫虱窮簷者，薦坐公然有錦茵。

打失郊原富與榮，群芳力莫與時爭。將春託命春何在，恃色傾城色早傾。
物不可長知墮幻，勢因無賴到輕生。閒膓戲把丹青筆，描寫人間懊惱情。

千林紅褪已如擘，一片初飛漸漸添。梨雪洉階人病酒，絮風撩面妾窺簾。
佇傷鳥起餘芳盡，汎愛鰍爭晚浪恬。可奈去年生滅相，今年公案又重拈。

昨日才聞叫子規，又看青子綠陰時。秋娘勸早今方信，杜牧來尋已較遲。
脫當不歸魂冉冉，濺枝空有淚垂垂。淹留牆角媽黃甚，暴殄芳菲罪阿誰。

芳樹清簿興已闌，拋階滾地又成團。帶煙囟扇櫳斜透，夾雨檐溝瓦半漫。
老衲目皮開作觀，小娃裙衼戲承歡。無端打破繁華夢，擁被傷春臥不安。

為爾徘徊何處邊，赤闌干外碧簷前。亂飛萬點紅無度，閒過一鶯黃可憐。
觀裏又來劉禹錫，江南重見李龜年。送春把酒追無及，留取銀燈補後緣。

盛時忽忽到衰時，一一芳枝變愁枝。感舊耽關前度客，愴亡休唱後庭詞。
春如不謝春無度，天使長開天亦私。莫怪留連三十詠，老夫傷處少人知。

弘治甲子之春，石田先生賦《落花》之詩十篇，首以示璧，璧與友人徐
昌穀甫相與歡艷，屬而和之。先生喜，從而反和之。是歲璧隨計南京，謁太常
卿嘉禾呂公，相與歡艷，又屬而和之。先生益喜，又從而反和之。自是和者日
盛，其篇皆十，總其篇若干，而先生之篇累三十而未已。其始成於信宿，及其
再反而再和也，皆不更宿而成，成益易而語益工。其為篇益富，而思不窮益
奇。竊惟昔人以是詩稱者惟二宋兄弟，然皆一篇而止，而妙麗膾炙亦僅僅數
語耳。若夫積詠而累十盈百，實自先生始。至於妙麗奇偉，多而不窮，固亦未
有如先生今日之盛者。或謂古人於詩，多半聯數語足以傳世，而先生為是，
不已煩乎。豈尚不能忘情於勝人乎？抑有所託而取以自況也。是皆有心為之，
而先生不然，興之所至，觸物而成，蓋莫知其所以始，而亦莫得究其所以終。
其積累而成，至於十於百，固非先生之初意也，而傳不傳，又何庸心哉。惟其
無所庸心，是以不覺其言之出而工也。而其傳也，夫又奚厭其多邪！至於區
區陋劣之語，既屬附麗，其傳與否，實視先生。璧固知非先之儗，然亦安得以
陋劣自外也。是歲十月之吉，衡山文璧徵明甫記。

萬曆辛丑歲花朝寓松雲草堂焚芙蓉香拜觀，曾孫從先。

【跋紙高七寸三分，長二尺五寸一分。】

名園膏雨足，布襪踏青泥。柳密鶯先到，花多春未齊。詩留邙曲調，畫識武陵谿。簾影重重日，玄辭去竟迷。

丁丑二月八日，訪子重於新齋，出落花詩畫請題。考諸公詩作於甲子歲，而徵明為子重作圖乃在辛未歲，詩畫宛然，作者已半為古人，獨事勝一時，不得泯耳。積雨新霽，窗日可愛，為賦五言詩一首，附跋數語，驗朋舊之蹤蹟也。林屋蔡羽書。

明文待詔鶴所圖卷

【引首絹本，高八寸四分，長二尺六寸四分。】

鶴所【隸書】徵明

【圖絹本，水墨茅屋草亭，問以松竹遠山，一人坐亭中，憑欄觀鶴。高同上，長二尺六寸六分。】

徵明寫鶴所圖。

【第一跋，絹本，高同上，長三尺九寸一分。】

小開幽室對仙禽，靜契蹁躚物外心。興落孤山秋渺渺，夢回赤壁夜沉沉。有時起舞月在席，何處長鳴風滿林。見說周旋無長物，數竿修竹一床琴。文徵明。

海濱卜築向朝陽，看養胎禽歲月長。清唳數時聞露警，孤飛一片薄雲翔。天書嗽得遺高士，玉笈傳來自上皇。憶昔臨皋驚寤後，秋風又見羽毛揚。郡人湯煥。

【第二跋，紙本，兩接，高八寸六分，長八尺九寸五分。】

《鶴所記》

余使過揚，揚人或籠三鶴贈余，余以一畀樂仲，處之所居之東偏，濬池飲之，蒔竹甓牆樊之，貫魚挍稻食之。聲唱之鳴，袂導之舞，甚狎而適也。余題其處曰鶴所。問：先生可遂記之乎。曰：吾何記，吾何記。吾記所嘗得於過庭者也夫。往先給事督余學必以正，凡世之可喜可愕，廢時失事為學害者，一切止之，不予近也已。余學成，遊京師而歸，先君老矣，無以為娛，間以鶴近，不余止也。予妄意為教之術，昔之止余者，皆生人所必用者也。人以必用而求必得之，將必遺患矣；今之許予者，無所於用者也。無所於用，則無所於溺，所謂玩物適情者耶。小不廢時，大不失事。余學適倦，觸詠相對，飄飄動遺物遠遊之懷，不將賢於乾沒外誘，老死而不知休者哉。今吾樂仲於學則已

輟矣，病鄉無以自樂，而於鶴寓情焉。蓋先君昔之不余止，而今不以止樂仲也。若固溺焉，則書籍可以喪志，況夫鶴哉，而庸愈於彼耶。蘇長公、呂成公之論衛君者，足以戒矣。是固先給事之教之所不許也。嘉靖庚寅秋仲既望，雲村老人伯兄相卿書於宜山堂。

《鶴所先生詩》

紉蘭製芰向名山，深竹修茆盡日關。豈有膏車驚蝶夢，祗攜玄鶴媚紅顏。羽衣晝馭天風遠，清淚宵聞月露寒。一自宜僚長往後，雙丸不與世人看。

黃門九杞先生既敘所以致鶴於先生之故，又六十年，而先生曾孫稦，則攜文待詔詩畫及記，索余書，並繫之詩，以識後學嚮往之意云。萬曆癸巳冬杪，關西許光祚書於來燕堂。

水亭風樹引胎禽，寂歷應知靜者心。遼海歸時人代改，衡陽去後羽書沉。迷雲尚想棲珠樹，警露如聞淚竹林。今日展圖吟共和，不須別怨寫瑤琴。用文待詔韻，儀章祝世祿。

當年高格主人違，珠樹瑤街有是非。雪滿青田仙侶至，月明華表素靈歸。夢中芝草群相憶，身後雲霄蹟未稀。莫謂蓬萊塵世隔，君家曾此寄音徽。新安許賓。

文太史年踰大耋，而視聽不衰。嘗見蠅頭小楷千文，乃在七十八歲。公以庚寅生，今黃門作記，當嘉靖庚寅，而不言繪圖，是太史耳順以後也。此圖筆意雅淡，生潤有姿，並有黃門手記，宜許氏雲仍世世藏之。萬曆庚子清和月，書於應嘉齋中。鄰初道人煥。

聞之世廟夏相公贈黃門詩有「九杞山人不出山，曾無一字落人間」之句，則黃門鶴所之自命也。文待詔畫無能置一贊辭，第其用墨佈勢，澹遠清絕，與黃門命號之意，若合一契，則鶴所先生之風可想已。余友善其曾孫同生孝廉，竊附嚮往而漫識其末。石湖主人張堯恩。

明張夢晉文待詔鶴聽琴圖合璧卷

【引首點金箋，高七寸，長二尺二寸九分。】

鶴聽琴圖【篆書】吳奕。

【第一圖紙本，水墨桐石。一人據案撫琴，一僮執翟鶴立於左。高同上，長二尺四寸一分。】

《鶴聽琴圖》為六事主人寫。張靈。

【跋紙對接，高同上，長四尺二寸六分。朱性父一題界烏絲格。】

瓠巴鼓瑟，而遊魚出聽；伯牙鼓琴，而六馬仰秣。鶴聽琴事，世固有之，不足怪也。吳寬為秉良題。

焦桐無聲物，野鶴善鳴類。桐方假人鳴，鶴卻默以對。天機偶相觸，二者自有會。悠悠太古調，翩翩高遠致。仰驥與跳魚，此理曾不昧。朱存理。

飄飄王孫金馬客，十年學琴成琴癖。虛窗颯颯雪打竹，靜坐焚香弦在膝。庭前舊鶴翻頂久，昂昂如人長六尺。延頸就琴不肯去，口無所道聽心膈。瓠巴昔能出流魚，師涓亦解鳴伏櫪。有情感物物自應，琴清鶴靈況相得。張生有才託粉墨，斗酒落魄破疋帛。空廚無煙朝束腹，忽有好事來拂席。曲肱直腕為寫圖，余亦作句聯後冊。展舒信手再歎息，世之知音不輕得。願君奏琴只向鶴，技工毋學齊王瑟。西湖散人唐寅，為錢君題《鶴聽琴圖》。

【第二圖紙本，水墨，松下一人據石上撫琴，僮鶴分立，左右通體皆墨，鶴頂畧施朱色。高同上，長四尺。前半作圖，後半題詠。顧東橋題紙長一尺四分，接於圖紙之後。】

斜光離離度梧影，衡宇無塵晝方永。高人拂拭紫璃琴，轉軫鳴弦意閒整。廉折春溫一再行，坐令塵夢瞿然醒。調高不恨知音稀，聲清卻入皋禽聽。聳身延頸寂無言，俯首含情若相領。我聞舞樂鳳儀廷，亦聞鼓瑟群魚泳。物靈德盛信有孚，氣至聲和自相應。古樂無存古道非，靈禽尚抱千年性。乃知至理在吾心，展卷令人發深省。豈惟琴鶴故同清，要是聲情兩相稱。一笑人禽付兩忘，主人自寄松間興。

友琴錢君以此卷索詩，未及有作而失之。常欲追為之圖，因循未果，垂二十年，而友琴復購得之，持來示余。余愧其意，既為賦詩，復補一圖以終前諾。嗚呼。友琴今年七十有六，而余亦垂六十矣。顧卷中諸人，俱已物故，而余與君獨存，豈不有數耶？嘉靖七年戊子十月九日，文徵明識。

人與物一理耳，誠至則通也。錢翁精琴，可動鬼神，況物邪。翁嘗屬余作《友琴記》，未成而翁已化去。書此識其高致。庚寅嘉平東橋顧璘題。

【跋紙對接，高同上，長五尺一寸九分。】

《為程尚義題崔聽琹圖歌》

日暇叩君讀書屋，披圖即令快心目。淨几明牕相向時，恍然偕我詣深谷。竹色冉冉桐陰閒，片石特立苔斑斑。中有幽人舒蒼顏，援琴獨坐秋林間。似唯志在流溽湲，亦如神遊凌高山。何來老崔不飛去，竦身垂翅猶待馭。聽耶

非耶乃含意，風吹放佛階前戲。畫龍奮起安足誇，畫馬蹴踏那為異。誰將此圖歸程生，懷之翻以白璧輕。杜門方掃麈中情，繼躅高士岩棲名。嗚呼此圖奚可珍，清思矯矯殊絕倫。乙巳冬日，芙蓉洲僧方擇草。

　　松風謖謖如龍吟，簹簹蕭蕭助微音。悠哉此境人蹟絕，中有高人橫素琴。神閒彷彿阮千里，一彈再鼓良有以。調高韻古知者誰，不落人間笛箏耳。何來一鶴止坐隅，長身矯矯六尺餘。低徊側頸若有得，天機相合神相孚。我聞梵語能傳慧，鳥舌粦賓躍起池中鐵。有情無情皆善感，崔固無言意則悅。群公俱是磊落人，作詩繪圖咸入神。柯庭善詩兼善畫，睹此儲為文苑珍。君不見金題玉躞幾淪落，前輩風流不可作。淥水琴，霜皋鶴，此日摩挲欣有託。茸城張光曙。

　　十指泠泠散暮寒，桐陰有鶴不孤彈。而今盡附腰纏客，欲覓知音畫裏看。

　　夢晉遺蹤已久湮，高風留得畫圖新。文唐以外知誰識，珍重還歸博雅人。平江黃玢。

　　翩然孤鶴仙家禽，引吭斂翅梧之陰。梧陰如水涼匝地，中有一士彈素琴。崔不能言聽其側，領略萬古無窮音。流泉淙錚激石齒，萬竅發響風生林。琴非用指終不鳴，宮商徵羽何處尋。此圖張靈之所畫，特畫琴崔非無心。匏庵薲溪桃花庵，題識磊落爭崎嶔。衡山技癢出三絕，合璧裝潢傳至今。雖無東橋續作記，此卷珍重同璆琳。向來流傳好事家，歲月寖久幾銷沉。那知悉歸柯庭手，惜哉不獲摹與臨。連宵有鶴形夢寐，玄裳縞衣口不喑。桐陰請余彈別操，尚記軫玉徽黃金。璜涇顧文淵。

明仇實父畫晝錦堂圖文休承小楷書記合璧卷

　　【圖紙本，水墨，工筆纖細人物。高四寸九分，長一尺五分。】

　　《晝錦堂記》，仇英實父製。

　　【書紙本，高四寸，長五寸七分。】

　　晝錦堂記【文不錄】，嘉靖壬戌七月廿又三日，文嘉書。

　　【跋泥金箋，高四寸八分，長二尺五寸八分。】

　　晝錦圖最易作富貴俗觀，而此作清遠澹蕩，無驕誇炫耀之習，亦無季子、買臣之妻奔趨跪伏之狀，得魏公之神理矣。畫家以得神為貴，此足寶也。丙子暮春姻末范允臨題。

　　歐陽永叔為韓魏公作《晝錦堂記》，與陸放翁為時宰作記同事，然不以貶譽者，魏公功業之盛，不帶累文人學士故也。宋時惟《晝錦堂》、司馬溫公《獨

樂園記》入畫圖，足配唐盧鴻《盧山十志》。仇實甫此圖所謂「人巧極，天工錯」，後來有此名手為韓公妝點，於宮諭望之。董其昌。

明仇實父方竹圖卷

【引首藏經紙，高七寸七分，長一尺五寸五分。】

方竹【篆書。】衛復書。

【圖絹本，設色，梧桐修竹，一人倚於石上。高六寸八分，長二尺三寸五分。】

仇英實父為方竹先生製。

【跋點金箋，高七寸八分，長二尺三寸九分。】

若人樂恬素，臨軒植修竹。我來盼軒前，森□萬竿玉。撲簾春霧寒，匝地秋雲綠。赤日自行空，何曾見炎燠。天風忽來過，琳琅韻相觸。夜月轉階除，金波晃人目。對此懷抱清，超然遠塵俗。初疑渭川湄，復訝湘江曲。鷦鴣何必啼，鸞鳳自來宿。既足調玉琴，亦可敲棋局。良時聚朋儔，詠諧飲醽醁。或持一編書，起就蒼陰讀。雅趣有如此，逍遙乃云足。子猷安在哉，君應繼高躅。古歙程賜。

明仇實父臨李晞古山水卷

【紙簽一】

仇實父仿李晞古山水真蹟，武進劉氏藏，快雨堂審定。

【紙簽二】

仇實父仿李晞古山水真蹟，無上妙品。風滿樓珍藏。【隸書】

【引首灑金箋，高八寸，長三尺三寸二分。何蓬庵題書於王夢樓之後。】

仇十洲真蹟，丹徒王文治。

仇實父山水，海內第一卷。乙亥歲得歸，蓬盦歡喜無量。

【圖紙本對接，淺絳山水 兼人物，高同上，長九尺六寸五分。】

吳門仇英實父臨宋李晞古筆。

【跋紙對接，高同上，長七尺。】

明唐六如、仇實父、周東村三家，皆專法李晞古者。六如秀潤而超逸，東村工密而蒼老，實父工密有餘，蒼老不足，無望超逸。李竹懶嘗評之。然余生平曾見實父《楓林撫琴》一小幀，秀絕。其樹木紅黃設色，鮮華入古。又見便面上作高山頂，一人招鶴，其下白雲瀚然，灑灑數筆，不著樹石，未嘗不超

逸也。與此而三，皆實父本色著意之筆，故賞鑒家多與文、沈並稱，良不虛
也。世人徒以界畫樓臺為此公擅場，失之遠矣。嘉慶癸亥日長至山舟同書，
觀並識，時年八十又一。

　　實父仿小李將軍作青綠重色，得前人不傳之秘，最為絕詣，不謂臨李晞
古筆，又精妙若此，徒以工密見賞者，信乎知之不盡。相傳實父畫多倩彭孔
加代為署款，此卷題名，小楷兩行，娟媚如《洛神》，定為隆池處士簪花格也。
並識。甲子春正月，遲雲閣主人題。

　　畫之贗本無多於仇實父者，以其畫品悅俗，善界畫者即可摹仿，故百卷
中無一真者。試思畫既精細，實父年又不永，一生能作幾許畫而至充滿市肆
乎？至意筆山水，偶一為之，尤難數見。予生平所見，惟金箋扇面三頁及此
卷耳。前人稱其臨北宋人畫，愈小愈妙，此卷亦數寸而具千里之勢，筆法清
蒼入古，豈第以妍媚見長乎。道光丙戌中秋後二日，南海謝蘭生題。

　　此小斧劈皴，一筆不雜，而畫境畫理使實父自運，未必能到此。蓋古人
胸中邱壑，數百年後，必借後人臨模以傳也。畫中輪蹄絡繹，而山上兩人從
容說聽，可悟民動如煙，我靜如鏡之理。因系小詩：秋風借畫入詩腸，水漸清
泠木漸蒼。一樣雲山憑領受，山人閒處旅人忙。稜稜斧劈李家皴，賣畫臨安
有替人。可識雲山經用好，一回拈出一回新。道光戊戌八月十四日，吳榮光
書於福建藩署之來復吉齋，時年六十有六。

　　世皆知十洲以工筆擅長，此卷兼工帶寫，筆可屈鐵，力透紙背。余家舊
藏其《停琴聽阮圖》，與此無異，方知此老原有此兩種筆墨。工細者，其常也；
帶寫者，其變也。變者尤為罕覯。獲此者，當什襲珍之。利津李佐賢。

　　此卷層巒之奇繞，瀑水之懸爭，遠港長江，波濤澎湃，艨艟舴艋，布置
於後先。林麓幽居，道路巇夷，逸士樵夫，山家酒舍，悉備於是，極盡宇宙奇
偉之勝。蒼秀精微，無一懈筆如斯卷者，想其一生能作幾卷留天壤間。余以
二十鎰之值得之，真厚幸矣。今把玩五十餘月之久，愛不去心，寤寐弗忘，惟
此而已。余不啻一日幾回看也。憶余己卯歲在都門，曾見內府所藏王石谷《重
江疊嶂圖卷》，摹巨然筆，參華原法。御識云：「國朝第一卷，王翬第一卷。」
今依稀猶在目中，然其妙處尚不能逼真宋、元名蹟也。而此卷實與宋人同一
鼻孔出氣，而加以元人韻勝之妙，餘風滿樓名畫雖多，推此為第一卷耳，尚
未足形容其妙也，直可名為粵中名畫之第一矣。此卷倘遇前人進入內府，不
知御題榮寵更何如矣。辛卯四月朔葉夢龍識。

明仇實父江南春圖卷

【引首淡青點金箋，高八寸四分，長三尺六寸。】

江南佳麗　陳鎏。

【圖紙本，設色，亭臺樓閣，松竹溪山，柳暗花明，兩人策騎，一僕擔榼於後。高八寸七分，長三尺六寸三分。】

仇英實父為永之先生補圖。

【跋紙一，高同上，長四尺二寸八分。】

《江南春詞》

燕口香泥迸麝筍，東風力汰倡條靜。烘窗曉日開眼光，湘篔披盦尋紙影。落花沉沉碧泉冷，餘香猶在臙脂井。樓頭少婦泣羅巾，浪子馬蹄飛軟塵。

春來遲，春去急，柳綿欲吹愁雨濕，黃鸝留春春不及，王孫千里為誰碧。故苑長洲改新邑，阿嬌一傾國何立。茫茫往蹟流蓬萍，翔烏走兔空營營。

青筐攔街賤櫻筍，城外冶遊城裏靜。煖風夾路吹酒香，白日連歌踏花影。醉歸掉臂紫袷冷，喝采攤錢喧市井。家人苦費泣沾巾，拔賣寶釵吹暗塵。

日遲遲，風急急。點水蜻蜓尾沾濕。江南畫船畫不及，吳江筏樓紗幕碧。泛侈浮華連下邑，金鼓過村人起立。明朝棄置賤於萍，漂隨他姓忘經營。

國用愛雲林二詞之妙，強余嘗一和。茲於酒次復從臾繼之，被酒之亂，不覺又及一和。明日再詠倪篇，不勝自愧，始信雖多，何為也。沈周記。

春雷江岸抽瓊筍，春雨霏霏畫簾靜。去年雙燕不歸來，寂寞闌干度花影。金錢無聊故歡冷，短綆羸缾泣深井。佳人何事苦沾巾，陌頭柳色棲芳塵。

朱弦疏飛觴急翻，酒沾裙絳羅濕前。歡悠悠，追莫及。天遠相思暮雲碧，美人傷春情邑邑。手撚花枝傍花立，花飛萬點逐流蘋。黃蜂紫燕空營營。

碧椀春盤薦春筍，春晴江岈蘼蕪靜。綠油畫舫雜歌聲，楊柳新波亂帆影。江南穀雨收殘冷，手汲新泉試雙井。晚風吹墮白綸巾，醉歸不夢東華塵。

榆莢忙，花信急，小雨斑斑燕泥濕。秋鴻社燕不相及，只有春草年年碧。王孫不歸念鄉邑，天涯落日凝情立。浮生去住真蓬蘋，百年一噱何多營。

徵明往歲同諸公和《江南春》，咸苦韻險，而石田先生騁奇抉異，凡再和，其卒也韻益窮而思亦益奇，時年已八十餘而才情不衰，一時諸公為之斂手。今先生下世二十年，而徵明亦既老矣，因永之相示，展誦再三，拾其遺餘，亦兩和之，非敢爭能於先生，聊以致死生存歿之感爾。嘉靖庚寅仲秋，文徵明識。

【跋紙二，高同上，長三尺三寸六分，界烏絲格。】

稽山禹穴森石筍，春暉曉麗千峰靜。天台瀑掛驚龍翔，赤城霞高見標影。古厓雪積青易冷，飛花羃羃煉丹井。吾將此地棲雲巾，寧堪逐逐隨風塵。

溪山高，溪水急，春林曉霧岩花濕。青鞋布袴行相及，華頂層層插天碧。千雉名都萬家邑，封侯爵賞百戰立。時翻勢轉如流蘋，可憐濁世徒營營。王寵。

節序相催將迸筍，青春白晝簾櫳靜。回塘鷗鷺浴相喧，照水鴛鴦嬌弄影。蕩子未歸春服冷，佳人自汲山前井。誰家青鳥銜紅巾，銀鞍玉勒隨春塵。

春色好，春光急，朝煙未散山猶濕。山行應接不暇及，山下湖光靜凝碧。三月遊船盡傾邑，向人語燕檣頭立。游絲綱花落池萍，流年一去誰能營。文彭。【隸書】

春雷動地驚抽筍，竹林過雨琅玕靜。淡雲初散日華明，珠箔玲瓏上花影。柳風吹面不知冷，冉冉韶光融萬井。油壁香車時自巾，雙輪輾破郊原塵。

鳥求友，聲聲急，燕飛低掠芹泥濕。命侶追懽如不及，蘭渚蘅皋眼中碧。吳宮已沼空城邑，石湖晴巒暎波立。樓船載酒沖翠萍，仙遊汗漫心無營。王穀祥。

江南三月薦櫻筍，鵁鶄鸂鶒回塘靜。蛛絲縈空網落花，雲母屏碎珊瑚影。簾外沉沉春霧冷，綠蘿欲覆花間井。謝公笑戴折角巾，朝來不障元規塵。

花開遲，水流急，江島對眠沙草濕。吳姬如花花不及，香昏蘭氣窗紗碧。楊柳煙籠萬家邑，柳下王孫為誰立。幽渚泥香生綠萍，閒看梁燕疊經營。文嘉。

昨夜驚雷抽紫筍，霏微宿霧空山靜。笙歌合鬭採茶鄰，青旗紅斾林間影。美人羅衣觸朝冷，嘗新爭汲西施井。雙龍擘破拭芳巾，靈芽吹香嫩鞠塵。

花事遲，花信急，風雨番番畏花濕。牡丹顏色誰相及，朱欄油幕圍輕碧。王孫不歸心於邑，女伴羞隨弄花立。春江萬里一漂萍，遊梁事楚將何營。彭年。

春林一夜生新筍，韶光駘蕩簾櫳靜。流鶯乍澀柳乍黃，百丈游絲雙燕影。館娃宮殿青草冷，桃花空覆吳王井。少年挾彈綠幘巾，寶馬香車逐騎塵。

花開遲，花謝急，曉起看花薄羅濕。踏青拾翠如不及，回頭日墜山凝碧。愚者惜費常邑邑，賢達卻媿修名立。寧知人世若飄萍，胡乃不樂徒忙營。黃姬水。

吳洲二月生蒲筍，遲遲朝日房櫳靜。楊柳含煙攢翠眉，臨粧羞舞孤鷥影。門近三江綺羅冷，摘花井邊釵落井。翠羽成泥淚沾巾，東風笑人飛路塵。

游絲輕，飛燕急，海棠帶雨臙脂濕。睡起啼紅花不及，吳宮草色上深碧。蕩子不歸心淒邑，北望憑闌空佇立。楊花浮蹤化為萍，侶君漂泊并州營。張鳳翼。

韶華試暖初驚筍，人物紛妍都不靜。馬蹄車轂競芳遊，相逐鶯聲與燕影。料峭東風甘忍冷，銀床猶凍臨露井。痛飲花前岈醉巾，歸來踏遍郊原塵。

光景好，管絃急，翠袖淋漓酒香濕，盡日為歡連夜及，王孫眉瑣橫雙碧，傷春病酒生忿邑。對花獨自無言立，明朝片片欲隨萍，抖擻還將遊具營。

家永之藏石田先生《江南春詞》，乃追和勝國倪迂者，清新恬婉，不失作者之意。實父遘見，復以丹青傳之，使江南名山勝景一展卷恍在目中，而永之又力徵名人遍和。夫風物佳麗，莫過江南諸公摹情寫景，足了當年一段佳話。披玩之餘，率爾如韻，不敢附前賢後也。寶華山人袁表識。

卷　四

明唐六如東海移情圖卷

【紙籤。】

東海移情　唐六如畫，祝京兆序，古婁後學王俊題籤，時年七十有五。

【引首紙本，高九寸五分，長三尺四寸三分。】

東海移情【隸書】

【圖紙本，設色，古松一株，松下茅亭中一人臨流坐對遠山，童子抱琴侍立於後，高九寸五分，長一尺八寸一分。】

吳趨唐寅為汝權作。

【跋紙兩接，高九寸四分，長九尺八寸一分。王古岩題書於拖尾。】

《東海移情卷序》

《東海移情卷》，凡畫一幀，詩若干首，邑人士為汝權馮君作也。曰東海移情者何？君善鼓琴，躋音所至，靡或稬靳，以是蒙求踵接。寓言有之，東海洞湧，蓬萊杳冥，旬時居智，延望無人，此成連昔教伯牙琴，務移其情，還為天下妙。邑人士蓋取諸此。天適子曰：余讀《樂府雜錄》，康崑崙善琵琶，而本領雜邪聲，已就僧志本學。志本令不近樂器十年，俾忘其本領，然後教之。則庶幾得移情之解矣。余因徵以所聞，聽箏笛則形躁而志越，聞雅律則聽靜而心閒，此夫情以器移也。奏胡秦則歡羨而慷慨，理齊楚則情一而思專，此夫情以俗移也。劉疇援笳胡雛卻，老嫗吹箎羌圍解，此夫聲之移暴也。清徵一奏玄鶴集，笶簫甫均孔雀至，此夫聲之移物也。繇斯以譚聲音之道，各有至焉，得其解者，皆能入耳而會心，何況於琴。夫琴者，禁也，所以禁邪而宣

和。故邪禁則動念端，和宣則躁心息，是謂有道之器，何俟置之東海，乃能移情。彼蓋曰夙習閉其天機，緣染累其神趣，日新變化，譚何容易。是必令其駭愕驚怪，夫然後閉者開，累者解，而自然之音見。夫是之謂解天弢，故曰寓言多至理也。馮君於琴，亦既巧契牙心，妙具連體，以能心閒手敏，觸撥如意，雅懷諧暢，蒙求滋惑，我思古人，實獲我心，茲卷之謂乎。詩，聲之矣。余無以加也，則竊有請於馮君。夫琴者，禁也，古人尚之以禁邪而宣和，故古之善琴者，必聞遼而音埤，變希而聲清。以埤音御希變，故能使聽者塵襟盡而和與聲應也。今也不然，取音務窮其妙，操調務極其變。音妙則淫裔而惑志，調變則用博而心移，雅俗混矣，知音實希。於是教者捨所學以取容，學者狥所聞而波靡，不可言禁矣。夫移情之與移於情也，不可同日語，馮君所知也。昔宋弘以通儒薦桓譚，譚善琴而憙鄭聲，上數悅聽之，弘弗善也，召責譚良久，乃遣。阮千里則無貴賤長幼皆為彈，不知向人所在，史顧稱其不可榮辱也。夫桓以取容受責，阮以忘情垂稱，亦馮君所知也。馮君顧何取焉？馮君頰而不答。於，夫邑人士擬君於成連，其能移人情也，知其必不取容也，頗亦師其不可榮辱者乎？得音之解，其以禁邪而宣和，所及者廣矣，因書以弁卷首。枝山祝允明。

閒過東林館，聽琴豁素襟。凌空看鳥舞，流水度龍唫。自是移商調，陶然正始音。向來東海訣，傳得到如今。澹然林坦。

廣陵千載誰同調，宇內綿綿泰始傳。聞道水仙成引日，無言還羨度朱弦。亦孺徐鶴齡。

步入招提一徑微，誰傳綠綺度真機。移情只在無言處，笑指江流授缽衣。愚庵林城。

憐君千里客天涯，長鋏孤桐老歲華。身世浮雲過五嶽，鄉關煙樹隔三巴。託將風月騷人詠，遊遍湖山處士家。閒把朱弦彈白雪，高齋幾片落梅花。王昌運。

連君一去復何之？清調風流獨見師。夜靜海明孤月朗，水龍吟處起遐思。釋超著。

晚近蹠鍾太古稀，何來東海度音徽。會看居習無人處，正是真傳大括機。東官張一鳳。

惠遠風流披素襟，囊開古色有弦琴。多情五指隨流水，知是何人為賞音。徐啟祥。

唐子畏、祝希哲皆名人之烜赫者，其書與畫無論矣。吾讀希哲先生之序而有感焉。兩先生負當世重名，馮君汝權無聞於時，兩先生咸不薄之，徇邑人士之意，一為之圖，一著序以弁其首，娓娓數百言，入理甚深，且多勵勉。友朋之誼如此，何古今人之不相及乎！題詠諸君皆不甚著名，而詩與字無俗筆，得附兩先生以傳。昔人之有志於斯，而造詣未深、泯滅無聞者，又可勝道哉！乾隆壬辰九月下浣，古岩王俊題。

明唐六如竹鑪圖祝枝山草書合璧卷

【圖紙本，設色，梧桐下兩人對坐飲茶，竹鑪置於石槛，一童扇鑪，一童汲水。高七寸三分，長三尺六寸六分。】正德己巳初夏，吳郡唐寅。

【書點金箋，高同上，長三尺五寸五分。】

奉教《竹茶爐》詩，捧誦之餘，如聞韶濩，令人敬愛之不暇。生不揣踈陋，踵韻四首，瓦缶雷鳴，不勝惶汗，伏惟政教。

仙掌分來自玉泉，呼童試向竹爐煎。蒼虬蟠繞筆床外，彩鳳和鳴詩榻前。冰蘗著銘深得趣，匏庵索句久忘眠。幾回欲付丹青畫，又恐丹青畫不全。

嘗遍江南七品泉，北遊復汲玉河煎。瀟湘夜雨來窗外，嶰谷秋雲起座前。翰苑曾消司馬渴，書齋每破老韶眠。盧仝素識茶中趣，此趣多應識未全。

露芽數朵和甘泉，雅稱筠爐漫火煎。老阮清風能啟後，阿咸高節有光前。案頭湯沸人忘倦，簾外煙微鶴傍眠。不是良工心獨巧，每經烈焰豈能全。平生端不近貪泉，只取清泠旋旋煎。陸氏銅壚應在右，韓公石鼎敢爭前。滿甌花露消春困，兩耳松風驚晝眠。宦轍難全隱居事，君家子姓獨能全。祝允明。

【跋紙灑金箋，高同上，長一尺六分。方夢圖題書於拖尾絹。】

六如居士在明為一代名手，所畫人物山水，深得北宗及宋元人遺意。士氣作家皆備，落筆古雅，品兼神逸，誠明四家中自樹一幟。此《慧山竹鑪圖》為吳文定公作，卷止四尺，樹木山石，超逸絕倫，坐床者似為匏翁寫照，傍坐一僧，觀枝山詩，或即冰蘗和上，不知是否。至神采奕奕，識者自解六如風流瀟灑，當時不肯多作，傳世真蹟甚少。余於相城汪氏見有《寒林高士圖》，又見有《美人掌珠圖》，卻非贗本。其餘雖見，不足觀矣。尾有祝京兆詩字俱佳，可謂雙璧。隔水綾上有孫淵如印，後歸江都孟玉生處士，道光庚戌得於玉生所，因並記之。是歲六月初三日，書於袁江官廨種楳軒，長白漚羅侍者法良識。

題唐六如、祝枝山《竹鑪圖詠卷》用曝書亭聯句韻

慧山第二泉，亙古雪花歊。以之比南泠，約略味少遜。去年過潤州，烹淪償素願。【客春始飲揚子江心泉】想像卷中景，扇爐童髮鬖。今春抵梁溪，冒雨怯登頓。長夏偶披覽，編筠巧曲夯。狀如乾坤壺，玲瓏高數寸。用備水火風，卦兼離坎巽。滑俸象牙削，虛受鴿炭焌。文定目奇古，袒胸目瞗睔。性公隅坐陪，共試雨前嫩。爭勝四圖外，甲乙姑勿論。【慧山竹鑪四卷，其一為王紱，一為吳珵，又一則早失之。純廟命張宗蒼補圖，此卷不在其內。】司寇博徵引，【秦小峴司寇修錫金合志載竹鑪端委甚詳】可為藝林勸。倡始王孟端，銀光濡墨渲。良工出吳興，陶泥陋下畈。手截青琅玕，有若葭萌蘱。斯時聽松庵，留客戶難楗。自從歸藩【克誠】楊，【謨】塵俗與□遠。方伯【秦夒】能返璧，侍郎繼模憲。【鑪製於洪武間，至永樂間，鑪歸潘楊二家，秦方伯取還庵中，題詠更多而鑪漸壞，盛侍郎冰壑命猶子舜臣仿為之】平頭好容銚，款足或肖鬳。純廟昔南巡，閣黎煮泉獻。宸章迭頒睨，夾道嵩呼萬。邇來新詠堂，稍稍竄獌貐。山房改祠宇【竹鑪山房近已併入昭忠祠】，捫碑剔榛蔓。【御製詩尚嵌於壁間】獨念顧梁汾，懷古意勤繾。兩爐重仿製，孰敢誚麟援。【梁汾竹爐記云舜臣所為爐亦壞，二爐僅存其一，予重作兩爐，攜一入京師，後在成容若處，得孟端西涯題詠卷】位置積書岩，了不著微坌。重以天子筆【乾隆間四圖為無錫縣令邱某攜去重裝，竟毀於火事，聞純廟御筆補寫首卷，命皇六子及宏旿、董誥等分補二三四卷並皆補書前人題詠，仍付庵僧收弆，兼賜王紱《溪山漁隱圖》以償其失】珍秘儼圖券。溪山還舊觀，什襲牛腰粲。茲圖未進御，翻免祝誦恨。任逸唐子畏，林泉樂肥遯。狂草枝指生，幾欲懷素溷。流傳到春明，居奇憎儈販。【於漢卿得此卷於京師琉璃廠，索值甚昂】秋聲閣中物，攜回召伯堰。棐几三摩挲，亦足破孤悶。詩畫皆妙品，清空無滯鈍。當年海波寺，紛然旗鼓建。於今寶米齋，挑戰各雄健。甌壺作蚪蟠，滿甕注龍潠。微器荷天寵，此君尚何怨？辛未中夏方濬頤書。

明唐六如夢仙草堂圖卷

【引首青色箋，高八寸七分，長二尺六寸一分。】

夢仙草堂【隸書】汪聖修書。

【圖紙本，設色山水，松樹下茅屋兩三間，一人隱几而眠，一人御風而行。高八寸四分，長三尺二寸。】

閒來隱几枕書眠，夢入壺中別有天。彷彿希夷親面目，大還真訣得親傳。
晉昌唐寅為東原先生寫圖。

【跋皆灑金箋，一紙高八寸七分，長三尺七寸四分，無款無印。】

聞君少日好神仙，夢裏常時見偓佺。頂上三花非幸聚，關中一竅更難傳。
浮魔偏出無防後，夢幻都生有象先。若得回頭揮慧劍。即通虛靜現真玄。東
原兄少與余遊，即聞夢仙之事，白首至休易，始補此作。

【跋紙二，高同上，長一尺八寸八分。】

有客西來號夢仙，入門見我即談玄。風標迥出流俗外，議論直擬鴻蒙前。
萬法元從幻中得，至道信非言所傳。若教解了醒醒術，便是吾儒上乘禪。箬
谿顧應祥書。

夢入蓬萊訪列仙，共酣石乳話通玄。青磁枕熟邯鄲道，玄漠神融蕉鹿前。
九轉靈丹承至藥，五千道德契真傳。覺來內外皆超脫，塵世誰參不語禪。半
谿居士徐丙次韻。

【跋紙三，高同上，長二尺三寸四分。】

《遠遊》之辭，晦翁歎其數語得長生要訣，予直謂是養生家常談，獨悲
原之遇其詞而挾其識也。聞諸孟氏夭壽不貳，修身以俟之，曰此吾人處死生
律令也。繄世有足恃而不朽者，夫豈長生？往古聖賢，炳炳若存，曰仙可也。
末俗淪昏，眾欲奄奄，鬼蜮其與幾何。汪德仰氏生承平，無不獲意事，而寓名
於夢仙，何歟？將無閔世日隆，思自拔於俗，以萬古其身於宇宙間耶。否或
心誠求之，精神自相發耳。若其夢有得於仙，則吾不能知已。嘉靖丙申冬十
月望，海寧許相仁題。

六如先生畫天真爛熳，不涉筆墨畦徑。若此卷屬「得者寶之，勿為人所
攘奪」，蓋自以為得意之筆耳。夫物在天地間，固無常主，夢入華胥，神遊八
極，則進乎技矣。若非至人，孰能如是者哉。高齋清玩，但以道眼勘破可也。
僧子山。

夢，覺也。華胥之遊，良弼之賚，九齡之錫，兩楹之奠，覺也。故曰通乎
晝夜之道而知，非天下之至誠，其孰能與此。夢仙子庶有覺乎。嘉靖乙未冬
十月既望，大虞山人王惟一跋。

【跋紙四，高同上，長三尺九寸八分。費虑懷題書於拖尾。】

題夢仙手卷後

仙家之說，吾儒門所不道。詳閱卷中諸作，有舉白玉蟾之言，曰：鼎鼎

原無鼎，藥藥原非藥。蓋以言夢仙事幻也。又有舉屈原《遠遊》之詞，謂朱晦翁歎其得長生要訣，而渠只作養生家常談，以破夢仙之惑者，豈渠見高出吾晦翁哉。蓋晦翁讀屈子之辭，見其悠揚擺脫，神思忽飄然，故其言曰「可以長生」，翁非言仙也。續讀唐一庵、錢緒山二秋官佳製，唐謂有人道，有仙道，仙道既入夢，則人道尤不可不覺。錢謂有凡境，有仙境，志聲利者逐凡境，耽仙釋者溺玄虛，皆不可與論道。必欲東原子反而歸之正，諸論皆吾儒正大格言，予不容辨矣。但以予十年前夜夢遊一勝地，亦似仙界，左右廣闊，四無人居，中有一屋，上扁「清虛洞天之府」六大字。府前一木橋，甚長，四旁俱綠水青青，冷冷至甚，令人毛髮聳立。頃而覺之，乃夢也。又予外孫林光胤乃禮部尚書謚文修號方齋諱文俊公仲孫。小女歸寧，此孫生予家，方七日，予夢二仙鶴舞予庭，蹁躚可愛。既寤，亦知為夢。又預占吾女當得二男孫，必壽且貴，遂先乳名光胤曰大鶴。即此觀之，則東原夢仙之事，似亦有之，未可全以為幻也，但彼時只論夢耳。近三年來，讀書甘泉精舍，獲與四方君子講明理學。又琴劍客遊新安朱文公闕里，握手婺州內閣中翰吳鐵崖，為忠臣令子王陽明先生高弟，朝夕論議知行合一諸訓，乃知人心之靈，與天地相流通，惟其心昏迷於利欲詐偽，故其夢多惡。如予向年驅馳時所夢俱醜齪是也。自歸田後，心無外慕，故其夢多清，曰仙界、曰仙鶴，亦豈偶然哉！夫以予本來面目，不過鄉村一匹夫耳，年來心清，尚能使夢清如此，矧吾東原為風雪翁仲器，有仙風道氣，又與同志者時講仙學。考其足跡所至，泛錢塘，遊雁蕩，濯苕溪，過洞庭，穿張公洞，無非名山勝水仙境。其精神意向，日與流峙相通，高人名士相還往，凡身外一毫名利不與焉，故其夢多仙，而仙亦時入夢者，容或有之，非必求真仙而得之也。卷中諸君子，予未及親炙，一庵、緒山則道義舊交，論俱詳盡。予，俗人也，亦妄誕附題卷末，以見吾輩夢仙者，多自清心寡欲始。蓋心能清，欲能寡，縱夢非仙，亦多青山綠水與奇蘭瑞草，惡夢不到也。時嘉靖己未六月廿四日，前鄉貢進士、文林郎、知廣東瓊州府樂會縣事、放浪歸僧、莆田愧崖翁桂朝芬甫題於普滿寺大善法堂東楹下。

　　據許臺中跋，是為汪東原作，六如自題，不署年月。墨彩沉鬱，尚未脫周東村畫法，當是少作，然已智過於師矣。六如卒於嘉靖二年癸未，卷後諸跋皆在乙未丙申間，已在六如歿後。翁朝芬言有唐一庵、錢緒山二題，今皆佚去。前大書一律亦脫失，款印不知是唐是錢也。癸卯四月二日，虛齋仁兄索題，時病目甫愈，為記卷尾。念慈。

明唐六如風木圖卷

【引首淡青點金箋，高八寸八分，長三尺四分。】

風木餘恨　吳人許初書。

【圖紙本對接，水墨枯樹兩株，一人倚草墩而泣。高同上，長三尺三寸六分。前幅畫，後幅題詠。】

唐寅為希謨寫贈。

西風吹葉滿庭寒，孽子無言鼻自酸。心在九泉燈在碧，一襟清血淚闌干。唐寅。

【跋紙，凡九接，高同上，長二丈六尺一寸。陸、顧兩題書於拖尾。】

颯颯悲風撼莫林，空山獨夜送餘音。淋漓鐙下千行淚，不盡人間孝子心。京口都穆。

飆風徹宵，林木鳴條。孤兒忉怛，雨泣魂銷。【一解】于以陟屺，不見其形。于以陟岵，不聞其聲。【二解】徒有庋閣，曷致冥漠。徒有鐏罍，曷致泉臺。【三解】顥豈不蒼，日豈不杲。明發有懷，悵鬱以老。【四解】六水陳有守。

由也昔思親，託喻於風木。欲定風不寧，欲養親不祿。千載孝子心，君今繼芳躅。罔極念劬勞，不寐懷鞠育。哀哀蓼莪篇，流涕時在復。西室王穀祥。

天風四山號，腸斷氣欲噎。木聲慘餘音，點點淚成血。師道。

蕭蕭商飆厲，蕭蕭宰木森。有懷徵感切，罔極結恩深。邈矣陳人蹟，傷哉孝子心。那堪雍門路，抱木寄哀唫。吳門袁尊尼。

策策長林風撼枝，孤兒聽到不勝悲。有懷難寫餅罍恥，無語空含涕淚思。衰草履霜千里夢，鳥啼月落五更時。憐君孝念終身在，撫卷燈前續恨詩。陽湖王庭。

宰木號悲風，夙夜無停枝。子欲致其養，而親不逮時。感物動永懷，血淚恒垂頤。大孝在立身，屺岵徒幽思。願爾念所生，三復小旻詩。華亭朱大韶為汝川題。

可歎循陔者，其如孝感深。展圖風木恨，廢卷蓼莪吟。總有千行淚，難窮一寸心。敬身懷不寐，勖矣爾當欽。壬戌玄月黃姬水題贈汝川葉君。

日落悲風忽漸多，豈堪孤恨向庭柯。有懷但灑千行淚，便欲從茲廢蓼莪。皇甫濂。

雲白感遊子，風號興孝思。撫丘惟有淚，攀樹獨無枝。華表崔晨至，松門烏夜悲。永懷那可寄，三復蓼莪詩。長洲張鳳異。

涕淚知難盡，逢人阻獻酬。家林是風樹，父道有弓裘。黃髮期何在，青山事轉悠。應須致狐兔，誓墓且淹留。　未是滄洲意，聊將烏鳥情。繐帷棲服舍，黃絹勒先塋。樹慘冬春色，泉淒日夜聲。何人題孝里，不數子淵名。句吳張獻翼。

荒廬落日照高原，風木蕭蕭斷客魂。清淚沾林數行雪，悲啼隔嶺一聲猿。紫芝若秀堪名里，白兔如馴可表門。知爾寸心渾不願，終天難報是親恩。姬吳王穉登。

拱木成千古，悲風振早秋。鳥銜惟舊冢，鹿守但荒丘。仕楚嗟何及，辭虞恨未酬。明詩君莫展，祗恐淚長流。吳郡皇甫汸。

木落思悠悠，何堪對暮秋。荒煙對馬鬣，斜日照孤丘。萬死身難贖，深情一未酬。就中知獨感，莫怪淚頻流。茂苑文嘉次。

高堂花木閟丹丘，子養親恩總未酬。一片青山千古月，照人愁處倍人愁。

天上雲容不可期，人間雨面只恐垂。傷心掇盡蘼蕪草，惟有秋風鹿兔知。吳郡章美中次。

倚廬青嶂壁，宰樹白華丘。弔鶴隨賓散，慈烏為爾留。終天不忍訣，禫月幾方周。旦夕攀號處，枝間清血流。舊吳彭年。

何處心長折，黃山起夜臺。落月悲猿鶴，寒露滿蒿萊。白華時自詠，玄鳥亦增哀。潛光不能發，文有蔡邕裁。吳下周天球。

丘壟淒風振，松楸動若呼。幽然泉下石，猶念纑中珠。恩渥終難報，心悲意欲俱。無言灑泣處，祗恐柏摧枯。史臣紀。

枝上玄鳥，啞啞庭前。白草萋萋，風號林際。野際腸斷，日兮月兮。

菽水千鍾，不及擔糧。百里無期，九原隔絕。難見窮途，日暮何之。里人吳蕃。

宰木長風更有哀，循陔孝子恨難開。千行不盡皋魚泣，月滿空山草滿臺。陳鎏。

庭柯葉落泣靈烏，腸斷西風淚已枯。重爾百年心尚在，展圖三復念生芻。燕仲義。

百年嘉木正森森，遊子終天不盡心。聽到風枝腸欲斷，淚流長夜恨難禁。有懷脈脈燈搖壁，不寐淒淒月過林。憶昔仲由能孝念，展圖重見在於今。胥江楊伊志。

　　葉落空山風寫泉，九原人正夜長眠。人間孝子終天恨，三復餘哀小旻篇。景山錢邦彥。

　　宰木天風號，孝子燈前泣。幾迴腸裂時，定省今不及。有懷只自知，五十哀更悒。屺岵白雲飛，望斷反顧立。徐仲楫。

　　有親如瞽瞍，廈災是所宜。有身如羔魚，胡自殘親枝。不如東洋君，展圖常相思。圖繪風木人，循陔淚淋漓。聞者莫不傷，況乃身親之。欲養親不存，報之無所施。抱圖遍天涯，乞言永昭垂。我感烏傷情，為題烏情詩。眾詩靡不佳，我獨心驚疑。我親苦不全，有母幸康頤。死者恨難返，生者尚別離。捨圖負米歸，欣奉百年期。

　　展圖堪歎爾循陔，千載情同一樣哀。空谷暮號聽送響，颯然四大為崩摧。三衢周聖恩。

　　甲戌長夏，旱魃為虐，四旬不雨，焦悶如灼，無以解憂，漫展此卷，狂風大作，陰雲四起，微雨點滴，頗有得沛甘霖之望，喜而志之。時六月十日午刻也。

　　悲辛滋味淚縱橫，兒女古今情花外。麒麟高冢門前，稚子啼聲。

　　蕭蕭木落，歲寒相對。鶴怨猨驚。獨倚西風。寥闊掩關，高樹冥冥。

　　不妨老榦自扶疏，淚落獨憐渠。明月別枝驚鵲，冷煙寒樹啼烏。　　悲歌未徹，雙眉長皺，曲几團蒲。推枕惘然獨念，人間萬籟號呼。右調《朝中措》，集辛稼軒詞題唐六如《風木圖》。此卷十年前於海上見之，舊為馬寒中藏，後歸陸願吾，最後歸張約軒。張氏後人珍若球璧，求之弗得。踰數年，聞此卷已歸他姓，歎惋累日。今秋于役杭州，張氏後人忽以此卷寄示，煥若神明，頓還舊觀。乃知歸他姓者，皆鱗爪耳，其驪珠自在也。因屬張氏之戚秦觀察澹如為余和會，以重價得之。書此志幸。同治十二年季秋，山陰舟中艮庵並識。

明陸包山麓山弔屈圖王祿之行書九歌合璧卷

　　【圖絹本，設色山水，高七寸四分，長二尺七分。】

　　嘉靖乙卯仲秋，後學陸治補圖。

　　【書紙本三接，界烏絲格，高同上，長一丈四尺九寸七分，《九歌》文不錄。】

　　暇日偶讀《騷》至《九歌》，適有素卷在幾，遂援筆書之。嘉靖甲午秋八月朔，谷祥。

【跋紙一，高同上，長七寸三分。】

　　毅以乙未春日過王先生酉室中，得其所書《九歌》以歸。越八年，罪謫浮湘，便道登麓山，看夕陽江面，展王翁所書，諷詠久之，覺林木皆振響也。篋庵吳君為作《麓山弔屈序》。丁卯，蒙恩得歸。姑孰舟次遇舊交陸叔平，更為之圖，且命毅以序與歌合成一卷，周黃中又為篆其首。侈哉！獨以當日直慕好吏部筆法，袖以出入，不意成懺。至篋庵謬以屈子相仿，則過矣過矣。然一時放逐之地，偶同古人二三子文致一佳話，是亦不可忘也。竹叟毅謹識。

【跋紙二，界烏絲格，高同上，長一尺九寸五分。孫爾準書於拖尾。】

　　王祿之書法流麗，略從哀冊出入，有時作小詩雜畫，意致殊絕。官吏部時，嚴分宜有所屬，即掛冠歸。問學品格，皆迥然塵外，今日尚得此等人耶。余更收其手札一通，蠅頭小楷，即在名字之左。近來吏部只費濃墨，作名帖耳。孫竹叟，不知何人，跋語亦可觀。彼時能入祿之之室，想非凡流。陸包山又其舊交，蓋可想見。子長云「附青雲之士」以自見。使孫公數筆不綴於王、陸二君墨蹟之後，安得存留於世乎。隆武二年初夏，塞翁識。

　　包山畫崢泓蕭瑟，如臨洞庭之野，欲脫屣湖上青峰，御風而去，可謂能移我情矣。祿之書亦是文氏門庭中人，而疏雋別具標格，足稱合璧。惜周黃中篆書不可復見。此卷戊寅歲曾一見之，而不能有，今乃為可樵司馬所藏，喜而志此，慶名蹟之遭也。嘉慶庚辰端午後二日，句吳孫爾準書。

明陸包山潯陽秋色圖文三橋隸書琵琶行合璧卷

【引首點金箋，高八寸八分，長二尺九寸八分。】

　　潯陽秋色　舊吳彭年。

【圖紙本，設色山水兼人物，高七寸，長三尺一寸四分。】

　　嘉靖甲寅九月，包山陸治作。

【書紙本，界烏絲格，高八寸八分，長四尺二寸七分。張錫庚題書於拖尾。】

　　《琵琶行》【文不錄】

　　叔平丈作《琵琶行圖》，予為書歌於後。書雖拙，附叔平丹青以傳，則予有大幸矣。三橋文彭隸古。

　　叔平山水雖派出衡山，而秀逸清勁，愈簡愈遠，愈澹愈真，直可入悟言室中，抗置一席。此圖江天浩淼，秋色蕭疏，楓葉含愁，荻花帶怨，能使樂天

抑鬱之氣畢現楮墨間。此傳神之筆，不當作繪事觀也。文三橋隸古亦有自在流行之趣，與畫為雙璧雲。丁巳夏六月，張錫庚題。

明陸包山垂虹別意圖卷

【紙本，淡青綠山水。高八寸九分，長三尺二寸八分。四邊界烏絲闌，題款書於闌外。】

楊季靜高雅幽潔，善談名理，以琴遊於縉紳間。兵部盧公與之結素心交。季靜遠遊，公題詩扇頭贈別，諸名公皆有詠識，余為補《垂虹別意圖》，聊以當柳一枝耳。包山陸治。【跋紙高八寸三分，長二尺四寸三分。】

亂雲如海湧晴山，太古峨眉杳靄間。誰似蕭然林下客，靜看流水意俱閒。文彭。【隸書。】

望中煙樹連三楚，天際雲山接九疑。一路子規啼不了，黃陵廟下落花時。　　楚天春靄曉氳氳，十二峰巒望未分。夢斷高唐人不見，空勞宋玉賦朝雲。　　亂山隱見春雲外，三戶依微曙色中。一段瀟湘千里意，展圖省識米南宮。　　此余舊題白陽《楚山春曉卷》者，偶見此圖，頗亦髣髴，漫錄一過。谷祥。

明陳白陽山水卷

【引首紙本，高四寸七分，長三尺二分。】

畫外別傳【篆書】

雁門太史白椎拈佛，從清淨本然中現出山河大地，一時入室弟子，若叔平、叔寶、商谷、夷門競作香象義龍，分河飲水矣。戢白陽樵子撒卻金針玉線，倒拈無孔篆，吹徹古輪臺，所謂無佛處稱尊，高揚師子吼咄。此卷有人下得一語，便令「樹樹生秋色，山山吐落暉」。珍重珍重。石天禪人顥。

【圖紙本對接，水墨，高同上，長七尺七寸二分。】

道復作。

【跋紙，高同上，長四寸二分。】

王弇州云：枝山書法，白陽畫品，筆墨中飛將軍也。當其狂怪怒張、縱橫變幻，令觀者辟易。此卷高不踰五寸，最難放筆，而煙嵐水霧，森乎無際。杜拾遺詩「江流天地外，山色有無中」，若為此詠。聞先生中聖後揮灑如雲駛空中，莫可端倪。此泚管時不知索郎幾斛矣。悠然想其奇懷。壬午花朝，題於停雲館。後學文從簡。

明陳沱江花卉八種卷

【紙本對接，水墨，一牡丹，二繡球，三百合花，四荷花，五芙蓉，六秋葵，七梅竹，八山茶。高八寸八分，長七尺二寸八分。無款。】

【跋紙，高同上，長三尺九寸三分。】

沱江先生諱栝，乃白陽先生仲子，清曠高雅。其畫多寫生，不事模擬，綽有逸趣。此卷在初年作者，尤為精絕，與世所傳特妙甚。披閱一過，漫爾識之，俾我後之人，知所珍重云。甲子七夕周天球。

寫生之妙，白陽真得法家三昧。子正後出，而運動過之，鑒賞家咸稱焉。子正先生外寠跌宕，其中慎密，且篤孝友，余甚慕之。披圖興懷，並存其概。太原王穉登。

寫生以生動為難，而不假丹青，淋漓水墨則尤難。沱江此卷，深得白陽先生之傳，是父是子，勝於徐熙之子乃作沒骨花者遠矣。公瑕、百穀兩先生賞鑒，董狐跋語，俱可傳也。雁門文震亨。

畫之寫生，猶詩之詠物，貴形似而又極不貴形似。古云：傳神寫照，正在阿堵中。東坡謂橫見側出，如燈取影，方為得之。白陽父子妙解此意，故各入佳境。如謂家學相承，猶是從門入，不是家珍也。楳庵程胤兆。

沱江畫，余得數種，有極精工者。此卷墨戲，尤覺天真爛然。清齋晴晝，足伴茗椀爐香也。戊寅正月廿三日雨牕書。江村高士奇。

明文休承莫廷韓合璧前後赤壁圖卷

【引首紙本，高九寸，長一尺九寸九分。右角一印，模糊不辨。】

赤壁【隸書】，文彭。

【圓紙本，凡兩段，皆水墨山水。第一段高九寸，長一尺九寸二分。】

癸亥秋日補圖，茂苑文嘉。

【第二段高同上，長二尺。】

乙丑三月八日補圖，雲卿。

明文休承採芝圖卷

【引首綾本，高九寸五分，長四尺四寸。】

風雅人宗

恭祝復翁老公祖壽年，家鄰治生宋學洙拜手。

【圖紙本，淡青綠山水，高同上，長三尺五寸七分。】

《採芝圖》，乙卯六月寫，祝復翁太守華壽。文嘉。

【跋，綾本對接，高同上，長一丈一尺二寸七分。】

奉祝復翁太老公祖榮壽小詩並引求教正

　　郢與荊，海內形勝，輔車相依，其間桑麻相映。燈火相照耀之地，三代時，楚宮庭相望焉。秦同為南郡，漢同為臨江郡，唐同為雲杜、荊門，宋同為荊門軍，至先明則荊門、當潛，又同為荊州府。比嘉靖入繼，然後升安陸而以荊、當潛附庸之，故荊之於郢也，如一祖父母之子，而東房西序也。是以郢之有賢公祖，即如荊之有賢公祖，同為一父之子，可共晨夕贊說而已。至文南以文字聲氣，兼之姻親譜牒，從諸年社所聞賢祖父風聲，若黍籥吹而庭堦兄弟一堂，歌頌拜舞也。因是承聞我復翁太老公祖，以篆籀奇靈，幼擅宏文，蚤裕經濟，以剔釐勳，荷帝簡，出守是郡。三年來，政簡刑清，民安事治，以逮遠至邇寧，胥儷士貴，七邑人靡不頌樂只焉。至郡事之尤關廟謨者，則荊有禁軍、郢道協鎮，夠菽糗糧，以及盎缶，一切太守提挈而轉輸之。萬人億馬之需，有勒以期程，曾不崇朝者，聞諸年社我公，感之以誠，行之以恕，誨之以公，忠而復責之以勤慎，軍事遂無不先諸郡者。事集矣，乃始與海內風雅之士，樽酒論文，登高賦物，以名片提唱，為郢里陽春。一時屬和者人方縮筆，而雅道固已遍江漢矣。抑公有清世之具，而有物外之心；有高世之才，而有鑒物之鏡。吏隱一堂，已見鮑、謝逸致矣。乃尤倦想幽人，若賦倚蘭、茹紫芝者。予年兄弟方劍子鱗，時以潘、陸才華，為阮、徐心事，昔亦文人近同，羽客數古，所謂有道者。我公愛其詩，重其品，珍惜其筆墨物色而旁求之。每聞斯義，則扶風之於矯慎，而幅巾以見康成也。真大雅之林，古人之事矣。方子感無從書。今三夏之月，為公嶽誕之辰，過訪於文南，欲集荊之文人紳士言，以為公壽。曰：艷錦非煙霞事也，將勿勤諸子乎。文南拜而受命曰：是固吾郢與荊一祖父一家人子弟之義也。況諸子亦以蚩蚓儷騷壇之末，雖下里之言，無當提倡，其於我公，所宜奉盤劍以趨牛耳者也。爰不鄙不文，而僭為之引，且徵言焉。所云《擊壤歌》而封人祝者乎。

　　五嶽視諸侯，四瀆明淵藪。造物此鍾奇，南北耀星斗。古來將相人，毓靈見高厚。公以北海靈，胸懷包二酉。美績著殿廷，一麾南國守。惟茲稱郢門，三楚猶肩首。西南方用兵，此地若樞紐。六寓聽風聲，四民雜粮莠。公以經緯才，試此剚犀手。赴事若追風，靖民若保姆。將相既和調，兵戎無掣

肘。禮士即人師，欽賢若勒卤。萬軍萬馬身，一庭靜槐柳。乃辟吏隱堂，清池鑒牝牡。琴鶴伴樽罍，壁篆綠蝌斗。高才舊李邕，文筆不脛走。海內文章士，江海猶渤溲。廣廈萬千間，庇人尤善誘。日日青蓮詩，騷情滿人口。大洪八嶺間，祝頌同栲杻。公以伊旦格，不棄沮溺耦。吾友吟漁簑，公以採充琇。島瘦與郊寒，大冶融金鈕。高士感知遇，蓮香動泥藕。爰以告馬牧，松喬頌我後。惟茲鄖與荊，古昔同符剖。燈火且分光，士民錯戶牖。以茲兩郡情，如共祖父母。鄖尤譜牒緣，兄弟而師友。同分嶓岷流，共仰崑崙樓。此日詠南山，何異民託部。漢濱多老人，扶風憐逸叟。應是仲彥翁，仙學堪箕帚。敬謝青雲人，鍾鼎為眉壽。鄰治下江陵後學鶴津野史王文南頓首百拜敬題祝。

時維季夏，日勁花明，風涼槐□。鱗一葉扁舟，再登吏隱堂，為復翁太老公祖岳誕，稱萬壽觴。自念蚓吟蛙鼓，不堪重陳，敬集同人頌禱之詞，更繪山水之圖，上獻宗壇。雖老祖臺盛業高風，非筆墨能盡，而諸子長歌短詠，比童叟偕歡鱗也。頂束黃冠，曲慚白雪，但知老祖臺異日鼎鼐之地，靡非丘壑其胸，年年此日，橫筵江上，愧乏南飛妙韻；拾橡林中，永懷南州懸榻矣。情不能已，謬續貂尾，聊佐碧筩。重登吏隱照澄塘，穎士安誇樹影涼。特譜同人飛鶴曲，來稱太守碧蓮觴。煙霞胸貯知無際，亭榭風留壽此方。野客渾忘官舍肅，歡歌松竹縱清狂。治教下社晚生方鱗時頓首具草。

明文休承雲山圖卷

【圖紙本設色，仿小米山水，高四寸六分，長七尺，前畫後題。】

欲雨不雨山模糊，雲里人家似有無。問奇不知何處客，扁舟日暮來西湖。

初霽雲煙斷復回，水村山郭景霏微。禪居只在溪南北，欲訪高僧路已迷。

癸酉夏日避暑長干僧舍，雨牕承玄洲尊親移酌相訪，寫圖並題以紀興耳。茂苑文嘉。

【跋紙，高同上，長二尺一寸三分。】

雲山煙樹望中迷，茅屋人家隔水西。讀罷殘書春晝永，短牆喔喔一聲雞。朱朗。

雲山疊嶂翠模糊，深樹茆堂隱若無。莫向昔人論畫品，開窗聊對謝公圖。彭年。

雲山森森樹沉沉，誰搆茅堂傍碧岑。簾卷東風人不見，滿林啼鳥落華深。許初。【篆書。】

雲山隱隱遠囂塵，苑屋悠然傍水濱。此地難留車馬客，小舟常載讀書人。
沈大謨。

曲水荒村郭外居，隔林雲樹半蕭疏。漁翁收拾魚竿去，拄板青山暮雨餘。
文元發。

【跋紙二，高四寸七分，長八寸八分。】

抱琴散步碧山幽，雲壑千重錦繡浮。一個苑亭如斗大，如何自得許多秋。
三橋文彭。

逐水尋源轉澗阿，白雲青嶂益嵯峨。上方桃片不知處，隔嶺時聞採秀歌。
師道。

明董文敏仿米南宮山水卷

【紙本水墨，高八寸一分，長四尺五寸一分。項孔彰題書於本身。】

舟泊升山湖中，即趙子固輕性命，寶蘭亭帖處，詰旦，吳性中以顏公真
蹟見示，為臨二本，因寫此圖，記事並繫以詩。

桅樓徹夜雨催詩，果有蛟龍起墨池。要知魯國揮豪勢，但想將軍舞劍時。
癸丑九月廿五日，玄宰。

董宗伯，真米南宮後身也，從來仿米家書畫者，如高房山、方方壺、沈
石田多人，未有若宗伯之得其神韻如是卷者矣。項聖謨鑒定。

【跋紙一，對接，高七寸九分，長二尺五分。】

先王父與董文敏先生交最久最深，先王父雅愛其書畫，然字或易致，畫
甚難得，屢以楮縑求畫，非經年累月不能致也。蓋先生自珍其畫，殆惜墨如
金，故其來札有云「弟非身閒心閒，值天氣澄和，遇山巒明秀，斷不落墨，每
每出於弟家，贗者居多，而特不以是欺兄，但不可限於時日耳，倘兄於他處
得弟畫，須認真楷題詠者即是」。先王父嘿識其語，適於郡中獲先生《升山圖》
一幅，歸而移質先生，果云的筆也。余時閱斯圖，極其淡遠，脫盡畫史蹊徑，
渾融天成，侔於造化，儼如身在山中，煙雲生於履舄，峰嵐出乎襟袖，雖尺幀
而具有幽深之勢，那令人不歎為仙筆耶！馮秉恭謹識。

董宗伯翰墨妙天下，無智愚皆知寶之。然而有不足寶者，碔砆之璧，魚
目之珠，遂使觀者棄去。竊歎宗伯之真蹟不可多得，苟能得之，其足以動人
流連把玩而不已者，必有以入人之性情，而非徒染翰為工也。今觀是卷，墨
汁淋漓，氣韻超邈，是宗伯之得於性情者深，故著筆高邁，令人不可幾及，然
則大者見於文章德業，而以其餘作小小書畫，輒令人移情，一至於此，宜昔

人輕性命寶翰墨也。是卷不獨有畫，而有書又有詩，三美具矣，將百世寶之可爾。己亥觀月朔有四日，沈禧昌書後。

【跋紙二，高九寸五分，長一尺五寸。何子貞、方夢園二題，另書拖尾。】

董宗伯天資絕倫，加之嗜古博覽，手眼高出一世，故其筆墨迥別凡俗。早年所作，能事具備，直與南宋名家並驅爭先，中晚則遞變，最後天真爛漫矣。一時聲價特重，贗作紛然，耳食流傳，世罕識宗伯真面目者。茲卷仿大米，筆墨淋漓，氣韻虛活，又其變法也。元老得之，懷如拱璧，偶攜示招提，暑月展對，覺雲霞撲人眉睫，真異物哉。因思宗伯固香山、坡老一輩再來人，登休明之朝，從容文學侍從之列，得以遂其翰墨文章之志。懸車之年，優游泉石，世瀕劫火，乃返眾香，為天地間完人，何其厚幸也。設如宗伯者生稍晚，或生今日，能遂其志乎。又不知其作何面目矣。余因掩卷重為之三歎，乙未季夏題於金粟山房，古農楊補。

董、巨正脈，惟思翁得傳。此卷雖仿米南宮，然筆法仍歸之北苑，真丹青寶筏。後學師模玄翁，當寶藏之，不可作尋常觀也。湘碧王鑒。

觀香光題語，則此圖為舟中看帖記事而作。乃圖中無一船一幾及主客二人者，直以沉著馳騁之意，寄於畫中，欲以肖魯公書意，即以是為記事耳。奇想創格，矜喜之態，見於毫楮。吾固知先生動筆作畫之初，並非為記看帖事，而子固蘭亭落水之在此地與否，更屬無涉也。題句云「要知魯國揮毫勢，但想將軍舞劍時」，則所看顏公蹟乃裴將軍詩也。此所謂真蹟，不審是墨蹟是石刻。若石刻，則余見之於忠義堂帖中，奇古堅渾，兼篆分法，游電震雷，蓋肖其舞劍。香光臨本，余亦屢遇之，殆難近似，時代所限，又魄力相遠，固不如臨《天馬賦》之彷彿餘顛也。魯公以書肖舞，香光以畫影書，妙師其意，不欲人測，又恐竟無人知，故題語及詩互明之，可謂狡獪變化也。畫意固佳，然亦因紙厚，使筆鋒堅入，而墨氣騰驒。彼書畫家好使光膩薄楮，用筆專務輕便者，以為有林下風可耳，不成丈夫也。東洲居士何紹基題應敬叔太守兄，時庚戌七月同在杭州也。

魯公書肖舞，香光畫影書。筆端鼓造化，滿紙煙雲如。模糊倍覺山態活，湖上蛟龍氣為奪。看帖作畫真離奇，妙絕東洲數行跋。前身的是米南宮，存存居士評最公。高方壓倒何況沈，揮毫兀比將軍雄。我雖不能畫，頗亦識畫趣。想其未落墨，腹稿已先具。果然遺貌專取神，烘染勝過牛毛皴。畫家四格無如逸，轉笑荊關劇苦辛。同治戊辰八月，夢園方濬頤。

明董文敏書畫卷

【藏經紙籤。】

董文敏書畫合卷，上上逸品，恭平生真賞。

【圖紙本，對接，水墨山水。高七寸四分，長九尺五寸三分。前半幅畫，後半幅書。】

仿倪雲林小景，玄宰。

夕陽渡口見青山，誰識其中有許閒。君本為樵北山北，賣薪持斧到人間。戲寫江南雨後山，平林遠浦接荒灣。憑誰寄語盧鴻乙，為我草堂添數間。雲林自題畫詩，董其昌書。

明項墨林梵林圖卷

【引首淡青點金箋，高七寸九分，長二尺五分。】

梵林。【篆書】

【圖紙本，設色。樹石屋宇人物作僧僚談道之狀。高同上，長二尺六寸八分。】

項墨林作梵林圖。【隸書】

【自題紙對接，高同上，長七尺二寸。】

經聲時起振空山，花雨霏霏雙樹間。滿座涼颸清佛境，一庭黃葉閉禪關。右雙樹樓間集限「間」字韻，作梵林詩，並前為之圖以贈雲墨林居士，項元汴書。

余之拙筆，固不足以起時目，僧主當存之篋笥，以俟後之名人詞翰品題，余楮切不可委諸俗陋，使有續貂之歎。懶墨記囑。

明李長蘅松陰高士圖卷

【圖紙本，水墨。山坡下松樹九株，三人立於林中作顧昉狀。高八寸六分，長四尺四寸七分。】

戊午冬日，畫於檀園慎娛室。李流芳。

【跋紙，高同上，長三尺九寸二分。】

長蘅初弄山川，僅遊戲耳。頃見此卷，真得董、巨三昧。山谷論書畫，以沉著痛快為宗。東坡題道子「吳生下筆氣已吞」，長蘅足以當之。由其胸中有萬卷書，助其羽翅故也。陳繼儒題於頑仙廬。

明卞潤甫谿山秋色圖卷

【紙本，設色山水。高八寸九分，長一尺四寸九分。邵志純題，書於藏經紙，其餘諸家題詠書於拖尾。】

谿山秋色　癸亥春日，卞文瑜寫。

槎客先生甲子周，圖書堆滿拜經樓。詒謀近得生孫喜，寄與谿山一卷秋。乾隆癸丑春，錢唐後學邵志純拜手。【隸書】

乾隆壬子，余六十初度，邵右庵徵士以卞文瑜《溪山秋色卷》見遺，時方舉一孫。後數年孫失，而右庵之歸道山，亦已久矣。每展是卷，輒為之心隱。今冬復得一孫，屈指前事，不覺十五寒暑。念日月之如馳，恨故人之不作。詩以識感，並邀諸同志和之。

邵平一卷贈吳蒙，十五光陰小劫同。粉本谿山無恙在，文章何處哭秋風。當年賀我孫枝茁，豈料如團掌上雲。向使兒童躋志學，也能扶祖拜君墳。遲來豈敢問充閭，庶使詒謀望不虛。幾欲栽詩酬地下，還愁錯寫弄麞書。嘉慶丁卯十月望日，兔床漫叟吳騫。【隸書】

張範交情見古風，谿山猶愛畫圖工。最憐十五年間事，泊滴西泠宿草中。

梧枝老去又生孫，先友拳拳誼獨殷。畢竟谿山毓靈秀，金環依舊認羊君。

詒謀屬望感堯夫，此夕披圖願不虛。留待長成還說與，遺箋曾為阿兄書。拙句奉和兔床老伯大人元韻題請教正，半圭姪陳敬璋拜稿。

卞家尺幅邵家藏，獻紵遺風感甚長。留得秋山無恙在，依然蘭桂滿庭芳。兔床尊伯大人正陳鱣題。【隸書。】

槎客太先生以先君子贈卷述懷酬唱並命小子賦詩謹用原韻錄呈垂誨

淋漓墨瀋畫圖中，展卷依依手澤同。十五年前佳話在，詒謀預報主人翁。

一時酬唱記紛紛，各挾新詩續舊聞。遺蹟藉公垂不朽，千秋友誼感殷勤。

積善從來慶有餘，芳蘭果又媚庭除。而今溯與先人覺，料得泉原意亦舒。嘉慶己巳上巳後一日，邵書稼擬稿。

明程孟陽山水卷

【紙本，兩接，設色。高五寸六分，長一丈二尺七寸一分。】庚午春暮，洞庭葛山人實甫，同一雨禪師訪余墊巾樓中，盤桓信宿，復偕余與仲扶弟泛舟湖山，晨夕詩酒之樂，而仲扶明發京口，將有太原之行，賦詩惜別，即景繪圖以紀。

新酒殘花奈遠行，曉風吹席過山城。湖波自作留人色，巒翠猶懸宿客情。話得禪心兼俠骨，圖將難弟別衰兄。林丘曾並攜琴到，萬里春愁一夕生。偈庵嘉燧並識於松陵舟次。

明楊龍友祝陳白庵壽山水卷

【灑金紙簽。】

楊龍友山水　吳幼民、李行遠七律三章，楊龍友七古一章，董香光總跋。道光二十八年戊申十二月之吉，環渚生費丹旭為瓜纑外史題。

【圖綾本，水墨，高八寸五分，長三尺六寸三分。左角一印，模糊不辨。】

丙子秋日畫祝。吉州，楊文驄。

【跋綾本對接，高同上，長七尺六分。】

陳白庵太翁五十壽時丙子重陽次日也詩以祝之。

誰司玄籥啟天門，為敘秋陽刺史軒。甲子才周三百遍，道經已著五千言。侯鯖不嗅絕無滓，皇覽初挨度自掀。可怪賓朋多合氣，芝盤仍認是萸尊。年家寅晚生吳兆瑩拜贈。

陳白庵丙子五十，初度重陽次日也，吳幼民祝以七言屬和和焉。和久被入蘭之薰，兼逢倒松之盛，遂忘蕪陋，拜手再賡。

玄白相生妙眾門，筆嘉字氏自姚軒。卦符大衍通無極，頌獻三多有溢言。兩度重陽原勝賞，九冥閶闔任翻掀。獨從調鶴攜琴外，貰酒無錢倒客尊。善祝稱君比羨門，摩挲金狄拍熊軒。可能柱杖堪持贈，亦有韋編佩格言。青白方瞳心爾許，虬龍蒼髯手常掀。誰家猶剩清秋興，涼脯應留佐壽尊。通家寅晚生李瑞和貝草。

芙蓉秋浸太湖水，玉壺清沁仙楢裏。錦衣朱轂曉憑熊，昨朝瑞氣龍山紫。尚餘茱菊泛流霞，父老躋堂稱酌兕。官廚猶掛盧江魚，璽書將賜涼州履。只今九月霜葩開，嘉禾同穎鳳皇來。萬頃波光連震澤，祥雲縹緲候仙臺。屬下楊文驄頓首拜祝。

白庵老公祖，神仙中人也。惠遍毘陵，雞犬桑麻，宛然仙都矣。吳、李兩君因懸弧之辰，登高作賦，詞極芳鮮，龍友彩筆凌霞，搆茲異境，仙家眷屬，皆不作凡響。八十二老人睹此勝事，何異靈山一會耶。丙子九月，董其昌識。

明楊龍友蘭竹卷

【紙本對接，水墨。高八寸三分，長五尺四寸。】

無補社兄筆墨妙天下，而有嗜痂之癖，戲作此請正。誰謂嶺上白雲，不堪持贈耶！壬子九日弟楊文驄。

明趙文度溪山無盡圖卷

【引首灑金箋，高六寸三分，長二尺九寸八分。】

《溪山無盡圖》

以通長丈六之紙，高止五寸，真有千里之勢。而筆致超逸，邱壑精微，諸家畢備，洵是文度平生傑作。禮存壻攜示，玩賞至再，為題卷首，禮存其什襲珍之。庚辰春仲恭並記於毘陵寓齋。

【圖紙本兩接，水墨山水。高六寸，長一丈六尺一寸。】溪山無盡圖，丙辰六月避暑菜香庵寫此。趙左。

明陳眉公霧村圖卷

【圖雲母箋本，兩接，水墨山水。高九寸二分，長一丈二尺三寸九分。卷首微有破損。】

索□□風鳴，凝凝釀春雪。窗前梅數枝，映帶蘆花月。雪牕偶吟。松雪翁作《雨村圖》，余作《霧村圖》，但增霜雁數點耳。時丙辰臘月，眉公陳繼儒記。

明朱文豹蘭石圖卷

【引首紙本，高九寸二分，長二尺七寸九分。】

《登壇蘭石》

湘帆年兄收藏，朱文豹閫帥墨蘭，屬為題此。嘉慶丁丑秋，陳希祖識。】

【圖粉箋本，對接，水墨蘭石芝竹。高同上，長八尺五寸六分。楊龍友題於本身，高江村、朱茮堂兩跋，書於拖尾。】癸酉秋日，雨窗清暇，寫此紀興。朱蔚。

風吹素襟，長嘯蓁莽。不尋斧柯，悠然自賞。楊文驄題。

朱蔚，字文豹，華亭人，以韜鈐為閫帥。善山水花草，兼工墨蘭，深得文太史風韻。此卷天真爛熳，若不經意。葉葉蕭灑，自有逸致，真所謂超出物表者矣。松雪翁曾有自題句云：光風泛崇蘭，芳氣美無度。誰能與桃李，開落爭遲暮。與此後先輝映。乃知筆墨自有淵源，各盡所長，亦未易判其優劣也。庚午仲春，江村高士奇題於谷蘭齋。

墨花飛舞筆清剛，貌得風前九畹香。想見登壇威猛象，掃除榛棘護芝房。煙驅雲驟勢難降，一片清湘綠到窗。楚弓楚得添佳話，【當作楚得楚弓佳話在】同心應自託蘭莊。　　　湘帆大兄大人得此卷，屬題二絕，道光七年丁亥閏五月，弟為弼並識。

明項孔彰林泉高逸圖卷

【紙本，水墨山水，高一尺七分，長三尺九寸四分。馮修盦題書於拖尾。】

《林泉高逸圖》，項聖謨為魯魯山畫。

與魯魯山交二十年來，見其虛中好道，略無倦色。然余未嘗有一水一石及之者，非吝也，自知吾道尚未到絕頂處，則不敢以存賞識家耳。近得黃子久《秋山蕭寺》真蹟，又縱觀祖君所舊藏子久《谿山雨意圖卷》，始能自信。正得意時，魯老知余在寫山樓下，乃大叫闖入，於寒溫悲喜之際，遂論書畫，以為生平曾未得余寸楮，為世人所笑，誰謂魯山之與易庵交也。余因索紙橫幾，寫此未竟其半，李醉鷗出名酒飲之，快聚雲樂，酒盡雨飛，懷之而歸。魯山則依依不捨，把臂數百餘步。明日，大雨不絕，忽聞林外有聲，則魯山笠屐而至，不知余從醉夢間，便聽雨待旦矣。松窗一白，急為盥沐捉管，峰巒林壑，漸出雲陰矣。魯老見之色喜，及烹洞茶品之，點綴乃已。魯老大悅，冒雨而去。又明日，題之以歸。古胥山樵項聖謨識。

明季收藏書畫，橋李項氏天籟閣為最富。易庵乃子京之孫，三世皆以畫擅名。董思翁嘗稱易庵樹石屋宇，皆與宋人血戰，而山水又兼元人氣韻，誠非溢美。此卷為魯魯山作，筆意沉著，力窮造化，觀其題識，自道生平所詣，未臻絕頂，不敢以存賞識家，足見虛懷力學，下筆不苟，故能流傳數百載，紙墨如新。今為吾鄉萊臣比部所藏，昨攜來都下，暇日出以見示，展玩幾不忍釋，於其將行，謹書數語而歸之。光緒壬辰六月，烏程馮文蔚題。

明項孔彰杏花修竹圖卷

【紙本，對接，水墨。高七寸，長九尺八寸五分。】

春風纔送梅華落，野客無聊到竹林。別有一枝紅杏好，行來三邏碧雲深。正思明日重開步，何苦斑鳩喚夕陰。多少江南華麗物，不堪回首動孤吟。古胥山人項聖謨，於丁亥花朝前五日竹窗漫興。

明五家朱竹墨石合璧卷

【紙本，凡四接，畫分五段。高六寸五分，長一丈三尺五分。】

【第一段，赭墨石壁，朱竹下垂。】

紅竹出峽州宜都縣飛魚口，大者不過寸許，鮮明可愛。

【第二段，墨青石，朱竹數枝。孫、馬兩題書於畫後。】

萬曆戊寅，蘇郡張忠寫於佘山之翠薇處。

萬曆戊寅五月既望，獲觀於蒼雪庵。雁州孫得原志。【篆書】

君侯愛種竹，歲久成清癡。竹感主人愛，化作珊瑚枝。傳神入圖畫，照眼紅參差。夜來一雨過，儼若丹霞池。芳標動伶官，截為玄管吹。置列廟樂中，雅韻私損篢。餘株慎葆護，莫遣蕭君知。等閒幻赤鳳，弄玉同乘騎。留看共品藻，萬古揚清奇。　　萬曆丁亥歲清和月之九日，漢陽公出朱竹卷示余，把玩悅甚，爰作此以續貂，並紀歲月云。江都小亭山人馬應房識。

【第三段，墨石遠坡，朱竹遠近林立。孫雪居題於畫後。】

萬曆壬辰中秋既望，吳苑孫枝寫。

永道方先生較藝南省，文章之暇，清興遄發，几間紙筆具在，硃滿石研，遂寫此君，好事者傳為清玩。

【第四段，墨石，朱竹，圖後空紙，另繪一枯筆墨石，無款，無印，不知何人所作。】

丁未夏日畫於東皐雪堂，呈上雪居老先生教政。錢唐藍瑛。

【第五段，淡墨卷雲石，朱竹分布前後。】

竹之為種匪一，搖拽於幽林靜壑間，有名黃金碧玉者，其色青黃錯雜，則知人世間非無絳衣朱體，紺然而龍也明矣。國朝漢陽守孫公雪居，我明之吳生顧虎也，嘗繪朱竹數竿，電光綽約，霞氣蒸騰，時人寶之，等於彝鼎，相傳者有年，識者不愛金繪以致之。雲間顧元慶什襲而藏縹囊，將俟朗鑒。於是吾錫祝君宗皋一旦得之於風塵擾攘之時，煙火兵燹之際。宗皋豪邁絕倫，當干戈戰爭，代遷鼎革，古高人之遺蹟，將與荊山寶璞並存於荒涼茂草間，而懇懇於片紙赭林，若相見恨晚者，此其志氣，在雲霞碧落表矣。余自金陵歸，宗皋下榻見招，出其藏中法書名繪，種種奪目，以為淘美且好矣。而君曰：此猶孟浪也，吾寔有鍾愛者在。其在斯竹乎，在斯竹乎。諸名賢之鑒賞題贈者盛矣，予無庸贅。雖然，予亦善竹者，余之竹雖不及孫，亦聊抹一枝，以附驥尾，可乎。明乙酉端月，一止道人許儀並題。

【跋紙，高六寸七分，長三尺。顧艮庵題，界烏絲闌。】

余家舊藏有《雪蕉圖》，始於孫漢陽，終於宋石門，凡六種。中間侯、沈、孫、錢亦皆知名士，一時吳中文人，各有題詠，或錄前人詩，或製新詞，凡二十有三人，為逸品中第一甲觀。今見朱竹卷，亦漢陽弁其端，許一止為之殿，凡五種。張忠、孫枝、藍瑛並稱，當時名手，雖題詠之富，不如《雪蕉卷》，然蕉能耐雪，終不能不改其顏色，何如竹之閱寒暑而不變，經風霜而愈勁，其高節更有迥乎不可尚者耶。況朱竹尤為漢陽所擅長，正不得軒彼而輕此。題而藏之，以見兩美之合，且以誌喜云爾。蓉峰恕。

翠尊曾共醉寄新吟，添與筆端春。稱瀟湘竿叟，碎霞澄水，仙塢迷津。帶雨鉏煙自種，紺海挈微雲。霜淚紅綃灑，都是啼痕。　　為倚天寒日暮，料澹蛾人在，曾寫榴裙。映繡簾認得，衹隔一紅塵。掩庭扉，殘照誰主？記桃枝，先有探花人。青鸞杳、紫煙籠處，縈斷秋魂。【集吳夢窗句。】

古林疏又密有斜陽，留住白雲難。是分明錯認，斷霞千縷，飛落人間，卻笑牧童遙指，把做杏花看。驚散雙蝴蝶，空對嬋娟。　　桂掛珊瑚冷月，映碎陰滿地，光洗琅玕。怕湘娥佩解，偷餌九還丹。醉薔騰，芳意多少，不逢君。蒼雪拂衣寒。篔簹谷，待題紅葉，休喚邊鸞。【集張玉田句。】

右調《瀟湘雨》，題《明五名家朱竹圖》。丙辰冬，余守漢陽，兵燹之後，訪雪居先生遺蹟，渺不可得。辛酉夏，僑寓宜都，都人為余言地產朱竹，未之見也。今歸海上，得雪翁此卷，深幸與先生翰墨有緣。第恨宜都小住，未嘗徑造竹所，嘯詠盤桓如子猷故事，為可愧耳。壬戌十月望後一日，過雲樓坐雨書此。文彬。

朱竹古無所本，宋仲溫在試院卷尾，以朱筆埽一枝，張伯雨有「偶見一枝紅石竹」之句。管夫人亦嘗畫懸崖朱竹一枝，楊廉夫題云「網得珊瑚枝，擲向篔簹谷。明年錦繃兒，春風生面目。」丁丑秋九月錄《妮古錄》一則，艮庵並識。

卷　五

王煙客書畫合璧卷

【引首紙本，高八寸三分，長二尺二寸一分。】

西廬漫興【隸書】八十四叟。

【畫紙本，凡兩段，水墨山水。每高八寸三分，長一尺一寸一分。】

【第二段】

仿米家山。

【第二段】

仿倪高士，八十四叟王時敏。

【書紙本，凡三接，高八寸二分，長四尺三寸六分，惲湯許三跋題於本身書後。】

喜嘉客，闢前軒。天月淨，水雲昏。雁聲苦，蟬影寒。聞裛露，滴檀欒。歡宴處，江湖間。卷翠幕，吟佳句。恨清光，留不住。高駕動，清角催。惜歸華，重徘徊。露欲晞，客將醉。猶宛轉，照深意。書唐人三言詩。

結廬在人境，而無車馬喧。問君何能爾，心遠地自偏。採菊東籬下，悠然見南山。山氣日夕佳，飛鳥相與還。此中有真意，欲辨已忘言。　　穮菊有佳色，裛露掇其英。汎此忘憂物，遠我遺世情。一觴雖獨進，桮盡壺自傾。日入群動息，歸鳥趨林鳴。嘯傲東軒下，聊復得此生。書陶靖節詩。【隸書】

觀奉嘗先生遺墨，真行古隸悉備。隸宗漢法，真書規模十三行，表冊行書臨《枯樹賦》，兼米南宮，此學者要訣，可略見奉嘗公一生學力矣。蓋奉嘗與董思翁講正最久，凡所宗向，皆墨林神髓，足為後學之津梁。臨池餘暇，間為米家雲山、迂翁小景，一點一拂，都成逸趣。子惠遊奉嘗公門下，幾二十餘

年，凡有請乞，揮灑立就。此冊為奉嘗公所貽，尚餘後幅，以待興到，抽豪遊戲，而日就衰遲，遂亦不及竟也。余見奉嘗公遺墨多矣，如此冊隨筆點刷，天真爛然，雖畫止二幀，然吉光片羽，已足矜重，正不在多。子惠當裝褙珍襲，奉為世寶也。時癸亥春正月，後學南田惲壽平題。

橋李、婁江相去僅二百餘里，未得一識奉常先生，真生平恨事。而所居之堂為項氏舊物，有先生所題「東野草堂」字，徑二尺許，日夕諦觀，如遇索靖之碑也。今見此冊，知先生年逾大耋，揮灑不倦有若此。因念先生蔭藉高華，門稱王、謝，優游晚歲，德比荀、陳，而詩文翰墨，標映風流，前輩立身行己，學有本原，固非尋常可及。然寒畯之士，蹉跎歲月，迄老無成，聞先生之風，能無媿心乎。子惠精於音律，所至輒推擅場，宜先生待之厚，而有請必應，如南田所云也。後學湯貽汾題。

道光三十八年八月既望，海昌許蓮觀。【篆書】

【跋紙，高八寸三分，長三尺二寸八分。】

西廬太常晚年所作，或書或畫，偶然興到，似不經意，而輒覺神來。近日摹不甚多，似此真妙者絕少，芝生其珍重之。辛卯八月廿九日，因培觀於江夏官舍因記。

煙客先生晚年遊戲筆硯，點墨可寶。此二幀形勢渾厚，氣脈相和，淋漓滿幅，無一筆不從董、巨中來。書法勁逸，出入褚、顏，上接古人之法，下開後學之門，可謂靈心獨絕也。惲南田跋語精詳，字亦神妙，真不可多見之至寶。辛卯九月，觀於鄂城看山讀畫樓。穀原黃均。

奉嘗翁畫法全仿倪、黃，上追董、巨、米。此二幀一仿米，一仿倪，尤其生平所精詣，雖冊非全頁，而經南田翁題識，真吉光片羽，人間不多見也。丁巳秋九月望後六日，桐陰逸史祖永。

王石谷漁莊煙雨圖卷

【引首紙本，高一尺一寸六分，長三尺九寸六分。】

漁莊煙雨圖【隸書】，王時敏書。

【圖紙本，設色。翠竹、芭蕉、柳汀、漁網。高同上，長三尺九寸一分。吳夢白題，書於圖尾。】

《漁莊煙雨圖》

丙辰正月既望，為東令先生。虞山王翬。

疏林一帶映平川，收拾綸竿好放船。最是迷離煙雨外，淺深山色有人傳。　　題東令年道翁《漁莊煙雨圖》並正，檇李弟吳夢白。

【跋紙凡五接，界烏絲闌，高同上，長一丈八尺三寸九分。】題石谷畫《漁莊煙雨圖》為東令年道兄政：蒼茫村徑半蒹葭，積雨溪流汎白沙。一帶輕煙遮不盡，疏林落葉見漁家。　　虞山本芝孫朝讓具草。

人家一半在煙蘿，漁艇歸來衣綠簑。住近湖山寒氣早，茅茨風雨入秋多。【隸書】，題石谷《漁莊煙雨圖》，為東令年道兄正。西廬八十五叟王時敏。

水田漠漠垂楊徑，春社萋萋枳殼花。釣得白魚剛在手，都忘風雨亂鄰家。題畫為東令年社翁正，三山陳騄。

湖光瀲瀲草萋萋，樹色煙籠萬竹齊。中有高人稱小隱，漁磯回首夕陽低。題畫袁重其索正東令先生，武進吳見思。

數里垂楊漠漠天，柴扉晝掩是何年。水車轂轆不知處，只有滄波一釣船。題為東令年道翁，黃與堅。

溪堂水樹繚雲屏，一片春疇照座青。不必京華重入夢，暮煙平楚看鴻溟。題石谷《漁莊煙雨圖》，為東令年詞宗，交蘆錢朝鼎。

漁舟簑笠渡寒河，江畔茅茨隱薜蘿。遠岫半從雲裏出，疏煙收向柳邊多。為東令年道翁題石谷畫《漁莊煙雨圖》，婁水王揆。

橋外煙村隔幾塍，兼葭楊柳掛魰罾。晚來放艇驚群鳥，一度西風唱採菱。【隸書】丙辰九秋下澣，為東令年道長題石谷畫卷，蒙谷陳帆。

落葉蕭疏林影空，荻蘆有徑小橋通。漁人簑笠歸來晚，隱隱柴扉煙雨中。題石谷畫似東令先生正，婁水王撰。

水雲漠漠野煙濃，鼓棹平湖任好風。歸去漁舟隨意泊，不妨長臥月明中。題石谷畫似東令先生正之，下邳張斌具草。

寒溪暝色鳥飛回，隱隱柴扉竹裏開。漁父慣經波浪險，斜風細雨渡溪來。石谷為東令年道翁圖《漁莊煙雨》敬題呈政，何畸。

圖畫樓臺似輞川，溪橋楊柳綠於煙。若教移向此中住，便與紅塵各一天。丙辰陽月題似東令年道翁正，婁東許旭。

萬條寒玉一溪煙，鳥弄歌聲雜管絃。山出盡如鳴鳳嶺，懸知此地即神仙。丙辰臘月集唐似東令年道翁正，吳門宋實穎。

遠水平疇漠漠煙，綠楊斜繫釣魚船。為君指出漁莊樂，不減王維畫輞川。為東令年道長題並正，崑山葉奕苞。

卜築江村野寺間，千松萬竹護柴關。不知何處風波惡，無數漁船入柳灣。　漁莊風景是真圖，又畫漁莊酷似無。何日共君圖畫裏，晴光萬頃對平湖。題《漁莊煙雨圖》兼寄東令先生政之，栢廬朱用純。

修竹疏楊屋數椽，一溪沈綠雨拖煙。短簑兩兩尋魚出，網得湖鮮載滿船。丙辰十月下澣為東令年道翁題並正，古虞丘圖。

田舍園廛生事微，何如此地穩漁磯。蘋花蘆穗多蕭颯，也勝人間波浪飛。題似東令先生笑正，荇溪吳藹。

通津十里柳塘煙，橋外春籽養鶴田。猶有舊人同伏勝，誦書堪老釣魚天。題似東令老年道兄笑正，處安黃晉良。

塵飛應不到江鄉，秋水無言意自長。白髮扁舟人老矣，披圖宛在此中央。題似東令年道兄正，毘陵許之漸。

複館圍牆曲曲廊，畫圖方識是漁莊。輕煙細雨懸罾處，知有高人蹟隱藏。題似東令先生教正，錫山劉雷恒。

瀟灑村莊半水漁，紅塵飛不到幽居。廉纖小雨投竿罷，閉閣焚香好著書。題似東令年道翁正，崑山馬鳴鸞。

虎溪北望半模糊，雨笠煙簑入畫圖。恰似桃花源上路，好憑一棹問漁夫。題似東老年道翁正，膠水金獻士。

魚村蟹舍朦朧處，掀蓬對面不聞語。怪他雲樹不分明，且待月明理釣去。題為東老年道翁正，醒庵曹基。

輕煙漠漠雨霖霖，綠野平疇麥正肥。白髮溪翁垂釣晚，蓬窗遙趁柳陰歸。題為東令道翁笑正，京口寓人潘鏐。

長日輕陰雨暗霏，半篙新漲鱖魚肥。煙中隱隱一帆到，知是先生載鶴歸。步韻為東令道翁笑正，松陵潘耒。

疏疏細雨沒苔磯，杳杳寒煙護板扉。贏得漁翁愁拍手，一春難曬綠簑衣。丁巳正月廿三日，偕蜨庵史子過訪重其老社翁齋留飲，出示此卷索詩，漫題一絕，呈東令先生教正，陽羨陳維崧具草。

藕絲菱蔓趁波流，日暮溪莊漁網收。貪看鷺鷥飛一隻，不知細雨濕船頭。題《漁莊煙雨圖》，似東令先生教正，荊水史惟圓草。

結茅溪上藕花紅，豈有浮名誤釣筒。新買漁船輕似葉，煙波從子畫圖中。東令先生正，錫山嚴繩孫。

此地分明好避秦，風光猶似漢時春。無端煙雨迷人路，逢著漁郎須問津。題漁莊煙雨圖，似東令先生道長教正，梁溪錢蕭潤。

百花潭上魚竿密，五柳門前鶴徑通。盡日市氛吹不到，滿湖煙雨畫濛濛。東令先生正，錫山秦保寅。

桃源有路在人間，達者悠然自領閒。頻訪羲皇通鶴夢，乍回俗駕掩雲關。風飄仙樂歌聲合，影錯庭花舞就斑。我望園林生逸興，春融載酒詠南山。東令年親臺博粲高菖生。

雲壓平林濕霧濃，渡頭狂雨又狂風。誰人換卻湖山去，錯怪來時路不同。題《漁莊煙雨圖》為東令先生教正，錫山華長發。

一灣煙景媚晴絲，釣艇縱橫日未遲。欲得圖中風浪意，急流把舵幾人知。題漁莊《煙雨圖》拳拳久之，名畫引人勝境如入山陰道上，東令先生展卷之時，不知置身此中也，拙句博笑，婁水錢廣居。

去年大水禾大無，田家大半化為漁。安得多收十斛麥，飽看漁莊煙雨圖。丁巳三月題似東令道翁正，悔庵尤侗。

老鶴叫清曉，蕭蕭松影寒。煙江堪放艇，莫作畫圖看。毘陵趙燦。

賦歸三徑未成坡，羨學持竿掛釣簑。老友攜圖來索句，移身宛在此中過。　　疏竹蕭蕭數頃田，碧雲深處有清漣。風波未穩漁莊靜，何日從君問隱仙。右題東令先生《漁莊煙雨圖》，余水金濚。

竹木周遭路不知，笭箸家具擬天隨。簑衣笠相從好，儂是煙波踏浪兒。丁巳春仲題似東令先生清笑，女陽吳之振。

翩翩鶴舞近柴扉，寂寂漁舟繫柳隄。淡雨疏煙人不見，時聞幽嘯竹林西。丁巳四月朔似東令先生正，臨溪金漸離。

楊柳村灣半帶煙，波光草色遠相連。此中有客常呼飲，認取天隨舴艋船。題似東令道翁先生正，鹿床俞南史。

舍南舍北繞溪流，楊柳灣頭泊釣舟。羨殺主人真得地，一竿煙雨盡教收。題似東令先生正之，休陽汪森。

簑笠灘前好問津，愛從畊釣事沉淪。不須洞口桃千樹，應識人間有避秦。題似東令先生併正長水岳淮。

江南五月熱梅天，幾度輕雲弄碧煙。茆屋數家深樹裏，湖邊好泊釣魚船。篔公陸之垓具草。

波光瀲蕩水雲空，細雨寒煙失數峰。最愛山莊登閣望，漁舠亂集綠楊東。題似東令先生粲正，石莊曹林。

水樹浮村共淼瀰，煙簑雨笠轉船時。菰蘆中有人間在，卻待天晴理釣絲。題似東令年翁先生並正，雪井唐珤。

葦花蕎麥白皚皚，有個幽人守釣臺。波面啣魚小翡翠，一雙飛去又飛來。題似東令先生博粲，汪琬。

深柳新蒲宿雨餘，小塘幾折護幽居。不知甲子今何代，莫把閒情問老漁。題為東令先生粲正，非庵陳匡國。

饒他世上足風波，較卻漁莊更若何。遠水斷橋人不見，棹聲和雨漾輕簑。題似東令先生政，竹里彭行先。

極日雲山一半遮，谿回路轉有人家。漁舟欸乃唱歌去，一陣腥風起浪花。題似東令先生正之，德園高簡。

疏柳平川隱釣船，清歌一曲夕陽天。不須更羨陶彭澤，分得官家種秫田。口占似東令先生正，虔州曾燦。

五湖爭長是漁家，繫艇柴門暮靄斜。莫問太康年底事，一簑煙水臥蘆花。西陵丁澎。

何處桃花只亂煙，荻風吹泊打魚船。將魚換酒兼完稅，輸盡沿村放鴨田。　　竹樹溟蒙水繞廬，居停休著子雲書。前林風雨誰相訪，人鶴雙閒笑食魚。　　柳舍蘆汀畫幾層，不須風價說嚴陵。縶他釣碣無名字，老我煙波恐未能。題漁莊《煙雨圖》為東令先生博笑，南園張季琪。

楊柳垂垂映綠隄，魚吹細浪小橋西。濛濛煙雨渾無事，一片疏林鶴欲棲。題漁莊《煙雨圖》，東令先生正之，荊南潘崇禮。

一曲柴荊伴釣竿，數家雲樹晚風寒。人間是處烽煙隔，只合從君畫裏看。【篆書】題漁莊煙雨圖，似東令先生正，婁水周裝。

誰向金烏識主人，野煙山雨畫圖新。一時騷客多題徧，自是漁莊有化身。題《漁莊煙雨圖》為東令先生正，吳江徐崧。

溪山新霽泛浮槎，路入雲林渡若邪。隔浦蘆花秋水外，白鷗飛處是漁家。題為東令道翁正，雲間吳懋謙。

鱸魚蓴菜，五湖東水。國霜飛楓葉，紅雨過沙洲。新漲滿秋江，放艇任樵風。題為東令先生正，松陵吳應辰。

王石谷仿古山水卷

【紙本，凡十二段，每高九寸三分，長一尺四寸六分。每段後瑤華道人題詠，書於隔水絹上。此卷當係冊頁改裝為卷者，今仍其舊。】

【第一段，水墨，瑤華道人兩題，書於前後裱絹。】

萬壑響松風，百灘度流水。

余每喜石谷粗筆山水，此卷較之石谷他作，實為傑出者。甲午夏攜以出塞，於酷暑之際，輒展玩之，頗覺清風謖謖，煩囂頓忘，因每幀題以短句，日未移晷而成，乘興即書之於每幅之後。從此是卷將每充行笥，以供余穹廬旅舍之清賞矣，因志之。長至日燈下，展閱並記此。

山深雨氣收，谷邃溪流曲。松風適引過，竹韻時相續。有客愛煙霞，坐眺獨幽矚。應思落筆間，神會忘塵俗。甲午六月題於娛清書屋，瑤華道人。

【第二段，設色。】

燕文貴《武夷疊嶂圖》。

雨歇雲未斂，林露山半藏。寒瀑泄絕壑，憑虛控危梁。漁罾冒煙出，新霽泛滄浪。臥遊入武夷，萬里一蒼茫。題王石谷《仿燕文貴武夷疊嶂》，恕齋。

【第三段，水墨。】

盧鴻草堂名蹟，余從燕臺貴戚家借橅，復見文太史臨本，因仿其意。

雅是幽人居，松竹間椿柳。草木同生機，書史契靜偶。扶疏一畝陰，熙皞八九口。尺幅摹高風，永為樂且壽。乾隆三十九年六月瑤華道人題。

【第四段，淺設色。】

天際斂雲山盡出，江流收漲水初平。

結廬倚岩壑，清賞誰為侶。縈回水氣和，蘊藉山容古。亭子不著意，小橋通步武。薄曉秋風來，新涼生別浦。甲午六月上澣，瑤華道人題。

【第五段，淺絳。】

仿元人謝雪村《霜林茅屋》。

金颸來遠天，山氣變朝暮。石徑封寒苔，新霜破林樹。高潤落雲際，蕭條滿毫素。茅簷獨坐人，正擬秋聲賦。娛清書屋題，時甲午長夏六月也。

【第六段，設色。】

深柳讀書堂，仿鷗波老人。

深綠鎖垂楊，絲絲覆草堂。琳琅煥棐几，密蔭清縹緗。煙暝村樹合，風來杭稻香。攜筇會文罷，應入水雲鄉。長夏題於旅次，娛清書屋。

【第七段，水墨。】

巨然《寒林蕭寺圖》，耕煙散人臨於西爽閣之南軒下。

寒林接層巘，蕭寺藏遠岫。煙霧自澄霽，境界生寂寥。尋僧堪賈島，覓句應孟郊。巨公那得見，揮翰與神交。瑤華道人題。

【第八段，淺絳。】

風流千載大癡翁，點染丹崖造化功。道人月下吹簫處，知在天池石壁東。右雲松道人題大癡畫句。

巨靈施神斧，靈蹟今古永。大癡運腕力，直與巨靈並。卓哉石穀子，古法心獨領。毫釐千里間，臨賞發深警。右題石谷仿大癡道人，瑤華道人識。

【第九段，設色。】

疊嶺晴煙，仿范華原筆。

峭石夾飛泉，晴嵐斷高麓。瀄汩淨天宇，丹黃繪岩谷。古梁凌煙浮，精藍住雲宿。謂仿范華原，斯真得其骨。甲午長夏，瑤華道人題。

【第十段，水墨。】

徐幼文《溪亭野趣圖》，筆致秀逸，在丹丘、雲西之間。

將童攜古琴，為作溪亭遊。疏林送朝爽，野竹照晴流。俯仰澹襟懷，乘乘何所求。擬身入此中，相對成佳儔。右仿徐幼文《溪亭野趣圖》，秀逸可愛，因題以句。

【第十一段，設色。】

仿趙文敏《鵲華秋色》，耕煙散人翬臨於來青閣。

江村泛秋暮，浦漵增清奇。樹色變紅紫，蒹葭露淒其。農夫荷鋤歸，群羊嬉水湄。意致各閒美，披圖悠我思。愜素亭主人題。

【第十二段，淡設色。】

李營丘雪圖橫卷，疊巘層巒，別具荒寒之致。白石翁摹本奪真，余從廟市購歸，對臨大意。乙酉清和，耕煙散人王翬。

仿古盡臻妙，殿幀摹營丘。卻本白石翁，而從廟市收。方楮具勝概，深靜豁達眸。倩語寄僧伽，踏碎瓊瑤不。乾隆三十九年六月，題王石谷仿古十二幀於避暑山莊之旅次，時寓娛清書屋，瑤華道人。

【跋紙四接，高九寸六分，長二丈一寸四分。】

松篁入晚風，一徑蒼然曲。禽音山翠深，下上溪泉續。流響繪波聲，空明紛在矚。洗耳謂高人，莫厭清音俗。

翠盛天心接，仙真會此藏。山風動石壁，籟陰越飛梁。雲液搖空清，我欲歌滄浪。九曲人間世，十洲寧渺茫。

山中亦有宮，門前亦有柳。一聞山水音，遂與煙霞偶。蘿薜護雲深，風泉喧谷口。悠然見道心，匹彼喬松壽。

卜居無四鄰，時有漁樵侶。江流春復秋，山色今猶古。浩歌來前村，煙霞相接武。景氣修然清，一笛聞秋浦。

西風吹茅簷，秀色凝晨暮。山翠麗霜空，人家隱紅樹。煙采散林巒，秋容絢丹素。清景入奇懷，可以登高賦。

碧柳深無際，清陰此滿堂。鮮飆動書幌，淨綠生雲緗。客有懷芳潔，高吟蘭茝香。菰蒲千萬樹，垂蔭夢江鄉。

古寺橫翠微，丹碧藏岩坳。夕陽鍾磬深，天宇生清寥。歸僧度林末，飛鳥投煙郊。迴顧向來路，月出松蘿交。

畫理論禪悅，尺幅意何永。月華晃天池，設色諸光併。青蓮一瓣香，妙相惟超領。露氣下雲中，如聞元鶴警。

秋煙淡不收，渺渺晴山麓。舒卷罨林巒，豐容媚崖谷。微風蕩輕雲，片片歸岩宿。幾點芙蓉青，松根交石骨。

溪亭過微雨，逍遙步行遊。修篁帶暝色，新綠纈清流。遐覽契群妙，曠懷息他求。相忘水木間，即賞謝朋儔。

林迥嶂逾密，秋暮景增奇。斜陽睇原色，滿目日何其。秀色出林外，朗景澄湖湄。展卷興超逸，端然千載思。

積素皓無極，蕭然遍林邱。如何尺幅間，千里寒光收。登高攬平楚，岩風射雙眸。驢背詠花人，溪梅問放不。　　題耕煙散人山水十二幀奉和元韻，梁國治。

奉題瑤華道人所藏王翬畫，其十二首，伏維教之。　　石谷自構萬壑響松風百灘度流水。

高翠且深環，平流卻亂落。覆以松陰森，相苔笙鏞作。厓邊獨坐人，夫豈曰無著。

仿燕文貴武夷疊嶂。

灘光數漁晚，瀑向重溪深。碧侵崖嵾垠，青斷雲煙林。幾疊一曲轉，九曲千嶂陰。幔亭是何處，中有瑤華音。

仿文待詔臨盧洪草堂

草堂鴻自畫，亦復自題堪。茲景出吳鄉，蓋已非終南。墨竹夾葉椿，絲柳虬松參。大石立枅櫚，北林枯兩三。籬陰草夾蹊，堂陽欄俯潭。其東一角天，更以抹遠嵐。

石谷自構天際斂雲山盡出江流收漲水初平。

松如黃鶴松，山如北苑山。疏林一村屋，孰得居其間。小橋不入郭，遠江卻通灣。半幅江上帆，行行殊未還。

仿謝雪村霜林茅屋

石間灘層層，階下荷田田。繞屋竹有雲，出竹山無煙。水南石嵌空，岩西杉鬱然。若非絳葉明，豈謂新霜天。屋中緼袍人，嘯歌聲不傳。

仿趙文敏深柳讀書堂

借作吳村寫，略得輞川趣。沉沉洲渚分，段段菰菱附。綠楊風四遭，亦不皆楊樹。耕漁兩相鄰，於焉託儒素。讀書非一朝，讀書非一暮。綠楊知此情，何不引鷗鷺。

仿巨然寒林蕭寺

皴染出大山，層疊分明見。上下近遠間，林疏葉齊變。獨彼青山青，岩凹擁樓殿。後峰淡淡生，前徑微微轉。山根聚有溪，溪口橫復江。江光動寒光，六月在我牕。

仿黃大癡

寒山碧於染，暑雨濕初洗。道人設見之，秘奧鐍先啟。赭綠展吳岫，天池石壁東。並舩青篛漁，五月黃梅風。

仿范華原

嶺頭又高嶺，白煙橫斷之。前嶺冠精藍，樹不林林衰。左右灘急奔，東西梁迴跨。淼淼見遠洲，天際雙帆下。

仿徐幼文溪亭野趣

雜樹十數株，中間一亭築。坡草披纖纖，水草漲簇簇。畫檝時哉晴，囊琴步者獨。不知北郭誰，自縱前溪目。我家詎無溪，松杉蔭柏竹。我溪雖無亭，蘭芷繞荷鞠。白髮戀君恩，初衣緘在簏。難為多文富，賣恥有道穀。

仿趙文敏鵲華秋色

鵲山青如何，迢遞華不注。曠前村壤開，曲內溪沙度。啼群閒放場，網影深懸柳。都來楓槲顏，半是蒹葭露。

仿沈啟南摹李營邱雪圖

營邱北苑蹟，頗貯有竹莊。雪圖宣誠似，大較規模涼。連峰巉巉白，一塢窈窈光。枯林出高寺，乃見紅夕陽。寺後沙村遙，寒氣濛濛長。進艇訪詩人，野梅深處香。　　乾隆乙未六月扈蹕熱河，秀水錢載，時年六十有八。

詩文字畫，其理一也。不可不師古，不可溺於師古。不師古，則無法，無法者墮於野狐；溺於師古則無我，無我者畢生寄人門戶。石谷此卷，師古者十八九，謂之古人不可，謂之石谷，亦不可。何也？蓋其中有古人在，亦有石谷在也。知此然後可與論石谷，然後可與言師古。　　丁酉秋中再次日，竹井老人英廉書，時年七十有一。

吾有張篁村作山水，蒼潤穩厚，天然秀逸。每空齋無人，凝睇久之，覺山樹雲嵐，皆隱約欲動，其源雖出於石谷，幾欲冰寒於水矣。昔年余在淮南，常與篁村談讌於鳳子園中，猶憶其論畫，有最精之一語曰：得氣則活。余愛畫而不能作畫，初聞此語，不甚解。迨二三十年來見畫日多，乃覺稍稍有會於心，深歎其言為非謬，第此唯解人能為之，唯知【去聲】者可與言之耳。因觀石谷畫，追懷故人，為書數語於右，有志於繪事者，當究心於氣是何物，活為何象，其畫未有不名世者也。越日再書於慰心書屋【右兩題界烏絲闌】。

重林萃幽秀，層層蔚岩曲。泉聲隨風來，松濤遞相續。悅我清曠耳，兼以縱遐矚。眷言山中人，素心良絕俗。

武夷愜遐討，群巒互昂藏。懸瀑走峭壁，插漢掍浮梁。遙空激清籟，天風吹浪浪。欲訪神仙都，翹首雲迷茫。

夏木繞吾廬，高風抗五柳。幽棲意所耽，微哦興亦偶。坐看閒雲來，蕩漾通川口。樂爾寧謐天，證此椿松濤。

雲壑何窈窕，中有煙霞侶。嘯傲空山春，風氣近太古。瞰流松下亭，往來不數武。迭奏笙簧音，鳴湍應遙浦。

山如蘊藉人，騁望秋雲暮。綠玉戛修篁，丹楓媚疏樹。蕭瑟入豪端，商飆驚幛素。益信話有詩，不假登臨賦。

我愛夏日長，隙駒逝堂堂。讀書北窗下，咿唔勤絺綌。院柳鎖深碧，籤雲紛古香。學者富山淵，漁獵乎其鄉。

梵語落層翠，琳宮敞雲均。林空傳粥鼓，遙知參僧寥。四顧問無人，秋影搖荒郊。觸景悟禪悅，一契物外交。

天池削丹壁，境入壺天永。可望不可即，雲影嵐光併。紫簫何處聞，捫蘿空引領。煙沉月色寒，孤鶴一聲警。

霏煙斷復續，因風度幽麓。一碧萬頃波，蕩影入澄谷。日落山蒼涼，誰歟款止宿。溪橋驢背人，悄然聳吟骨。

勝地得靜妙，差喜作臥遊。林間一草亭，環以清瑩流。內足鏡吾心，外空塵網求。呼僮掃雲逕，招盟猿鳥儔。

鵲華絢秋容，默施天工奇。霜林鬥絕麗，較阯春何其。盈盈一水隔，伊人宛在湄。因之發浩歌，遠寄蒹葭思。

胸中吐奇逸，幻出壑與邱。皚皚瓊瑤天，點筆寒光收。絕徑渺無際，冷艷侵澄眸。為問灞橋客，贏得新詩不。　　丙申春仲，謹次元韻求削正，富春董誥。

石穀子畫無不習，十二幀中仿古十。首幀先以意匠營，師古寧徒蹟相襲。山空靈起深復深，中有百道灘流急。石罅飛珠迸作聲，灑入松濤滿林濕。　　右石谷自撝《萬壑響松風百灘度流水》。

武夷九曲萬叢綠，此是山間第幾曲。半巖架木樓嵌空，兩道穿林泉戛玉。燕侍郎真筆有神，尺幅中難窮遠目。一峰未了一峰橫，惆悵濛濛白雲東。　　右仿燕文貴武夷疊嶂。

草堂圖曾見浩然【浩然，盧鴻字也】，水如冰玉山如蓮。樗仙仿本亦逼肖，置我案頭經五年。此雖十志仿其一，一班已足窺豹全。太虛之氣在眉宇，放眼欲到嵩陽巔。　　右仿文待詔臨盧鴻草堂圖。

山空無雲數椽淨，江空無波片帆正。一碧齊空萬景清，山作層屏江作鏡。渺矣秋毫獨爽森，湛然心蹟何晶瑩。形樞奚必師古人，俯仰天淵適其性。　　右石谷自撝《天際斂雲山盡出江流收漲水初平》。

雪村墨竹稱擅長，山水中亦多蕺篁。石谷不徒以竹見，點筆聊復隨層岡。森森千個更萬個，間以疏樹紛丹黃。樹頭蒼山露幾疊，果然洗眼憑秋光。　　右仿謝雪村霜林茅屋。

有田可耕溪可漁，得間時復讀我書。背田面溪八窗綠，周遭楊柳風疏疏。吳興光景半雲水，村落合與幽人居。倘令鷗波見此本，把臂定復曰起予。　　右仿趙文敏深柳讀書堂。

巨公趺坐悅禪寂，幽境自寫身所歷。木落競出峰外峰，溪明倒懸石頂石。

梵宮沉沉雙戶扃，鍾磬無聲人絕蹟。咄哉鳥目山中人，亦解觀空悟真的。　　右仿巨然寒林蕭寺圖。

何許高朋兩心愜，欲溯溪源鼓雙楫。山深想見溪亦深，溪水一灣山一疊。世掌子久半雄豪，誰能排筭兼妥帖。我昔藏有秋山圖，對此翩然在眉睫。　　右仿黃大癡。

近山奔騰戛然止，遠山迤邐隱然起。山連煙斷抹其腰，山斷水連繞其趾。片帆天際微有痕，飛閣林端若無址。筆妙真能造化師，未許華原矜擅美。　　右仿范華原疊嶺晴雲。

樹古何必爭千章，竹娟何必爭萬行。布疏陰兮夏清韻，風正爽兮天午涼。孤筇靜綠徑曲折，敞亭幽占林中央。山澤閒意盈几席【名山藏雲賈善圖藏有染山澤間意】，欲往從之空傍徨。　　右仿徐幼文溪亭野趣。

王孫此圖天下衒，停雲著意橅吳絹。我從廟市購得之，亦惜縑殘精彩變。吟鞭曾訪歷下城，猶對兩山懷短卷。今披完本山復遙，過眼雲煙信如電。　　右仿趙文敏鵲華秋色。

宋人畫數營邱最，尤善寒林挺松檜。石谷追摹以此終，引而愈上超形外。玉削群峰鐵琢林，凍雲鎖寺風鳴瀨。客來不寫一僧迎，何處胸中著埃壒。　　右仿沈啟南橅李營邱《雪圖》。

王石谷畫氣骨獨清，故神韻兼備，不落凡俗蹊徑。其時以六法擅名者，若王麓臺之蒼勁，惲南田之超逸，追蹤前古，皆一時畫家望塵弗及，而以石谷廁身其間，未肯多讓。麓臺、南田交口極稱之，非易易也。石谷高弟有楊子鶴者，頗得其傳，每為之捉刀，當時已有贗作。然具體而微，猶不失為善本，迨後石谷之名日重，作偽之人日多，雖亦有從真本臨仿者，而矩矱僅存，精神不出，則生趣蕩然矣。此卷十二幀，仿古者居其十，無不宛合其人，然形似矣而不徒以形求，神肖矣而不徒以神取。蓋石谷自有其襟懷，自有其功力，以己意運用古人，而不以古人範我筆墨，此其所以獨絕也。予見石谷真本多矣，未有如此卷之妙者。觀此始知石谷之真實本領，已盡得唐宋人之法，而麓臺、南田之交口亟稱者，非輕為許可。彼粗知六法，而輒欲假石谷之名以欺人者，固無足論。即楊子崔亦僅涉藩籬，而真贗可以立辨矣。既每幀各繫以詩，並識數語請正。新安曹文埴。【右題界烏絲闌】

林密山氣清，雲深礐道曲。松濤萬斛中，復辨灘聲續。曠哉兀坐人，涼翠紛延矚。喧寂兩已忘，何事箏琶俗。

武夷最深秀，納納雲霞藏。溪流抱九曲，何處尋飛梁。懸崖瀉幽瀑，天風激沅浪。忽聞櫂歌聲，樹遠煙微茫。

堂前枕青山，屋後蔭叢柳。左右椿與竹，枝葉自相偶。水禽悅澄鮮，拍拍戲池口。玩彼幽人古，信此靜者壽。

江行有扁舟，山居有真侶。不聞江聲寒，但覺山色古。短亭倚松根，略彴誰布武。向曉鶴歸來，蒼煙起遙浦。

岩壑無定姿，茅簷曖秋暮。嵐光淨窗扉，澗響繞竹樹。新霜著疏紅，長煙影輕素。妙繪本天然，頗似詩人賦。

書堂依綠楊，面面水周堂。千條拂金縷，萬卷堆縑緗。攜筇過橋去，水氣含風香。鬖髿鷗波亭，此景傳吳鄉。

平林妙無際，古寺藏崖坳。斜日樵唱稀，鈴語風蕭寥。遙岑澹空碧，落葉紛寒郊。惟應支許輩，與訂忘言交。

深山六月涼，苔路特悠永。嘉樹森千章，暖翠浮嵐併。小艇泝層灘，望遠頻引領。石壁隔塵囂，依微聞梵警。

晴煙媚秋容，連縣吐層麓。木葉絢青紅，斜陽暎谿谷。帆從天際來，雲向岩腰宿。吟鞭度石棧，修然洗塵骨。

林壑自悅目，何必汗漫遊。間亭俯平皋，環以青瑤流。忘機狎魚鳥，結友稀羊求。澹懷會琴趣，成連倘其儔。

鵲湖水如玉，鵲山尤環奇。斜瞰華不注，矯翼何翩其。丹楓醉霜纈，蒼葭淡雲湄。秀色攬無盡，展卷生遙思。

寒雲接平楚，積雪彌崇邱。林光與山色，都向毫端收。皚皚迷近遠，青松豁雙眸。試問圖中人，銀海生花不。

辛丑新秋謹次元韻即求削正，平湖沈初。

素不能畫者，無從論畫也。然嘗見昔人評釋巨然筆，以為氣概雄遠，墨暈神奇。又謂黃一峰畫峰巒渾厚，草木華滋。味此數言，豈獨繪事之妙耶。通之於書、於詩、於文，皆可矣。然則其理一也，不能其事者，亦可以默會其事之所以然，以求其法，而幾於能焉。則遇佳畫而細尋耽玩，非分外事矣。因觀耕煙散人仿古長幀，書此於後。其畫之妙，則不言也，竢他日之或能畫而後言也。劉墉。

耕煙散人以畫雄於時，國朝言繪事者，奉為典型，流傳甚夥。此卷尤其得意作也，規橅各家而時出新意，以變化於其間，乃為師古而不泥古。既經

諸先輩品題，保復何言耶。爰書數語於簡末，以識歲月云。乾隆丙午九月既望，冶亭鐵保謹識。

王石谷宿雨初收曉煙未泮圖卷

【紙本，水墨，仿小米山水。高六寸四分，長八尺六寸七分。】

宿雨初收，曉煙未泮。　康熙庚辰長夏，虞山王翬畫。

【跋紙，高七寸三分，長二尺二寸九分。界烏絲闌，尚餘後幅。】

掠岸西風急，野漲接藍，水與雲寬窄，葉紅苔鬱碧。都搖落、松竹已非疇昔。夜雨醉瓜廬，波似箭、溪南溪北。正濛濛，白沙遠浦，了無塵跡。　掩關高樹冥冥，築屋溪頭，日日雲煙濕。舊時樓上客，雪練傾河，聲亂明珠蒼壁。相約上高寒，山下路、玉淵澄碧。遠浮屠，悠悠倒影，臥龍千尺。【集辛稼軒詞。】

溪上蘋花白，風雨蕭蕭，可奈花狼藉，古林深又密。孤村路、黃葉誰家蕭瑟。野色一橋分，峰六六、倚樓望極。甚閒人、呼船渡口，醉筇遊屐。　扁舟記得幽尋，吟老丹楓，落雁秋聲急。傍江橫峭壁，沙浦回、惟有閒鷗獨立。列屋帶垂楊，煙浪裏、半江搖碧。對林巒，白雲一片，冷光流入。【集張玉田詞。】右調《龍山會》。丁丑初冬，顧文彬題。

王石谷橅巨然夏山清曉圖卷

【紙本兩接，水墨山水。高一尺六寸九分，長一丈八尺五寸八分。】

巨然《夏山清曉圖》。　康熙癸丑初冬，橅於維揚之秘園。烏目山中人石穀子王翬。

王石谷為宋牧仲寫四段錦卷

【紙本，凡四段，皆山水，尺寸微有不同。每段後宋牧仲，另紙題詠，界烏絲闌。按此卷原本六段，尚有兩段曰「洗墨池」曰「忘歸巖」，並諸名人題跋。殆前人分裝兩卷，遂致散佚。因記於此，以俟延津之合也。】

【第一段設色，高一尺九分，長五尺五寸七分。】

潞亭。【篆書】

【題紙，高同上，闊七寸八分。】

觀察通潞日，奔走苦近畿。束帶欲大叫，如馬困轅韉。偶值公事了，一水弄煙霏。縛亭延古意，四顧來清暉。紅蘤參白鳥，到眼趣不稀。誰言塞垣

近，江鄉此庶幾。遂多酬唱什，賓從有光輝。湖莊清夏圖【趙大年】，奪取惟王翬。孤山雲外塔，相望仍依依。

【第二段青綠，高同上，長五尺六寸二分。】

鵲華秋色堂。【篆書】

【題紙，高同上，闊七寸一分。】

濟南山水佳，城郭煙嵐環。鵲華好秋色，鷗波貌雙鬟。我官日兩衙，盡在紫翠間。故人額我堂【朱竹垞】，見者為怡顏。擬攜紅藤杖，刻意窮躋攀。無何置之去，欲賦詩思艱。冷雲與殘照，幽夢恒相關。高吟滿筩篋，千年妬遺山。

【第三段水墨，高同上，長五尺六寸六分。】

煙江疊嶂堂。【篆書】

【題紙，高同上，闊七寸八分。】

晉卿有珍圖，曰煙江疊嶂。玉局最心折，品在李郭上。朅來章江濱，放眼得畫狀。滄波帶翠巘，千里列屏障。堂開古寺中，佳處快所向。三日一登臨，五日一酬倡。嵯峨勝王閣，較此遜奇創。白鷗閒似我，來往隨蕩漾。琅琊老尚書，節督詫別樣。【阮亭常曰予為別樣節督。】

【第四段水墨，高同上，長五尺四寸三分。】

滄浪亭。【篆書】，虞山王翬畫。

【題紙高同上，闊七寸七分。】

移節來三吳，我還用我法。所願風俗淳，坐許泉石狎。訪古得滄浪，澄明比苕霅。空亭復舊觀，屋宇施版鋪。牡丹儼風鬟，荷葉展羅箑。故物補碁盤，韻事添琴匣。遊人聯袂來，名勝虎丘壓。英英子美魂，吟嘯定不乏。圖成當年譜，畫手頗稱甲。他日歸西陂，還倩寫放鴨。

王石谷西齋圖卷

【紙本，水墨樹石修竹，兩人對坐草堂，一鶴立於庭際。高七寸四分，長四尺二寸。】西齋圖。【隸書。】丁丑清和朔，虞山王翬畫。

西齋圖。【隸書】，丁丑清和朔虞山王翬畫。

跋紙一，高同上，長三尺六寸六分。

西齋深且明，中有六尺床。病夫朝睡足，危坐覺日長。昏昏既非醉，踽踽亦非狂。褰衣竹風下，穆然濯微涼。起行西園中，草木含幽香。榴花開一

枝，葉棗沃以光。鳴鳩得美蔭，困立忘飛翔。黃鳥亦自喜，新陰變圓吭。杖藜
觀物化，亦以觀我生。萬物各得時，我生日皇皇。

　　西齋先生既取子瞻此詩，自號石谷高士，為之圖而屬余書其詩於後。當
子瞻在黃時，既取樂天所謂東坡者，水耕於其中，又新作南堂，其詩曰：一聽
南堂新雨響，似聞東塢小荷香。而此詩尤眷眷於桑棗鳴鳩之樂，則其田園之
想，無時不情見乎辭也。然子瞻飽經憂患，宜其倦而思返。今西齋方筮仕伊
始，亦似有味乎其言者。蓋古今用世之人，未有不輕爵祿而樂肆志，足稱名
士者也。余固思買山而不可得者，故因書此以自慨。丁丑閏三月望日，葦間
弟姜宸英並識。

　　何計能消索米愁，一官倉庚也風流。畫圖酷愛王摩詰，詩味澹如蘇密州。
【西齋詩，東坡先生守膠西時作，西溟，以為在黃州，非也】世事看來何日
了，人生閒處直須偷。竹碕桑泊歸難定，只合從君指釣遊。　　西齋長兄取東
坡詩意，屬石谷作圖，弟慎行為題七言長句於後。時西齋方官戶部，故有倉
庚之戲博和章一轉語也。

　　買書分俸論千卷，種樹成陰待十年。借問膠西富桑棗，何如潁尾長風煙
【東坡又有和黃魯直題潁州西齋詩，十年種樹長風煙，魯直原句也】。天生才
士定多癖，君與此圖皆可傳。獨有吾詩真被壓，更無一句敵坡仙。

　　庚辰六月望後二日，雨中為西齋先生題此圖，意有未盡，復成一章。明
日會飲於六謙隱綠軒，西齋攜此卷至，並錄請教，弟慎行再志。

　　【跋紙二，高七寸六分，長三尺九分，界烏絲格。】

　　《西齋圖》，吾鄉吳給諫倩石谷王山人作也。蕭疏澹遠，全宗倪高士十萬
圖畫法。給諫公諱暻，字符朗，號西齋。弱齡穎異，年十四，補諸生，以選貢
入太學。康熙戊辰，與先大父並登進士。好與四方名士縱橫詩壘，名傾四海。
吳門何焯偕公同貢，每白眼罵人，讀西齋詩，乃曰公不可罵也。與先大夫居
同里，又同學，詩酒無虛日，同年中最為契厚。公又以女妻吾伯父衷山公，故
寒家之與延陵通家世誼，非泛泛也。公由戶部主事遷兵科給事中，乙酉以青
浦王原、長洲王銓會劾陳汝弼事牽連落職。旋得白，入直武英殿，充書畫譜
承修官。一家內外耽學，至侍奴咸通聲律，時為美談。丁母艱歸，旋卒，年四
十六。未竟其志，人咸惜之。延陵詩畫之澤，由前而論，公之六世祖，名凱，
字相虞，以諸君善書，預修《永樂大典》，賜金幣，膺貢入太學，中順天鄉試。
宣德中授刑部廣東司主事，改雲南司，又改禮部主客司。母老乞歸，屢薦不

出。美豐儀，器度整峻。家居四十年，務學敦行。葉文莊盛曰：前輩當法吳丈，後輩當法蘊章。奉謂崑山孫瓊也。相虞公子名愈，字惟謙，即文衡山先生之妻父。少穎敏，成進士，授南京刑部廣東司主事。久之，遷員外郎、郎中，進四川敘州知府，凡十二年，擢河南右參政。明年致仕，居林下。二十五年卒，年八十四。政蹟卓犖，為人和謹。惟謙公生典客公，典客公生竹臺公，竹臺公生約叟公，皆經明行修。約叟生偉業，字駿公，號梅村，崇禎辛未會元，登鼎甲，仕至祭酒，為一代文宗，實生給諫。由後而論，給諫子彥遵，字思緒，以名孝廉為縣令。一官蹭蹬，再起再躓，終樂山令。樂山公二子維鍔、維鍇，皆孝廉。維鍔文譽最著，第一次赴禮闈，即歿於京邸。維鍇亦一令而終，本積貧，門戶從此漸衰。祭酒所居之梅村，即琅琊之賁園，素為里中名勝，鞠為茂草久矣。長留人間者，惟此圖及《梅村》《西齋》二集。余歎易消散者，人與業；不可磨者，令名、文章、墨蹟而已。《梅村》之集久已風行天下，近有程迓亭靳介人之箋注，流傳更廣。《西齋集》，澤州陳相國廷敬敘而鎸行，亦可家有其書。惟《西齋圖》天壤止一卷而已，得者其寶藏之。乾隆乙巳十一月朔，平原時化書於紙牕竹屋。

家在碧雲西，古木斜暉。繡衣夜半草符移，說與依依王謝燕，惟有當時。　　象筆帶香題，寫入琴絲。老仙馭崔幾時歸。楊柳夜寒猶自舞，屋角垂枝。【集姜白石句。】斜日起憑闌，葉外花前。小囱愁黛澹秋山。庭竹不收簾影去，一霎留連。　　信手展緗編，古簡蟬篇，西風吹崔到人間，人境不教車馬近，綠野身安。【集吳夢囪句。】

有崔止亭隅，問訊何如？主人相愛肯留無，一曲瑤琴纔聽徹，風卷庭梧。　　案上數編書，曲几團蒲。也應竹里著行廚。好記琅玕題字處，曾有詩無。【集辛稼軒句。】

庭戶隔塵寰，風月依然。舊家三徑竹千竿。說與山童休放崔，竟日忘還。　　林下一身閒，寄傲怡顏。好詩盡在夕陽山。寂寂西囪間美影，吹斷茶煙。【集張玉田句。】

右調《浪淘沙》，題王石谷《西齋圖》。余得石谷此圖，續得禹鴻臚所畫西齋小像，合裝一卷。聽松居士著《吳越所見書畫錄》，搜羅甚廣，乃以西齋為天壤止一卷，豈料八十年後，余復得小像卷，合成雙璧。翰墨聚散，洵有夙緣耶。甲子上巳顧文彬並識。

王石谷仿古山水卷

【紙簽】

烏目山人神妙一等真蹟。嘉慶壬戌夏，墨香題簽。

【紙本，凡四段，皆水墨。尺寸各有不同，原用高門紙嵌裱。紙高九寸二分，通長九尺七寸六分。第一段，高八寸二分，長一尺七寸五分，史惲兩題，書於圖前裱紙。】

浦樹冥冥綠未齊，雨晴泥滑鷓鴣啼。相思不見江南客，一曲竹枝春日西。仿莊麐畫，壬子十二月廿四日，崑山舟中並書，白石翁絕句。

此石谷先生無字禪也，從集大成後一一現出化境，超妙入神，令人更從何處參起。癸丑且月，金沙史鑒宗觀於庵畫草堂並題。

筆貴超曠，皴染不到處，雖古人至此束手矣。癸丑六月四日，惲壽平在荊溪道中題。

【第二段高八寸，長一尺四分，周題書於圖前裱紙，史、惲兩題書於圖後裱紙。】

偶見邢子願用癡翁筆作幽澗虛亭，楊龍友學迂叟補平崗亂石，合作成圖。二公皆盡古法，簡淡荒率，不入時人畦徑。癸丑五月避暑西山之拂水岩下，石谷。

林巒一折一回新，不是山陰是富春。欲向畫中呼子久，先生已有再來身。衍。

余昔在都門，見石穀子仿倪、黃合作，一時諸王公傳為拱璧。今見此幀，筆墨超脫，殆尤過之。史鑒宗識。

余見石谷畫，凡數變，每變愈奇。此本為今春所作，觀其荒率處，與客秋取境較異，似又一變也。變而至於登峰，翻引邢、楊兩公，以為合古，雖土壤增高，然亦安平君置卒上座，謬為恭敬也。壽平又識。

【第三段高六寸五分，長二尺。惲題書於圖前裱紙，石谷自題兩側，書於圖後裱紙。】

董元《五株煙樹圖》，名著海內，未得寓目。今年春，在婁東王奉常齋中，見仲圭臨本，枝如屈鐵，勢若張弩，蒼莽遒勁，如書家篆籀法，令人洞見駭目，正非時人所能窺測。余此幅不能得仲圭形似，安敢望北苑神韻耶。石谷。

觀仲圭臨北苑，猶未免為北苑神氣所壓。石谷得法外之意，而神明之視仲圭，真後來居上矣。玩此驚歎，因題。惲壽平。

凡作畫，遇興到時，即運筆潑墨，頃刻間煙雲變化，峰巒萬重，蒼莽淋漓，諸法畢具，若有神助者。此為天真，得天真而成逸品，逸品在神品之上。所謂神品者，人力所能至也；所謂逸品者，在興會時偶合也。癸丑六月三日，荊溪道中書，石穀子。

一山一水，一草一木，必互相映發，位置天然，雖尺幅間而有千尋之勢者，惟吳仲圭能至。烏目山人王翬再識。

【第四段，高八寸，長一尺九寸一分。周題書於本身，又石谷自題書於圖後裱紙，馮跋，另書拖尾。】

宋仲溫寫竹溪，王孟端補遠山一角，殊有天趣，因仿之。石穀子。

來舟去舫偶相逢，意釣生涯彼此同。試問陸沉成底事，江湖存得幾漁翁。金壇周衍。

每下筆當思古人玄妙處，意在筆外，悟此自能盡善。所謂筆簡意到者是也。今人刻意繁密，而於切要處絕不經意，則去古人遠矣。七月既望，同金陵陳孚薦、金沙周己山觀又書。時在維揚李氏之仁安堂，劍門樵客。

古人作畫，有極得意處，輒用矜惜，留以自怡。石穀子水墨山水四段，係一時興到之作，躊躇滿志，即付裝池，間與二三同志互相評泊，隨筆題志，百世而下，猶可想見其主臣譚笑掀髯撫掌時也。石穀子天資本高，幸遇奉常、廉州兩公提挈，既親承其緒論，又盡發其祕藏，撮拾英華，酬酌繁簡，學古而不泥於古，宜其藝之超凡入聖如此。是卷之妙，不特史、惲諸人能抉精蘊，即觀其自識，亦時露金針，又何容後生末學贅筆續貂於其際耶。獨念妙蹟流傳百有餘載，今為穆堂陶君所藏，屢屢為好事者聞聲窺伺，而我陶君蘊櫝深藏，寶愛備至。乃一旦獨攜以示予，神光所在，墨瀋如新，俾得於秦淮水榭摩挲累日，儼遇昔賢翰墨因緣，固不可以不識也。時嘉慶壬戌仲夏朔日，墨香居士馮金伯跋。

王石谷春湖歸隱圖卷

【引首點金箋，高一尺三寸三分，長三尺八寸二分。】

耕煙散人寫《春湖歸隱圖》，真蹟逸品。【篆書】，嘉慶己卯小春之朔，吳郡李瑤題。

【圖紙本，設色。高楊茅屋，淺草平沙，並作牛羊散牧之狀。高一尺三寸二分，長六尺二寸七分。】

康熙歲次丁丑秋八月，海虞王翬。

王石谷仿元四家山水卷

【紙本，凡四段，每高六寸八分，長一尺三寸九分。】

【第一段水墨，仿高房山。】

白雲深處野人家，倚杖閒吟日未斜。江上數峰看不盡，晚鐘殘月入蘆花。石谷王翬。

水禽沙鳥自相呼，遠近雲山半有無。一葉扁舟三兩客，載將煙雨過西湖。辛酉九日，王翬又書。

【第二段水墨，仿王叔明。】

岩壑松陰，師王叔明《溪山遠望圖》法。《溪山》昔在吾吳，今歸秦藏，不復可見矣。因寫是圖，歎息久之。

【第三段，水墨，仿倪雲林。】

倪迂幽澹天真，脫盡縱橫習氣，足稱逸品。江東之家以有無為清俗，其珍貴如此。斯幀略得雲林荒寒之趣。

【第四段，淺絳，仿黃子久。】

一峰老人為雲林畫江山勝覽，十年而後成。余曾借摹為友人作。一峰長卷，即用是本。以癡翁墨妙為雲林構圖，其用意布置，又非富春一種。真繪苑風流，正未敢以凡馬步驟，妄希天驥聯志鑽仰苦心爾。辛酉九秋請正會翁先生，海虞王翬。

王石谷樂志論圖卷

【紙本，對接，水墨山水，仿倪高士畫法。高一尺二寸四分，長一丈三尺七寸四分。】

倪元鎮與趙善長商榷，作《師子林圖》，自題云：「深得荊關遺意，非王蒙輩所能夢見。」蓋其筆意高簡，一洗縱橫謬習，超然象表，頗自矜許也。梅溪先生夙具煙霞，愛畫入骨髓，與雲林氣韻相合，因用其意，圖仲長統《樂志論》為贈，兼訂異日結莊惠之侶，吟嘯溪山，遊心物外，先生果許我乎。甲子十月三日，石谷王翬識。

王麓臺九日適成卷

【紙本，凡三接，水墨山水。高八寸五分，長二丈六寸八分。成芝青題於拖尾。】

北風向南吹，木落征途引。壯子將言歸，蒼茫理車軫。送遠新愁開，逢節舊醅盡。吾叔羅樽罍，高會龍山準。素心六七人，歡洽無矛盾。傳杯插茱萸，登臺西嶺近。小戶張我軍，飛觴不為窘。月出動清商，羯鼓鷗弦緊。高山流水情，觸撥不能忍。歸家復挑燈，揮灑胸中蘊。悠然南山意，落帽可同哂。付兒留篋中，他年卜小隱。

九日集八叔寓中，用杜少陵「興來今日盡君歡」句為韻，拈得盡字。長卷適成，即為題後，蕡兒南歸，付其行篋。康熙辛巳九秋望日，麓臺畫於長安廨齋。

雅望海內欽，相逢穎川上。好古如好士，大有濠濮想。琅琊畫本稀，尺幅愁吟賞。當時重連城，況乃所素尚。兩美期必合，北苑泊公望。【前卷是仿董源】春星羅草堂，秋暉吐晴嶂。讀畫勝讀詩，三歎復三唱。一朝快奇觀，鄙懷增妒障。作者洶意造，搜羅亦心匠。秘籍世所無，兩卷鼎能抗。披覽太白浮，百壺未可量。狂夫不敢狂，平生悔奔放。疊前韻並希劍泉先生閣學大人哂政，芝青成沂題。

王麓臺竹溪漁浦松嶺雲岩卷

【紙本，凡兩接，水墨山水。高八寸三分，長一丈四尺七寸四分。】

竹溪漁浦，松嶺雲岩

【自題紙，高八寸五分，長二尺三寸五分。成止青、潘順之跋於本身，麓臺書後。】

畫法氣韻生動，摩詰創其宗，至北苑而宏開堂奧，妙運靈機，如金聲玉振，無所不該備矣。余曾見半幅，董源及《夏景》、《山口待渡》二圖，莫窺涯際。但見其純任自然，不為筆使，由此進步，方可脫盡習氣也。此卷始於辛巳之秋，成於甲申之夏，位置牽置，筆痕墨蹟，疥癩滿紙。然其中經營慘淡處，亦有苦心處，瑕瑜不掩，識者當自鑒之。康熙甲申六月望日，麓臺祁題於京邸谷貽堂。

昔持千黃金，訪古燕市上。落落司農蹟，煙雲空夢想。有時獲一觀，洵非所欣賞。何從覓此圖，古今本同尚。太羹滋味希，群推朝野望。草色凝綠

雨，嵐光搖翠嶂。東嶺歌雪樵，西洲起漁唱。一片清光來，頓消我俗障。荒率不可攀，允矣推大匠。星使性尚友，寸心千古抗。名姝與駿馬，問直詎堪量。【君以五百金購此兩卷，真麓臺知己也】為我洗塵容，拭目天懷放。　　辛未夏五月上浣，興化清道人成沂題於潁川試院。

　　司農此卷，力追北苑而得其神髓，思翁見之，當有把臂入林之樂，廉州、石谷一齊俛首矣。韻初孝廉既藏此卷，近復得司農《九日題詩卷》，乃全法子久。題曰辛巳九日適成，則落墨更在此卷之前。蓋既橅子久，又上溯北苑，司農當日作畫之勤，亦可想見。宜乎造詣精凝，駸駸乎方駕古人也。《九日卷》尚未裝成，並識於此。韻初所藏司農劇蹟甚多，此二卷可云雙璧矣。辛酉十月八日，吳縣潘遵祁識。

王麓臺仿古山水卷

【引首高麗紙本，高九寸九分，長三尺二寸七分。】

筆參三昧

麓臺能於畫理伐毛洗髓，得其神奇。至摹仿大癡，傳自家學，而更加超詣。此卷磊落不群，睥睨千古，筆墨間又能以蕭散之致，相為變化，非得畫家三昧，未易臻此妙境也。紫崖年翁，精於繪事，故麓臺作此贈之。余展玩再三，深為歎絕，因題於首。忍庵黃與堅。

【圖紙本，水墨。高九寸九分，長九尺一寸六分。自題紙高同，長一尺一寸，接於畫紙之後。】

麓臺仿古

余讀《詩》至《抑》之篇，衛武公耄而好學，年至期頤，人稱睿聖，始知學無止境，好之者未有不臻絕詣者也。紫崖先生年八十矣，而好學不厭，畫道尤為精深，獨於余，有嗜痂之癖。晨夕過談，彌日忘倦，至於古人妙境，尤窺寐羹牆，所云切蹉琢磨，庶幾有焉。以年如此，以學如此，豈非六法中之衛武耶。此卷側理頗佳，先生索余筆，藏棄篋中三年，今值大壽之辰，寫此進祝岡陵，並引衛武以廣先生之畫，先生見之當亦輾然一笑乎。謹識。時康熙己巳暢月長至後五日，王原祁畫並題。

【跋紙，高同上，長三尺六分。顧良庵題書於拖尾，界烏絲格。】

古人論畫以氣韻為主，氣韻勝者，自有一種天趣，超乎筆墨之外。若徒規摹往蹟，專尚精能，雖功力甚深，終類作家，殊少士氣，非善畫者所尚也。

家姪茂京素工繪事，其高逸之致，原從神骨中帶來，而於宋元諸家，冥心默契，遂能得其三昧。此卷為紫崖先生作，運筆蒼莽，灑墨淋漓，濃淡疏密之間，奕奕生動，似不拘繩尺而自然合法，似不經模擬而意外出奇。極空闊處，益見渾厚；極稠密處，益見疏朗。縱橫變化，固非丹青家所知。蓋以紫翁畫學精邃，耄耋之年，沉酣於此。茂京日夕講論，實有水乳之合，故不惜全力，寫成此卷，以質識者，宜其珍愛不忍釋手也。余不知畫，漫題數語以識歆賞云爾。辛未九秋下澣，隨庵王撰書。

晚簾都卷看青山，人在翠壺間。細草靜搖春碧，寒松瘦倚蒼巒。巇靠逗綠，翠微路窄，紺玉波寬。曲榭芳亭初埽，千林日落雅還。

溪橋人去幾黃昏，漢影隔遊塵。一岸密陰疏雨，半邱斜日孤雲。螺屏煖翠，苔根澆石，仙塢迷津。陳蹟危亭獨倚，澄波澹綠無痕。

夕陽長是墜疏鐘，隄畔畫舫空。葉葉怨梧啼碧，涓涓暗谷流紅。遊雲出岫，碎霞澄水，巧石磐松。還背垂虹秋去，倚樓黃鶴聲中。

千山秋入雨中青，滴碎小雲屏。雪浪閒消釣石，冷楓頻落江汀。巇陰石秀，松腰玉瘦，溪足沙明。煙鎖藍橋花徑，夜深溪館漁燈。

右調《朝中措》，集吳夢牕詞題王司農仿古山水卷。光緒三年孟冬之月，艮庵顧文彬書於過雲樓。

王麓臺仿宋元六家卷

【紙本，凡六段，水墨山水。每高五寸八分，長一尺四寸八九分。】

【第一段】

巨然《山莊圖》，王原祁。

【第二段】

寫小米雲山，麓臺。

【第三段】

剪取富春捲一則，麓臺戲墨。

【第四段】

黃鶴山樵松雲蕭寺，石師漫筆。

【第五段】

掃花庵主人寫雲林筆，時辛巳殘臘。

【第六段】

梅道人墨法，麓臺。

【自題紙，高同上，長三尺九寸三分。顧艮庵書於拖尾。界烏絲闌。】

東坡《寶繪堂記》云：君子寓意於物，而不可留意於物。畫亦物也，為嗜好龥玩所拘，則留矣。石帆表叔篋中有殘楮數幅，余偶戲為試筆。石帆每日攜之至寓，暇日輒促點染，遂成六幀，余不過自適己意，而表叔留之成蹟，反為累矣。以此奉箴，何如。康熙辛巳嘉平中澣，王原祁題。

一舸歸來輕似葉，鄰樹啼鴉聲未徹。遠林煙火幾家村，溪上路，夜來雲，北隴田高踏水頻。【巨朕山村。】

借問行人家住處，更過溪南烏桕樹。舊時茅店社林邊，劃疊嶂，卷飛泉，帶雨雲埋一半山。【小米雲山】

惟有沙洲雙白鷺，卻趁新涼秋水去。溪南修竹有茅廬，攜翠影，愛扶疏，山上飛泉萬斛珠。【翦取富春】

似整復斜僧屋亂，何日成陰松種滿。倚空青碧對禪房，穿窈窕，趁斜陽，山路風來草木香。【松雲蕭寺】

雲破林梢添遠岫，茅舍疏籬今在否。去年溪打那邊流，閒略彴，舊沙洲，晚日寒雅一片愁。【仿雲林筆。】

誰信天峰飛墮地，更憶小孤煙浪裏。溪聲繞屋幾周遭，斜帶水，小紅橋，石壁虛雲積漸高。【仿梅道人】

右調《天仙子》，集辛稼軒句題王司農仿宋元山水卷。辛未季秋艮庵識。

王麓臺湖湘山水卷

【引首紙本，高八寸四分，長二尺八寸四分。】

蒼翠欲流　周岱題。

【首幅紙設色小像，高九寸一分，長一尺二寸八分。】麓臺司農四十後像。【隸書】

【圖紙本，兩接，設色，高九寸，長一丈七尺五寸八分。顧艮庵、沈仲復、嚴永華三題，皆書於拖尾。】

幼芬大弟黔中典試回，備述湖湘山水之妙，欲余作長卷以紀其勝。余聞洞庭以南峰巒洞壑，靈奇萃焉，或為峭拔，或為幽深，或云樹之變幻蔽虧，或沙水之容與瀁蕩，隨晦明風雨以成變化，余且未經歷其地，非筆所能摹寫也。昔洪穀子遇異人論畫，云：用其意，不泥其蹟。此圖余亦以意為之耳。自客秋經營至今，意與興合，輒為點染，不問位置之得似與否。圖成而歸之，以供吾弟一噱也。時康熙辛巳秋八月四日，麓臺祁識。

曉山眉樣翠，停雲靄靄，猿鶴且相安。琅玕無數碧，小閣橫空，相約上高寒。塵埃野馬，將擾擾、笑盡人間。穿窈窕、飛流萬壑，秋水隔嬋娟。　　依然，萬鬆手種，疊嶂西馳，有怒濤聲遠。誰共我、輕衫短帽，剪竹尋泉，已通樵徑行還礙，笑詩翁、意倦須還。歸去也，西風梨棗山園。【集辛稼軒詞。】

古林深又密，蒼雲息影，招隱竟忘還。無心成雨意，空翠吹衣，未肯擘晴綿。體教出岫，怕驀地、飛落人間。浮玉宇、閒情舒卷，迷卻舊時山。　　留連，穿花省路，款竹誰家，問結廬人遠。峰六六、都無行蹟，何用躋攀。松風泉水聲相荅，掩晴暉、非霧非煙。林壑靜、紅塵了不相關。【集張玉田詞。】

右調《渡江雲》，題王司農《雲山卷》。麓臺真蹟已不易得，而設色者尤罕。此卷初見於滬上，索價甚昂，議而未成，中心耿耿。踰十年，復於四明見之，蓋已數易主矣。恐交臂復失，亟以高貲購歸。噫，一畫之微，遲速得失，亦有數存乎其間耶。光緒三年孟冬之月，顧文彬識於過雲樓。

君家長康有畫廚，丹青寶貴如球圖。君尤嗜古精鑒別，巨幛尺幅常嬉娛。偶從五都見珍物，煙雲蒼翠光奪矑。摩挲愛玩不忍去，購以重賈千明珠。是誰筆墨吐靈妙，輞川以後人間無。司農神悟本家法，皇華為友摹征途。湖湘山水最奇絕，意造不與身經殊。我今攬勝一神往，猶憶蓬島連方壺。養痾得請息塵轍，與君聚首蘇城隅。欲將斯卷懸座右，少文樂事相與俱。

光緒戊寅春，艮庵大公祖尊兄大人以王司農《設色雲山卷》命題，賦呈教正。仲復弟沈秉成呈藁。

筆有金剛杵，司農畫入神。湖湘山水窟，展卷可通津。王司農嘗自題畫云：「筆端金剛杵在，脫盡習氣。」讀此畫，味此語，可得畫中三昧矣。光緒戊寅季春之月，不櫛書生沈嚴永華。

王麓臺仿大癡山水卷

【紙本，對接，淺絳。高一尺七分，長一丈一尺五寸九分。本身無款。】
【題紙，高同上，長二尺二寸九分。】

大癡畫法皆本北宋，淵源荊、關、董、巨，和盤托出。其中不傳之祕，發乎性情，現乎筆墨，有學而不能知者，有知而不能學者。今人臆見窺測，妄生區別，謂大癡為元人畫，較之宋人門戶迥別，力量不如，真如夏蟲不可以語冰矣。明季三百年來，惟董宗伯為正傳的派，繼之者奉常公也。余少侍几席間，得聞緒論，今已四十餘年。筆之卷末，以質之識者。時康熙甲申春仲朔，麓臺祁寫於京邸谷詒堂。

惲南田書畫合璧卷

【引首藏經紙本，高八寸四分，長一尺七分。】

南田書畫，【隸書】，嘉慶庚辰秋月，題於寶惲室，臥雲戴兆芬。

【書畫皆紙本，凡四段，第一段書高七寸六分，長九寸一分。】

右老年翁分惠建蘭口占奉荅並求和章。

美人和露剪秋芳，分得瑤華作佩纕。雲散楚江猶有畹，根離閩海尚留香。借君曉夢生花管，伴我秋吟舊錦囊。靜撫琴弦發幽響，室中從此到相忘。

天藻堂隔池觀紅薇。

石橋西岸碧池寬，紅閃金風玉露溥。疊錦作屏臨水見，殘霞燒樹隔林看。千花難辨疑春在，萬綠將稀覺暮寒。郤怪彩雲凝不散，斜陽相伴下闌干。毘陵弟惲壽平具草呈教定。

【第二段，水墨山水，高八寸五分，長一尺六分。】

臨先香山翁《北苑夏寒圖》。

婁東王太常家藏《北苑溪山》半幅，吾郡莊氏有巨然《煙浮遠岫》，二圖同一筆墨。此景師法，煙浮大幀為多。

【第三段，書高七寸六分，長七寸九分。】

元豐六年十月望夜，解衣欲睡，月色入戶，欣然起行。念無與為樂者，遂至承天寺，尋張懷民。懷民亦未寐，相與步於中庭。庭如積水空明，水中藻荇交橫，蓋竹栢影也。何夜無月，何處無竹栢，但少閒人如吾兩人耳。三月廿日，在耐齋戲寫。

【第四段，淺絳山水，高七寸五分，長一尺八分。】

子久《沙磧圖》至今尚留人間，無高岩峻嶺，惟作水村沙渚，平林一曲，尺幅小景，玩索無盡。

【跋凡三紙，每高八寸四分，長一尺。】

秋心自芳，殘露半廊。清宵月浸池塘，夢瀟湘正長。蘭風薦香，薇陰送涼，小窗誰伴仙郎？寫瑤華寄將。【建蘭紅薇詩】

谿聲雨殘，山心夏寒。溪山半幅誰看？仿高僧巨然。詩仙酒仙，茶禪畫禪。風流繼起前賢，是樊川輞川。【《北苑夏寒圖》】

煙雲醉題，村居靜棲，幾生修到王維，翦冰綃畫伊。搖豪露垂，分箋雁飛。憑君欲訪迂倪，隱蘆中未歸。【與王石谷書】

山村水村，煙昏雨昏，寥寥沙渚無人，秪野花當春，紅藤叩門，青楓露根，舊苔沒了鞵痕，倚平林看雲。【仿子久《沙磧圖》】。小山仁兄新裝惲南田書畫冊屬題倚醉太平四闋奉正七薌改琦。

南田翁筆墨姿力超邁，當代無出其右。妙在不矜才使氣，而饒有天趣。如此幀詩帖備《蘭亭》遺意，尺牘儗《坐位》風規，《夏山圖》則蒼潤澹遠，《沙磧圖》則平簡秀逸。兩書兩畫，足窺全豹一斑，使俗手費筆費墨學之，非失之野，即失之庸。求其文情適當，其何能耶。蓋書畫本文人餘技，不從卷軸中來，終無根柢。石谷為南田畏友，於山水之能事雖盡，而筆墨之痕蹟尚存，靈發之源，難與並論。七薌於此道頗深甘苦，倚聲以贊，深得未易名言之旨。小山比部寶藏此幀，足徵老眼無花。丁亥春分日，毘陵韓古香謹識。

《南田草衣書畫冊》四幀，向藏中州李氏，今歸萊臣京卿。取第三幀《與石谷書》一通，入國朝名人手扎冊內，而易以《承天寺記》，改裝成卷，因與改七薌、韓古香原跋歧異，爰屬余題識數語，以釋閱者之疑云爾。至筆墨之超妙，則兩跋盡之矣。戊戌夏日，吳承潞。

吳漁山葑溪會琴圖卷

【引首紙本，高一尺二寸三分，長三尺二分。】

葑溪會琴，【隸書】，王時敏書。

【圖紙本水墨，松竹垂楊，城郭，一角茅屋數間，三人趺坐撫琴。高一尺二寸五分，長四尺二寸四分。諸家題跋書於拖尾。】

客路寡相識，花開獨訪君。葑溪常在夢，琴水久無聞。月近門多靜，松高鶴不群。廣陵猶未絕，醉墨自殷勤。春日訪陳子石民會琴於葑溪草堂，屬作《葑溪會琴圖》，用友人韻賦贈，延陵吳歷。

葑溪溶滴葑門內，美蔭琅玕洵難續。名園聯屬曲曲通，石橋引水鏗玉佩。旁帶藥圃兼菜畦，雨甲煙苗資灌溉。喜有高人此結廬，陳翁石民軼流輩。畫蘭畫竹莫與儔，得蘭之神妙體態。客來挹茲空谷香，品高那受當門刈。上同松雪並馳驅，所南文沈還相配。翁惟專門愈出奇，香祖流傳不可廢。家貧只蓄焦尾琴，指法精通誰復擬。一曲廣陵渺莫追，高山流水依然在。墨井道人真神仙，六法之中儷秦岱。同時劍門暨婁東，咸謂惟君絕疵類。南田下筆隨天機，梅壑株守詎能逮。婁東司農昔有言，查生王熟語非味。【麓臺言二瞻生石谷，熟予畫得乎其中】許君上乘豈有私，古雅精醇擅一代。古詩十九繼葩

經，無縫天衣不絢采。圖藏石友曾借觀，【漁山畫古詩十九首圖，在江友旭東家，饒有古趣，非今人所能夢見】往古來今罕與對。人前難覓古衣冠，世間塗抹空煙靄。大阮宮詹指授時，倏忽風霜數十載。【家南華宮詹幼從先生指授筆法】偶來訪友到吳門，裙屐飄然了無礙。舊雨陳君續舊歡，綠綺彈來一還再。千竿翠竹風修修，百尺長松雲靉靉。柳影溪聲協妙音，繩床蒲椅橫翠黛。太初元氣任吹噓，蓬島仙人餘謦欬。荊關董巨樹大纛，餘各偏師領一隊。君建旍旄鼓義兵，正正堂堂安得潰。明四家承元四家，香光集成浮沆瀣。漁山吞吐別生情，力關窵突進無退。處處收入什襲珍，裝以金工匣玳瑁。酒酣寫作會琴圖，一時水木神交匯。雲生亭外送輕陰，鶴舞階前轉清昳。若以人間筆墨論，列俎叢中峙鼎鼐。含毫潑墨乏精思，草色煙光悉破碎。太湖雨後集漁船，山翠湖雲覘勝概。與此均堪不朽傳，髣髴雲中有犬吠【家有先生太湖漁船一立軸，精妙絕倫，馬大盦題絕句末云太湖一夜過微雨，七十二峰如淡煙，亦妙語也】。八分顏以奉常公，端為人間滌荒穢。西廬祖孫惲王吳，生晚不見慷以慨。此非十洲三島圖，境已清曠氣和藹。徑入青冥世莫攀，道高何必人人愛。街鼓鼕鼕手不離，月照庭柯夜未艾。

吳漁山先生名歷，號墨井道人，家常熟，人極高雅，早為前輩所推，本朝畫格稱第一。王奉常西廬老人、麓臺司農，俱云漁山畫古雅，出石谷之上。蓋國朝功力之深，首推石谷；天機清妙，首推南田；筆情疏秀，首推梅壑；而醞釀深醇，包含眾有，麓臺一人而已，然稍遜吳之古雅也。至吳閶訪石民先生，先生高雅士，畫蘭一時無兩。住葑溪，頗有竹石之趣，會琴於此，因成是圖。氣韻深醇，筆情高澹，在元人中亦居上座，豈餘子所能企及哉。棟極愛先生畫，於友人處得之，真喜而不寐，晨夕焚香，展對如對先生。遂紀數語，並成七古四十韻，以志仰慕之意。乾隆三十六年辛卯夏六月，連得甘霖，精神清爽，題於韓江汪氏之清吟書屋，震澤看雲山人張棟鴻勳氏識。

鳴琴松壑興悠然，訪友葑溪喜接連。對卷還思舊題句，學彈幽響得清圓。【前曾見墨井松壑鳴琴圖立軸，上有絕句】鬱沈而壯窅而深，千古琴心即畫心。怊悵廣陵稱絕調，更從何處覓知音。董元半幅深饑渴，【墨井畫跋云半幅，董元傳聞久矣，願見之懷，不啻饑渴】一脈婁東指授真。極目西田斷塵軌，蟻觀虎視屬誰人。【螳觀一世捬觚客，虎觀千秋藝苑人，南田挽奉常詩中句也】同時師友譽同歸【奉常、廉州、麓臺諸公論畫，每左祖墨井】，妙手冥心到者稀。獨有瓜田強解事，漫言功力半清暉【墨井功力尚未及石谷之半，見張

浦山《畫徵錄》殊未當】。乾隆辛亥十月既望，奉訪益堂大兄於海棕草堂，見示墨井道人《葑溪會琴圖卷》，精妙無比，喜成四絕，即呈雅正。墨香居士馮金伯。

綠楊城郭畫愔愔，中有精盧集素心。寫出無聲弦指妙，果然山水具清音。無多點染劇清蒼，祇許耕煙與頡頏。分得奉常衣缽去，麓臺何事費平章。鄭重看雲七字詩，滌塵樓上寶藏時。煙雲示現原無定，供養而今屬大癡。

快亭大兄近得吳漁山《葑溪會琴圖卷》，愛玩之甚，出以見示，囑題句以志欣賞，即奉雅教。道光丙申重九日，　余甫邱孫錦。

迢遙城郭葑溪路，名士買得名園住。笆籬一曲竹萬竿，賞音況是天涯遇。攜琴獨造草堂來，把袂流連傾積素。一彈再鼓悄無言，泠泠水面琴聲度。鼓罷囊琴忽長嘯，醉墨淋漓搏雲樹。寒松孤崔作儔侶，煙霞繪出琴中趣。年來我亦葑溪過，城外垂楊綠無數。惆悵斜陽一慨然，不見幽人會琴處。丁酉九月初澣，觀墨井道人《葑溪會琴圖卷》，因題七言一首，奉伯父大人教正之雋並識。

吳漁山農村喜雨圖書畫卷

【圖紙本，水墨山水，作田疇耕耨之景。高九寸六分，長八尺三分。】

布穀終朝不絕聲，農家日望海雲生。東阡南陌一宵雨，沮溺齊歌樂耦耕。墨道人並題。

【書紙本，高同上，長四尺九寸一分。】

農村望雨，幾及兩旬。山無出雲，田禾焦卷，雖有桔橰之具，無能遠引江波，廣濟旱土。第恐歲荒，未免預憂之也。薄晚樹頭雙鳩一呼，烏雲四合，徹夜瀟瀟不絕。東阡南陌，花稻浡然而興，蓋憂慮者轉為歡歌相慶者也。予耄年物外，道修素守，樂聞天下雨順，已見造物者不遺斯民矣。喜不自禁，作畫題吟，以紀好雨應時之化。閏七月三日書，墨井道人。

【跋紙高同上，長二尺六分。】

墨井道人吳漁山先生，與石谷先生同歲，同處虞山，同學畫於吾婁廉州、奉常二王先生。漁山獨潔清自好，於世俗多不屑意。人購其畫甚難，非財與勢可以致之也。故至今寸楮尺幅，鑒賞家奉為拱璧焉。余嘗論石谷畫，自五十歲前二十年，臨摹宋元本，超妙入神之作居多；五十歲後三十年，紛於酬應，有畫史氣習，而神韻去矣。獨漁山晚年從墺中歸，歷盡奇絕之觀，筆底

愈見蒼古荒率，能得古人神髓。此《農村喜雨卷》書畫並絕，是晚年得意之
筆，載在《墨井詩鈔外集》中，向為王西田相國所藏。今秋，相國裔孫從鳳陽
寄婁，余得之，因喜而識數語，自幸與墨井有緣，益信神物之能不脛而走也。
乙巳仲冬，竹癡子畢瀧題。

　　吳漁山先生工詩擅畫，品高詣絕，為國朝第一人。元之吳仲圭、明之沈
石田差可彷彿，其作世不多見，今得此卷，尤是晚年得意作，筆墨淋漓，超乎
塵壒之外，而其憂世之心悠然言表，又非尋常畫史所可及也。己未除夕前一
日雪窗伯里李家駒記。

吳漁山白傅溢江圖卷

　　【圖紙本，水墨山水兼人物。高九寸四分，長六尺四寸八分。】
　　《白溥溢江圖》
　　逐臣送客本多傷，不待琵琶已斷腸。堪歎青衫幾許淚，令人寫得筆淒涼。
梅雨初晴，寫此並題，吳歷。
　　偶檢□笥得此圖，以寄青嶼老先生，稍慰雲樹之思。辛酉七月，吳歷。
　　【跋紙，對接，高同上，長六尺六寸五分。顧艮庵題，界烏絲闌。】
　　元和十年【起至】江州司馬青衫濕【止，文不錄】，容齋洪氏謂白傅《琵
琶行》一篇，直欲擄寫天涯淪落之恨耳，非真為長安故倡作也。東坡謫黃州，
賦定惠海棠亦同此意。余觀昔人於歌詞書畫類，非無故而作。無故而作者，
必不工，不工則不能傳遠而感動人。以是知洪氏之言不誣也。吳子漁山與青
嶼許先生遊最久，康熙辛酉秋七月還常熟後，畫《白傅溢江圖》一幅寄贈先
生。先生以名進士官御史，未竟其用，罷歸。夙性恬靜，放浪詩酒丘壑，無纖
豪遷謫意。漁山去時，決不作離別可憐之色，而漁山於先生，獨有耿耿不能
自已於中者，寫此以宣其鬱結。今七十餘年矣，視其圖之煙水蒼茫，楓荻蕭
瑟，悲涼氣象，正不必聽琵琶聲而青衫淚濕也。先生曾孫方亨出素紙，命錄
白傅詩附其後，爰識數語左方。乾隆歲次辛未夏六月，京口張迪拜題。

　　玉尊良夜，算惱人偏是，風前孤驛。欲挽湘裙無覓處，渺渺魚波望極。
翠渚飄鴻，麼弦彈鳳，漠漠香塵隔。紅衣羞避，與誰同醉瑤席。　　畫舸水北
雲西，持杯顧曲，鬢影霜爭白。搖落江蘺多少恨，輕把杏鈿狼藉。團扇悲秋，
明璫照影，月底人非昔。輕沾吟袖，淚痕空沁愁碧。【集周草窗句。】
　　郵亭維纜，笑匆匆呼酒，又歌南浦。誰理商聲簾外悄，試把醉鄉分付。
同此江湖，依然鸞燕，留得當時譜。十年舊夢，此時心事良苦。　　不恨老卻

流光，相逢何晚，空誤周郎顧。煙水茫茫無處說，回首曲終人去。銀燭遲銷，青衫易濕，淚落燈前雨。幾番彈徹，月明搖碎江樹。【集張玉田句。】

煙江一舸，冷霜波成縐，送將人遠。一曲秦娥春態少，強作酒朋花伴。纖手香凝，新腔按徹，愁襪紅絲腕。暗追前事，暮檐留話江燕。　　腸斷去水流萍，飄零誰計，都為多情散。猶夢婆娑斜趁拍，春夢人間須斷。彩箋翻歌，征袍染醉，空帶啼痕看。冰弦三疊，故人為寫清怨。【集吳夢窗句。】

危弦美響，似牽衣待話，滿懷離苦。坐上有人能顧曲，未肯等閒分付。千種相量，數聲終拍。細作更闌語。塵埃憔悴，如今誰念悽楚。　　還是獨擁秋衾，黃蘆苦竹，地僻無鍾鼓。賴有蛾眉能煖客，其剪西牕密炬。羞見郎招，為伊淚落，往事如花雨。無情畫舸，載將離恨歸去。【集周美成句】

右調《壺中天》，題吳漁山《白傅潯江圖》。漁山晚遊海外，畫境益奇。間用洋法，以青綠擅長。此卷是其五十歲所作，用筆如印泥畫沙，瀟灑出塵，純乎士夫氣，非當時畫史所能夢見，宜麓臺司農推為獨步一時也。壬戌十月之望，文彬識於過雲樓。

吳漁山澗壑蒼松圖卷

【紙本，水墨松樹。高八寸六分，長五尺一分。】

興福證公於乙卯小春六十初度，寫澗壑蒼松，喜有虯龍之勢，飽百千年冰霜也，用以獻壽，未知少似坡公怪石供否？墨井道人吳歷。

卷　六

陳章侯梅石蛺蝶圖卷

【灑金箋本，水墨。高一尺一寸八分，長三尺八寸二分。高江村題書於本身。】

洪綬。

章侯畫不求則與，求則不與，其生平合作極少。此梅石蛺蝶，天真爛然，當與楊補之梅、鄭所南推篷竹、趙彝齋水仙、吳仲圭松泉同收信天巢，未可以遠近別之。康熙壬午六月廿五日，江村高士奇。

龔半千山水卷

【紙本，兩接，水墨。高九寸，長一丈二尺六寸五分。本身無款，總題另書畫後。】

【題紙，高同上，長三尺八寸二分。】

畫於眾技中最末，及讀杜老詩，有云：「劉侯天機精，好畫入骨髓。」世固有好畫而入骨髓者矣。余能畫，似不好畫，非不好畫也，無可好之畫也。曾見唐、宋、元、明初諸家真蹟，亦何嘗不坐臥其下，寢食其中乎！聞之好畫者曰：士生天地間，學道為上，養氣讀書次之。即遊名山川，出交賢豪長者，皆不可少，餘力則工詞賦、書畫、棋琴。夫天生萬物，惟人獨秀。人之所以異於草木瓦礫者，以有性情。有性情便有嗜好，一無嗜好，惟恣飲啖，何以馬牛而襟裾也？不能追禽而之蹤，便當居一小樓，如宗少文張圖繪於四壁，撫弦動操，則眾山皆響。前賢之好畫，往往如是，烏能悉數。余此卷皆從心中肇述，

雲物丘壑、屋宇舟船、梯磴磽徑，要不背理，使後之玩者可登可涉、可止可安。雖曰幻境，然自有道觀之，同一實境也。引人著勝地，豈獨酒哉？戊辰秋杪，半畝龔賢畫並題。

龔半千清涼環翠圖卷

【紙本，設色山水。高九寸五分，長四尺五寸。】

清涼環翠　龔賢。

龔半千攝山棲霞圖卷

【紙本，設色山水。高九寸五分，長四尺七寸五分。】

龔賢。

徵君遺故宅，千載闢靈區。谷靜松濤滿，江空山影孤。白雲迷紺殿，清旭射金鑪。為問採芝叟，神仙事有無。題攝山棲霞寺詩，龔野遺。

釋石濤八大山人書畫合璧卷

【紙本，凡三段。第一段水墨，一人睡坐牛背。高一尺四分，長一尺四寸八分。】

大滌子自寫睡牛圖。【隸書】

牛睡我不睡，我睡牛不睡。今日請吾身，如何睡牛背。牛不知我睡，我不知牛累。彼此卻無心，不睡不寢寐。村老荷蕢之家，以甓甕酌我，愧我以少見山林樹木之人，不屑與交，命牛睡我以歸。余不知恥，故作《睡牛圖》，以見滌子生前之面目，沒世之蹤蹟也。耕心草堂自瞇。

【第二段水墨，松、菊、石。高一尺三分，長一尺二寸八分。】

八大山人寫。

【第三段書，高八寸八分，長八寸一分。蘭亭一節，因與原文微有不同，故照錄之。】

永和九年，歲在癸丑暮春，會於會稽山陰之蘭亭，修禊事也。群賢畢至，少長咸集，此地乃峻嶺崇山，茂林修竹，更有清流激湍，映帶左右，引以為流觴曲水，列坐其次。是日也，天朗氣清，惠風何暢，娛目騁懷，洵可樂也。雖無絲竹管絃之盛，一觴一詠，亦足以暢敘幽情已。故列序時人，錄其所述。甲戌之處暑，偶過卿雲庵臨此，悟得八法與撥鐙法，為漁翁詞年兄正之。八大山人。

釋石濤山水書畫卷

【紙本，水墨。高九寸一分，長一丈九寸二分。前書後畫。】

得少一枝足，半間無所藏。孤雲夜宿去，破被晚餘涼。敢擇餘生計，難尋明日方。山禽應笑我，猶是住山忙。

身既同雲水，名山信有枝。籬疏星護埜，堂靜月來期。半榻懸空穩，孤鐺就地支。辛勤謝餘事，或可息憝癡。

清趣初消受，寒宵月滿園。一貧從到骨，太寂敢招魂。句冷辭煙火，腸枯斷菜根。何人知此意，欲笑且聲吞。

樓閣崢嶸遍，龕伸一草拳。路窮行蹟外，山近臥遊邊。松自何年折，籬從昨夜編。放憨憑枕石，目極小乘禪。

倦客投茅補，枯延病後身。文辭非所任，壁立是何人。秋冷雲中樹，霜明砌外筠。法堂塵不掃，無處覓疏親。

門有秋高樹，扶籬出草根。老烏巢夾子，頭白歲添孫。淮水東流止，鍾山當檻蹲。月明人靜後，孤影歷霜痕。

多少南朝寺，還留夜半鐘。曉風難倚榻，寒月好扶笻。夢定隨孤鶴，心親見毒龍。君能解禪悅，何地不高峰。

庚申閏八月初，得長竿一枝七首，清湘石濤濟山僧又畫。

釋石溪書畫合璧卷

【圖紙本，對接。淺絳山水。高八寸六分，長五尺六寸四分。本身無款。】

【書紙本，對接。高同上，長七尺九寸三分。】

千岩萬壑落眼奇，何必策杖臨嶮巇。秋風入戶几席靜，縱吾禿筆揮灑撐空岌嶪之峨嵋，蜀道難兮人不到，莫要髯兮吾鄉武陵源上桃花谿。秦人成仙久不老，赤松王喬相與期。世人碌碌有底事，虛教老卻商山芝。向平志大轉難齊，白髮屢與青山違。少文臥遊益潦倒，四壁琴操知音稀。旦復旦兮喚奈何，白雲為我回山阿。　　偶與正心禪師塗此，褙成復綴此歌，聊博一笑。庚子冬，仲石道人。

查梅壑南山雲樹圖卷

【紙本，三接，水墨，仿米家山水。高八寸，長八尺二寸。張、顧、楊三跋，書於拖尾。】

康熙庚申六月，余客潤州，再登金山，留宿慈雲閣，雨中為德潤禪兄畫《南山雲樹》，仿米家筆意，累日乃竣事。偶憶石田先生有題畫絕句云：「看雲疑是青山動，雲自忙時山自閒。我看雲山亦忘我，朝來洗研寫雲山。」因漫續一偈，並發潤師一喝：動靜無心雲出山，山雲何處有忙閒。要知心住因無住，忙處看雲閑看山。白岳查士標。

梅壑先生嘗與青溪江上石谷南田諸君交善，稱其風雅逸品，為第一流人。得元人意趣，長於雲林一派。又見作米南宮法，青出於藍，世爭求之。其當日名重可知。此卷仿米家潑墨雲山，簡淡清新，直欲上追宋元，洵是罕見逸品，豈淺學者所能夢見耶？寶之寶之。光緒己卯夏五月朔，鴛湖七十七老人子祥張熊識。

畫家每撫米氏雲山，然唐時王洽潑墨，已作開山之祖。北苑、巨然好作煙雲變滅，至米氏父子尤為淋漓盡致。蓋自硯山易宅之後，卜居潤州，登北固，眺金焦，俯大江，江上諸山，雲氣瀰漫，岡巒竹樹，風帆沙鳥出沒其中，千態萬狀皆海嶽庵中粉本也。梅壑先生客潤州，登金山之雲閣，江上勝概收入毫端，奄有米家父子之長，此卷寫贈德潤和尚，復係偈語，詩禪畫禪固已同參最上乘矣，香生太守其寶之。艮庵。

梅壑先生學倪高士，參以梅華道人董文敏筆法，畫家逸品也。此卷學米家法，筆筆沉著，又筆筆疏散，可寶之至。能手變化，真不可測。己卯七月，庸齋峴題。

沈約庵秋山行旅圖卷

【紙本，兩接，水墨山水。高五寸八分，長一丈一尺三寸八分。】

董北苑有《秋山行旅圖》，林於山人仿其意。時庚子長至前五日也。

【跋紙對接，高同上，長七尺五寸五分。許倬昀跋，書於拖尾。】

吾禾近日文人多喜作畫，然而既無師承，又少見古人真蹟，不免率意為之。不入於滇潯荒誕，說野狐禪，則刻畫豆釘，下拾工匠之唾矣。嘗歎畫雖小道，而山川中樹，雲霞晦明，與天地相翕受。無識見、無胸次、無神理、無法式，不可為也。元宋而上無論，即邇者文、沈盛時，吳下諸君子受觀摹之益，發性地之靈，大小各自成家，流傳至今可寶，蓋有繇也。禾自云東、墨林而後，寂寞無聞。近則項胥樵可分一席，然惜其遽歸道山，未盡其變耳。榮期沈君，予故友令嗣，方雄視文壇，轉眼騫翥。以鉛槧之際，留心此道，筆力勁

秀，遠追古人。若此卷者，挽近不可多得矣。余老矣，眼中獲見奮起之英，且
將大昌此道，以為諸彥先，豈不快哉。辛丑初夏，醉鷗李肇亨題。

　　林於山人負奇識，蒭狗榮名託子墨。揮毫變化無端倪，倏欻煙雲幻莫測。
近示新寫秋山圖，拂拭古錦光模糊。披圖列岫青滿案，颯然爽氣涼肌膚。山
形欹仄勢屢改，奔馬蹲獅心目駭。巧思盤礴奪神功，元氣淋漓泣真宰。楓樹
山村背嶺開，細泉娟娟瀉村來。門前有路通古驛，一線白盤山幾回。盤山絡
繹紛行旅，蕭蕭連轡西風裏。夾道寒螿送馬蹄，飲谿野鹿驚人起。穿雲度板
倦鞍韉，茅店爭投暫息肩。秣馬再尋村口渡，江干翹足遲江船。長江極目浩
無際，咫尺隱然千里勢。縹緲浮巒乍有無，依稀征雁時嘹唳。已渡心先未渡
隆，平分山色過滄江。千家砧應山城堞，萬里檣棲賈客艭。險處為梁通斷岸，
鑿岩架閣俯湍瀾。練拕飛瀑掛蒼崖，穎脫浮圖插青漢。有客獨暇當虹梁，坐
看紅泉槲葉香。濺珠噴沫毛髮豎，冷眼忙忙道上郎。昔吾亦負訪嶽志，魑魅
阻人探穴思。恨無佳本寄臥遊，怪底茲圖饒奇致。偶然相對撫素琴，盡室冷
泠苔谷音。千巖萬壑一覽在，髣髴清猿入座吟。辛丑又七夕，須庵主人鍾兪
拜題。

　　戴安道學於鮑宣，安道喜畫，宣每非其失業。後安道為畫《西都賦圖》，
宣覽而嘉之，以為有益，乃始重畫。畫固文人事也，然必本於性而成於學。夫
山川草木、昆蟲鳥獸、人物舟車、風雲煙雨之屬，為類甚多，為態甚變，非本
於性，則頑而弗靈；不成於學，則疏而弗法。惟既性而學矣，復偶觸乎燈前酒
後，有不能已於中者，爰假筆墨之靈，信手揮灑，起止斷續，曲折變化，皆非
吾指腕所可主，而其能乃奪天工，而非人事矣。今世之為畫者夥矣，要皆不
足以語此。榮期先生博學好古，蜚聲藝苑，以其餘發為書畫，遠追古人。先生
與人直吐悃愊，無少長皆愛敬之。以書畫就正者，必盡語其所以，辭旨曉暢，
終日不倦。善飲酒談笑，客有言名利事，輒飲之酒，曰，「毋多言，徒污吾耳。」
余齒遜先生十餘年，且無一藝之長，而先生以余為友，每相論書畫事，蓋人
所自詫為枕中秘，而不肯輕易出一言者，先生乃語之無餘蘊。人度量相越，
豈不遠哉。間出《秋山行旅圖》相示，且不鄙遺命書數語於後。余酷重先生之
為人，故因論畫而並及其素行之略。至若筆墨之妙，則固本於性而成於學，
殆奪天工而非人事矣。嗟乎，世之畫者，烏足以語此。魯庵湯駟題。

　　畫長幅卷子，非負謝客好遊之奇，鎚幽鑿險，寫貌山水雲物，則世上多
少看我泚筆，何苦自放破綻。□□□人矜名齟不誤，矧文士興託，敢葉繪工

哉。然歎怪世人開口一好字，真為賞鑒家、老鄉原抹煞作者苦心。今此卷為仿董北苑《秋山行旅》意，予固不知其似與否也，但見其無呆筆滯墨，不事勻染，而舉體靈秀。政如米海嶽、趙吳興初學二王，後輒棄去，自成一家可也。要之，榮期固善書，宜其有所感發而為此。顧奈何使余作墨奴者，污是嶺上白雲，不禁揶揄而題其後，以奉一噱云。笈山金豐。【隸書】

披圖猶見舊山川，秋滿長空樹繞煙。匹馬踏殘茆店雨，千檣掛斷夕陽天。無窮壯士間關恨，半入幽人畫裏禪。為問勞勞亭外客，何如高臥聽流泉。墨痕瀉出一天秋，散作長征萬里愁。歧路幾人堪並轡，中原何處再登樓。驢鳴驛壁驚遊俠，帆隱江干泣故侯。滿目風塵題不盡，羊腸咫尺恨悠悠。壬寅立秋日，題《秋山行旅圖》後，古村王琅。

行旅誰人寫此圖，秋聲戰谷葉飄梧。尋名攬轡走燕都，問利揚帆過五湖。雨送盤崖路逶紆，晴行霧嶺緩馳驅。宵關擊柝警疏虞，晨霧招商蚤起呼。客供分泉汲茗壺，憑陵嘯語落雙鳧。下視黃河險浪粗，蛟龍隱隱弄明珠。遠望金山突一隅，遙浮孤塔插天衢。收檣千里喚須臾，雲浪霜楓錦繡鋪。盡日茫茫數道途，風波水裏陸豺貙。蠅頭所縛愁歸歟，撿照菱花貌骨臞。行旅誰人寫此圖，輕毫澹墨輞川符。開之泉石任人娛，羞卻河山頃刻無。癸卯冬十月之朔，社小弟許遂敬為榮老盟長兄題《秋山行旅圖》並祈教政。

一徑坡陀裏，山行已早秋。亂峰回落日，瘦馬倦長郵。漁渡楓林暗，人家檞葉稠。休文饒古致，展卷思悠悠。　　吾鄉約庵先生以文人而擅繪事，所作山水步武項氏，此卷精密淡遠，尤為稀覯。敬題一律，用志景慕。癸未六月，倬昀許景澄。

程穆倩書畫合璧卷

【圖紙本，水墨枯筆山水。高七寸九分，長二尺八寸五分。】

雨後低巒晚放晴，遙峰青露一尖明。村村逶合迷芳草，樹樹陰濃喚早鶯。花氣暗隨書幌入，漲波新向釣幾平。江鄉觸處成消受，雖有留題不署名。程邃。

【書紙本，三接。高六寸七分，長六尺三寸二分。】

余之父執孫於王先生，諱國賓，生於萬曆甲申，卒於崇禎癸未。其尊公惺常先生，諱明心，世德相承，源源本本，不備遡。爰先生之子思遠氏正芳，今變名曰翼於，余異體同心交也。自癸未以來，陸沉飜覆，福禍乘除，幻化

萬狀。思遠守父遺教，不履危機，獨往獨來於混俗之表，三十年如一日也。席門促膝，清夜討論，互舉先訓，涕泗嗚咽，以不勝情云。而祖而父，余祖余父，比義同時。自開闢循環，古今極盛，隆萬莫並，巖穴箕穎，魚鹽莘渭，真隱而不見於唐虞殷周者，凡幾何人，如先生之若浮若沉，彝倫是務？天下習尚，闊略紛華，凝然泊然，秉恭溫而培篤之。立身中乎禮經，行誼標乎野史。排解迎尬，左右逢源。以視王烈之化竊徒，高鳳之勸牛鬪，日用乎其有常，烏容一端一節載筆焉。生者式維義方，身教純備。身之教之之不足，董之負笈諸學者門，集五金冶鑄之。思遠所學既成，亦既為人師矣。既而於僻壞村塾，見一矯矯老儒，卻其同硯結駟金者，謂彼物非彼民膏脂耶。寧敢為諍友，不敢為君分過，持此片言進末路。結駟者載拜以謝，乃跽延致為思遠師。先生晝夜論難，與章子蓮先生推襟送抱，如風動清流，影隨明鏡，為日日深已。於王先生夙興夜寐，永懷惺常先生；思遠氏一息一飯，永懷於王先生。余亦有懷，靡休靡極，豈不曰爾祖余祖，爾父余父。思遠之為子孫，視余為子孫。

　　北徙洛者二程，南徙閩者考亭，匈百代之道統，今茲空國咸徙。思遠偕余，迄無定所。年來入燕，始以異授藥物著。伯休不二，名動京師，卿相虛左，饒有買山貲矣。揮手盡散，垂橐還藪澤，家益貧。諸卿相皆當世擅知人之鑒，獨注思於思遠，遲之愈切，而莫能赴。乃從洪水中勸人行賑，家無大小，悉應聲樂從。履冰蹋雪，肩荷厥任，當路歎其不可及。全活甚眾。滿前溝壑，若己推之，每從余掩泣曰：我學先人，不能得先人之萬一，何以為人乎？余曰：為人子，秉阿父之實心，奚能必有阿父之實事，亦奚貴求全耶？辛亥春，將更負藥裹詣京師，為先生營墓石。余立傳，紀先生之生於盛時，卒於盛時，懸時命於人心天心之際。人將私謚先生，宜配鄉賢之祀，卜門食報，是以名利污仲連矣。余何取，何取？通家子程邃拜手。

禹慎齋西齋圖卷

　　【紙本，水墨補景，設色小像，立竹林中。高九寸四分，長五尺六分。兩題書於首尾。】

　　西齋圖【篆書】，太倉吳公命寫照補景，師王晉卿「煙江疊嶂圖」筆意。都門客囱，廣陵禹之鼎寫，【隸書】。

徐杉亭山水卷

　　【引首淡青點金箋，高六寸三分，長一尺八寸四分。】

虞夔兼宗，【隸書】，孫原湘題。

【圖紙本，水墨。高六寸一分，長一丈六分。】

康熙癸巳秋，杉亭徐溶寫。

【跋紙一，高六寸三分，長二尺三寸三分。】

嘉慶己卯三月廿又一日，晤旭樓先生於黎川之執經堂。懷中出所藏白洋散人長卷相示。白洋為石谷入室弟子，魄力雖不逮其師，而能以韻勝。故清疏高簡，蕭然有曹雲棲筆意。是時賓朋滿堂，酬應紛沓，對之何異清涼散一服耶！而先生好古成癖，想見其煙波十里，猶是米家船也。李福跋。

盛湖王氏為余戚家，多藏舊人書畫。明人《江南春》卷子，尤遠近著名。余昨以事留數日，旭樓姻叔於重陽置酒招余，盡出以示。此白洋散人畫卷，其一也。余考白洋為吾虞王石谷高弟，後並師麓臺，嘗以李杜之詩，擬二王之畫，人以為知言。此卷氣韻在二王之間，《畫徵錄》謂其筆墨蕭疏閒冷，直逼元人，不虛也。既攜歸，屬子瀟太史題其卷首，並識數語而還之。時嘉慶戊辰九月下澣，琴川景雯跋。

余舊藏有畊煙散人水墨畫卷，蕭疏澹遠，中自饒蒼潤之致。今來舜湖，旭樓先生出示白洋此卷，與畊煙散人相彷彿，真乃沆瀣一氣也。書此以志翰墨緣。時道光壬午夏四月，石甫周鶴立識。

【跋紙二，高同上，長四尺七寸二分。】

活雲滿眼。【隸書】辛未八月朔，山民待詔偕泛舜湖，訪旭樓先生於二宜堂。時老桂著花，黃雪滿座，酒半盡出所藏書畫，一一展玩，古香四溢，如入米顛寶晉。就中徐白洋卷，用矮紙作山水，長徑丈，氣韻蒼秀，中年得意筆也。家子瀟庶常既為題字，因亦作隸，並跋於後。長州孫晉灝。

白洋山人畫法純師虞山，所見巨幅最多。細讀此卷，筆墨兼到，竟是石谷精品。想揮毫時，十指如意，非苟作者。旭樓先生於無意中得之，洵物聚於所好也。嘉慶乙卯穀雨前三日，鐙下題竟名銜畫像冊漫識數語，請正。婁盦蒯嘉珍酒後書，時漏下鼕鼕三撾矣。

【跋紙三，高八寸二分，長四尺三寸三分。王旭樓一跋，界烏絲格。】

白洋此卷，萃元諸家法，融入筆端，若掩其名以示人，雖真鑒者，亦謂定非虞山不辨矣。旭樓王翁尊祖鶴洲先生，與徐為中表昆弟，且衡宇相望，故得其筆蹟極夥，此尤其至精耳。茲來盛澤，承翁示讀，漫為識尾。至徐之畫品，吾家浦山徵君已詳錄之。道光七年丁亥冬中六日，叔未張廷濟。

　　烏目山人成鼻祖，及門多少挹清芬。白洋妙筆亦天授，肯讓一頭胡竹君。為旭樓先生題於山南老屋之易畫軒，即正。崑山王學浩。

　　石谷山水多渲爛色澤之作，白洋六法得其指授。此卷疏古簡淡，獨以韻致取勝。所謂能師其意而不襲其貌者，雖以之追配元人，殆無愧也。鴛湖錢福昌。

　　白洋精六法，水墨乃尤善。平生師虞山，功力能實踐。解衣偶盤礡，古法未云遠。川巒何清空，雲氣忽舒卷。枯株瘦彌勁，運筆隨腕轉。撒網野艇間，歸鴉夕陽晚。斯圖真傑作，萬本勿能選。僧僚趁冬晴，借我六時展。庚寅仲冬重至舜湖，假楊止宿庵，旭樓仁丈先生攜此卷見視，信為白洋極用意之作，留觀兩日，率題就正。琴東蔣寶齡呵凍書。

　　里中徐氏，余家舊有連焉。白洋山人與先大父鶴洲公為中表昆弟，論詩讀畫，昕夕過從。其尊人穎煙太翁謹厚古樸，明季諸生。乙酉游兵至盛澤，居民逃竄，穎煙驚皇無措，僅袖緫課制藝數百篇，踉蹌奔走，猝遭兵刃，以袖遮攔，被刃仆地，暈絕者竟日，至暮始甦。起視兩袖，俱已寸裂，幸賴緫稿之護，得免創巨，聞者咸以為謹厚之報云。嗣後棄舉子業，隱居韜晦以終。山人承其家學，所造益加精密，閉戶讀書，不求仕進，能詩工書，尤精於畫。畫師石谷、麓臺，一山一水，醞釀功深，而長幀巨幅，更有一種蒼潤罨靄之趣，絕非近手所能學步。當時婁東、虞山齊名，海內門弟子各尊其師，互有軒輊語。麓臺聞之不懌，而石谷殊怡然，命山人執質麓臺。初見詢以兩家憂絀，山人曰「先生之於石谷，猶青蓮之於少陵也。青蓮天才卓越，人不易學；少陵詩律精細，學不易到。李、杜兩家卒不能偏廢。」麓臺以為知言，益重石谷，而兼重山人焉。上元黃鶴田賦贈山人七古長篇，有「江南畫手推二王，婁東虞山相頡頏。兩家弟子各林立，綜其傳者徐白洋。白洋山人性清曠，三山五嶽胸包藏。煙雲拂拂十指生，森然六法精且詳」等句，信非虛譽也。余生也晚，不獲親承前喆風雅，以葭戚故知之甚悉，漫述顛末於左。道光壬辰秋分後二日，旭樓老人王鯤拜識，時年七十八。

馬扶羲梅花卷

　　【紙本，凡四段，皆水墨。每幅前詞扶羲自書，邵雪虬和句書於本身。】
　　【第一段，高八寸三分，長三尺九分。】
　　懊恨春初，飄零月下，輕離輕隔。重釀梨雲，乍舒椒眼，羞人曾識。已堪索笑巡簷，早準備，憐憐惜惜。莫是溪橋，攙先開卻，試馳金勒。　　右未開。

醉眼迷離，分明與汝，一年暌隔。彷彿前村，酒家牆角，舊曾相識。冰魂才動些兒，已是要，東風愛惜。恰恰臨妝，無端卻被曉寒邀勒。雪虯。

【第二段，高同上，長二尺九寸八分。】

姑射論量，漸消冰雪，重試梳妝。欲吐芳心，還羞素臉，猶吝清香。此情到底難藏，悄脈脈，相思寸腸。月轉更深，凌寒等待，更倚西廊。　　右欲開。

脈脈思量，壽陽當日，小樣新妝。忽漫臨風，被他偷去，一半兒香。芳心無處堪藏，未索笑，先應斷腸。翻怕明朝，盡情開了，對著迴廊。雪虯道人。

【第三段，高同上，長三尺二寸四分。】

翠苔輕搭，南枝逗暖，乍收微靄。亂抽繁花，快張華宴，繞花千帀。玉堂無限風流，但只欠，些兒雪壓。任選一枝，折歸相伴，繡屏花鴨。　　右盛開。

亞枝斜搭，似曾攪和，淡煙微靄。誰遣司花，搓酥弄粉，那般周帀。暗香驀地飛來，把無數，芬芳盡壓。俗殺兒家，麝薰微度，一雙金鴨。　　雪虯。

【第四段，兼寫竹枝，高同上，長二尺六寸八分。朱昂之題書於拖尾。】

瓊散殘枝，點窗款款，度竹遲遲。欲訴芳情，笛中曾聽，畫裏重披。春移別樹相期，漸老去，何須苦悲。人日醺春，臉霞續曉，須記當時。　　右將殘。

辛巳長夏，避暑棲霞山房，偶讀柯敬仲題楊無咎畫梅詞子，情辭婉轉，想見前輩風流，不覺神往，揮汗寫成四枝，更索吾青門老友倚和前詞，以鼓癡興，庶幾此畫不泯爾。是歲六月廿有二日，南沙布衣馬元馭識。

斷粉零枝，最難描畫，落筆應遲。多少心情，將他寫得，直恁離披。　　飄零無限前期，閒坐處，潛思暗悲。秉燭三更，待開窗看，風又來時。雪虯。

寫生惟古梅為難，故楊補之、王元章之名，以寫梅特聞。扶羲此卷高韻獨標，深得楊、王兩公遺意，復有邵青門和柯敬仲題詞，詞、書、畫洵稱三絕云。津里昂之觀並識。

沈獅峰秋林平遠圖卷

【紙本，水墨山水。高一尺一寸一分，長七尺七分。中間作畫，前後皆書。】

秋林平遠【隸書】，雪岩老年臺先生裝潢此卷，屬書。余喜宣紙不易得，因寫倪、黃筆意，以供一笑。恃愛不肯藏拙，當勿訝其多事也。獅峰居士沈宗敬。

能詩能酒是神仙，舊句新從老友傳。兼擅斯長人不少，堪分此福我居然。何妨儉腹情聊寫，但把香醪愁自捐。牛馬任呼拼兩耳，清吟沉醉樂堯天。

生涯分內莫言無，智巧由來我只愚。隨境得詩多樂地，有錢沽酒未窮途。歲將新矣寒偏甚，春若回兮林自蘇。水盡雲生何處好，年非衰老杖休扶。殘臘遣懷之二。

月暗三更後，篷窗冷氣侵。無聲驚客夢，有色變遙林。雁費唧蘆力，雞寒報曉心。榜人呼不起，云與剡溪深。　　漫漫愁極目，酒不勝寒侵。征馬迷歸路，飛花紛上林。艱難誰更齧，冷淡此為心。莫向紅爐點，炎情入世深。道中遇雪次韻

未免塵勞事，棲遲鄉曲閒。夜潮寒不上，行棹路彌艱。野曠村林遠，年豐雞犬閒。只愁風雪至，溪凍莫能還。歸舟乘夜發，雲重月殘時。縱使前程暗，無愁舊路迷。風回天欲霽，村靜曉還遲。莫續殘宵夢，聊吟枕上詩。鄉行往返漫記。

響似千軍帶甲行，曉鴉成陣動寒徵。紛飛逐隊惟求食，萬喙同聲豈為名。乍卷雲來晴日掩，遠隨風去冷煙輕。漫誇身有凌霄翮，爭比孤鳴鶴翅橫。鴉陣

喜見晴光風雪除，茶聲鳥語稱幽居。貧交慣接難扃戶，雅事無辭任索書。庭有餘寒日色淡，墨凝殘凍筆情疏。擁爐呼酒豪家樂，曝背生涯亦自如。喜晴

昨夜笙歌忘卒歲，今宵爆竹覺殘年。凍雲不散風無力，寒氣難回臘有權。慣典敝裘償酒債，偏燒高燭了書緣。我貧人更貧於我，蔭庇常愁願未全。厚福庸庸莫笑伊，人間常道本無奇。情移書卷愁何有，樂在琴尊貧不知。頑石當途回步易，新潮到岸放舟宜。行藏不倚如萍梗，半是偷閒半是癡。歲暮漫吟之二，獅峰敬並書近作請政。

潘蓮巢臨明賢蘭竹八種卷

【紙本，三接，水墨。高八寸二分，長一丈一寸八分。每種王夢樓題識並總跋，皆書於本身。】

蓮巢潘恭壽臨。

文休承　幾枝搖落幾枝開，半拂幽牕半拂苔。舞蝶東西爭下上，啼鶯去住總低徊。出牆嬝娜招遊騎，依沼娉婷對鏡臺。為謝春雲深愛護，晚風吹得月華來。朱蘭嵎題句。

陳子埜　墨池春意動，蘭葉似風搖。隨意兩三卉，幽馨生素袍。

魏考叔　玉珮臨風浥露開，五雲長合楚王臺。青春好在幽花裏，拈得香從筆硯來。徐石農題句。

馬湘蘭　猗蘭兩三花，含香在幽谷。日暮望美人，盈盈隔湘水。

按，馬姬此詩，用中州韻。

薛素素　天際頹蘭馥馥，雲中翠篠娟娟。道人兀坐岩下，清芬盡入吟編。橫厓生題句。

周公瑕　溪堂抱喝經過少，閒寫幽蘭三兩叢。天性本來便雅素，未忺穠李與夭紅。彭孔嘉題句。

錢叔寶　幽蘭生空谷，無人自含芳。清風隔江度，吹送一天香。六止居士題。

周服卿　深林偏挺秀，空谷自生香。項墨林題句。

墨蘭為寫生最上乘，蓮巢居士近日始克為之。茲卷臨明賢凡八家，余為題識並錄詩篇。幽牕展對，覺清芬生几案間也。乾隆癸卯春正月，文治記。

癸卯之春，蓮巢曾為耀卿臨明賢墨蘭長卷，後為愛者索去，蓮巢因重為之，余亦重為題識。以今視昔，想是後舉者勝歟。戊申八月六日重題。

潘樵侶丁義門湖莊消夏圖合璧卷

【紙籤】

湖莊消夏圖　夢樓老人題籤

【引首灑金箋，高九寸五分，長三尺二分。】

湖莊消夏圖　夢樓老人題

【圖紙本，設色園林景，密齋小像，坐於柳陰舟中。高同上，長六尺九寸九分。】

潘思牧補圖

《湖莊消夏圖》，丁義門為密齋居士寫照，潘樵侶補景，夢樓老人題識。

【跋紙，高同上，長六尺九寸，尚餘後幅。】

　　前人書畫錄，多以消夏稱。良由夏日長，足令逸興增。汝年甫弱冠，繁華性所懲。獨有古卷軸，愛暱同淫朋。初猶真贗雜，欲辨力弗勝。繼乃黑白彰，醫成九折肱。今年暑較甚，老夫畏甑蒸。目不視一字，兀坐甘蕈騰。而汝獨磅礴，占此湖波徵。紅蘂雨數點，綠楊風數層。盡取所藏弄，滌案開緗縢。孰為魏晉簡，孰為唐宋繒。流傳凡幾手，品跋分三乘。但與古契合，不隨時喜憎。恐污桓元油，善驅顧愷蠅。塵埃躬拂拭，疑義頻考徵。雖勤汗不黏，涼自心源升。況乃閨中人，幽芳點筆曾。【珌梁女孫能寫生】偶造微妙處，瑩澈如寒冰。相與對探討，亦足清胸臆。此際熱客來，敲門定不膺。吁嗟乎此樂，將相或未能。汝今方少年，何修而克承。努力希往哲，勖汝受以恒。嘉慶元年歲在丙辰秋七月既望，坐快雨堂為詣成賢孫倩題此《湖莊消夏圖》，夢樓老人王文治。

　　少年才子小遊仙，覓得幽居勝輞川。萬點藕花紅似海，一泓湖水碧於天。欄干面面香全透，荷葉田田色倍鮮。如此雅懷人獨坐，因何不畫女青蓮。【謂珌梁夫人】為詣成世兄先生題並政，綺蘭。

　　十畝湖莊柳萬枝，樓臺高下影參差。庭前常種迎涼草，門外應無乞火兒。披圖風景似仙居，笑我隨園雅不如。說與郎君消夏法，午間看水早看書。詣成世講屬題，八十一叟袁枚。

　　一片好湖光，陰陰夏日長。人誇清暑地，我愛讀書堂。高柳黏天綠，新荷出水香。到來塵慮淨，心境自生涼。密齋三兄先生屬，水村尤蔭題正。

方蘭坻花卉卷

　　【引首紙本，界朱絲格。高九寸一分，長三尺。】

　　御兒鄉農華卉，【隸書】，道光二十五年乙巳四月廿九日，為生沐六兄廣文親家書。嘉興弟七十八歲老者張廷濟叔未甫。

　　【圖紙本，凡三接，設色。高九寸二分，長一丈七尺二寸六分。三家題跋書於拖尾。】

　　【萱草墨芝】秀五芝而介壽，佩一叢以忘憂。

　　【白梨花】畫已邊鸞詩放翁，野夫難狀亦難工，池塘影落蟾蜍月，庭院香傳燕子風。薰。

　　【紫牡丹】花嬌魏相宅，筆染徐家春。

　　【墨松紅梅】江濤初翻，城霞漸起。

【沃丹餞春蘿】漱芳馨，若飲醇；酡朱顏，如沃丹。薰。

【玉竹】高荷襯綴原殊俗，小樣妝岩亦假名。

【西番蓮】玉容洗風露，翠蔓牽籬屏。

【老少年紫菊】繁爽涼露若丹施，裊娜風前見一枝。莫道秋容誇老圃，也分春色道疏籬。薰。

【蘭花墨竹】爰有澧浦秀，可匹淇園風。灑落摽韻各，清真臭味同。

【芙蓉】拒霜華於木末，發霞彩於江流。

【紫蝴蝶】娟娟憐曉影，栩栩託春叢。薰

【臘梅山茶】春至寒消赤瑪瑙，雪飛香破黃琉璃。　乾隆辛丑秋七月上澣，摹宋人設色，應廋樵老先生一粲，蘭坅方薰。

詩社舊曾推北郭，畫圖近已出南田。離騷疏與平泉記，白白朱朱色界天。煙翠雲香含筆杪，雨塵月夢隔簾前。南方香草情何限，溯到陳芳亦惘然。二截句書方楚生折枝長卷後，嘉慶壬申元夕，宿程七澹秋齋中題，欽韓。

右方蘭坅賦色花卉圖卷，為吳門程心栽永培畫。心栽雄於貲，每出重值，購藏法書名畫，亦前輩之好事者。予友桐鄉金鄂岩德輿，吳中毛榕坪用吉，皆程氏聟。蘭坅館於金氏，凡欲得蘭坅畫，必請於鄂岩而後可。蓋蘭坅少依金氏，惟鄂岩之命是聽也。此卷必鄂岩為之先容，故用工極細，設色最精，全用宋法，鮮美異常，為蘭坅生平極作。心栽歿，家中落，此卷歸毛氏，而蘭坅、鄂君相繼歸道山。嘉慶戊寅二月，予過吳門訪榕坪，出此卷相與評賞，愛不忍釋，因以番銀十四餅購得之。予之愛是卷，亦以亡友之蹟，如對故人，聊作煙雲過眼。心栽且不能守，況本非予物乎。檇李戴光曾記於吳中紅板橋客舍。

滴露研朱，一花一草，工似忘荃，神追惲老。仙乎仙乎，技進夫道。　戊寅二月廿有五日，過從好齋，松門出眎相賞因題，樹柏。

奚鐵生寫經樓圖卷

【引首描金箋，高一尺二寸七分，長二尺八寸二分。】

寫經樓。【篆書】

【圖紙本，水墨山水。高同上，長四尺三分。】

寫經樓圖，【隸書】，戊午春日雨牕，擬倪元鎮法，為梅溪先生雅屬。蒙道士奚岡。

【題紙，四接，高同上，長一丈四寸五分。】

中郎熹平石經後，寫經以隸竟少人。君為中郎勒殘字，鬱起腕力爭嶙峋。劉寬王曜何足匹，如遊東觀下筆親。我因吳萊涯洪适，一字定論非斷斷。孫表左立不可作，洪相但以筆勢論。悠悠滂喜獨無繼，三倉一線嗟湮淪。顧惟六書辨假借，圖籍斷據誰識真。婁機字原競傳刻，未必宿海探崑崙。艱哉禮堂寫定意，日對敗簏研精勤。孰窺鄭君所寫本，陸德明訖王應麟。方今聖人考文字，皇皇經說鑄成均。尊彝款識耀俎豆，石鼓籀篆羅星辰。惠山山齋聽松字，助爾墨舞虯螭奔。辨眼鉤深韓蔡手，彈冠鼓篋來橋門。朱絲界行展晴晝，研池舊蹟慕貞珉。橫卷商量秘法在，高窗小幾栴檀焚。不應卻仿懶瓚景，此筆未合樓山村。此樓此幀定何所，蘇齋蘇室云卜鄰。直應貌作爾我對，一點一畫窮本根。隸圖隸續合一手，《玉篇》《廣雅》追《說文》。如此溪山踐清福，如此息壤盟主賓。雪晨稽首坡像側，篆煙結就縹囊雲。奉題梅溪二兄《寫經樓圖》，戊午冬十二月十九日，北平翁方綱。

寫經樓銘並序

國家稽古尊經，甄綜漢唐傳注義疏之說，定著為十三經，頒布學官。高宗純皇帝朝，又以故國子監學正蔣衡所書十三經刊石太學，是正沿訛，作式永久。於是學者漸摩服習，觀感奮發，曉然有以識朝廷所以敬教勸學、養成一世之意。國子生錢君泳，少耽墳素，蚤嫻隸法，起孤貧中，克自振勵，稱書四方。伏睹朝廷德美，退稽曩緒，以為石經之始，本漢蔡邕，鴻都傳寫，祇是隸文，堪為典要。其三體之說，互增互革，胥屬後來。今茲衡所寫進，猶承襲開成以來字體，而未有能為邕書者，是則學者之闕也。因是發憤陳篋，閉廬精寫。又以邕故漢臣，度寸為書，斯循漢尺；今際昌期，合遵皇度，迺更用工部尺一寸而為字，日自督程，積有歲月。居恒坐臥一樓，自非傭作，聚餕於外，不輒捨業，閒遊京師，自述如此。由是和碩成親王為作寫經樓三篆字，以勸嘉之，而好事者傳為圖畫。日者翩然來過揚州，出圖以示芭孫。伏念君棲蹟衡茆，秉持古義，勤力肄書，專心經藝，以致東平河間，敦崇典訓，褒揚好寫，流稱往牒者，載見於今。凡此莫非國家懿化，風流翔洽，足以傳美方來，昭示無極。爰書其事，且係銘焉，以勸君而成其志。銘曰：於皇時清，經術載明。版布斯廣，瑤勒斯貞。依唐故事，前有蔣衡。循漢舊儀，今有錢生。先時王澍，技以篆名。嘗充寫官，未迄完成。君雖晚出，隸筆鴻驚。蘭臺漆簡，與蔡為程。樓居郊墅，雨晦風晴。囊箱部次，煙墨縱橫。庶幾岡懈，畫謹聾

精。有粲其帙，貢諸帝閽。豈無寵錫，藝敏是旌。以詒緜禩，休有厥聲。嘉慶建元之六年夏五月，前華亭校官需次國子監典簿長洲王芑孫書於儀徵書院。

奚鐵生花卉卷

【引首紙本，高六寸九分，長二尺一寸七分。】

蒙泉外史寫生　山舟。

【圖紙本，凡兩接，設色。高八寸九分，長一丈三尺一寸四分。】

【紅牡丹】一種天香異，千株國色傾。應憐花似臉，半醉倚華清。

【木筆花】輸與東君書造化，筆頭春色最先來。

【白桃花】盧女後時鉛粉薄，劉郎重到鬢絲多。

【萱草】堂背宜男草，花間葉復柔。應須好培植，見說解忘憂。

【荷花蜻蜓】秋意漸生楊柳岸，晚涼都在藕花汀。

【秋葵】赤心忠國士，野服道家妝。

雁來紅白菊螻蛄　棲遲秋圃寧甘澹，妝點山家不似貧。

【墨梅水仙】嬋娟綽約並含羞，冰骨霜姿本一流。今夜遊仙千里夢，知他是洛是羅浮。　蛾子姻長過余冬花庵，相與揚摧畫理，因作此卷。取白陽之骨、雪居之神、南田之韻，自謂行筆設色稍可，而古簡澹逸之趣，尚有愧於三公。蛾子姑且置之，以為後日張本也。時在嘉慶丙辰清和，蒙泉外史奚岡記。

湯貞愍石城送別圖書畫卷

【圖紙本，設色。兩岸垂楊，山城一角，作維舟送行之狀。高八寸八分，長一尺二寸三分。】

石城送別圖，【隸書】，湯貽汾。

【書紙本，高八寸七分，長二尺二寸八分。】

石城雨急潮砰湃，童叟羅遮冠公拜。崇觴載俎傾城狂，新冠納言佩水蒼。中臺賦政重德望，能獨東南資保障。東南旱澇連三年，鄭公活人幾萬千。琴雀輕裝去天上，班生此行人羨仙。憶昨旌幢暗林谷，覓句雲堂餐朮粥。君卿閭巷辱頻過，三尺蒿萊映華轂。名園忍絕張敷蹤，躡屐還因片刺紅。歡緒無多頓秦越，疏麻入手分雲龍。雲龍會合何時再，我自田間閒負耒。願公霖雨遍蒼生，免我飢寒色如菜。皇陵高揖岐言休，輕帆獵獵江悠悠。明日來看送

行處，但見維舟岠傍樹。岠傍樹，歲月長，無人能憶去來航。於今遂是公甘棠，棠陰無限攀轅淚，和墨成圖盡寄將。

　　甲午春日奉餞菊言少冠大人自江南入朝，余既作圖贈別，並題是章，即希誨正，湯貽汾。

湯貞愍三百三十有三士亭圖卷

　　【引首淡黃灑金箋，高一尺，長三尺三寸。】

　　《三百三十有三士亭圖》　吳德旋為石士先生題。

　　【圖紙本，設色。亭臺樹石，作園林景。高同上，長四尺三寸七分。諸家題詠書於拖尾。】

　　星精降天化為石，拜石仙人愛成癖。卻愁無翼不能飛，何緣盡入奇章宅。三山使院春秋佳，松門竹逕何年闢。折柬難招石丈過，賡詩那得仇池易。瀛州學士生幽燕，天遣東南設壇席。披沙琢玉羅群英，無限峰巒拱鄒嶧。門前執贄何紛紛，非雁非羔出奇格。一人一石石異形，各抱奇礧如睹奕。石邊高築紅泥亭，亭前石友環三百。元方去後季方繼，至今文采凝旌戟。吾家太史文章伯，一時絳帳收雙璧。子雲亭畔春風帷，石經石鼓奇能譯。【笥河、石君兩先生嘗受業於從祖藥岡先生】玉昆金友事業在，石火光陰悲過客。又四十載來陳公，能以敦盤繼裴屧。石軍石士豈偶然，片瓦流傳任沿革。重將舊事繪新圖，欲使千年留勝蹟。剜苔剔蘚露光怪，肯遣嶙峋臥苔碧。作亭人往神有知，曳杖來看舊題額。石士先生命寫《三百三十有三士亭圖》，因次孫宮保韻題之，即秋誨正。湯貽汾。

　　三百三十有三士，海內從來無此亭。公似生公能說法，故教群石點頭聽。石亭成後石君來，亭子新從石士開。畢竟群公皆石友，一爐鎔就補天材。芙蓉能語鶯能飛，針芥相投力豈微。天遣洞天一品石，收將閩海石林歸。石士先生教定，齊彥槐拜稿。

　　以石作贄古無有，以士名亭亭不朽。閩人指點說大興，奇緣又落石士手。大興愛石緣愛士，磊落嶔崎性所喜。中有璆琳與琅玕，歸來持之獻天子。石士愛士如愛石，海澨山陬廣搜索。仍將舊事寫深情，更與茲亭稱勝蹟。作亭人往幾何年，後來使者誰稱賢。石聽不言能暗識，對此寧勿心淵然。重葺茲亭寫茲卷，一圖再圖意未厭。豈真結習學元章，前輩風流總堪羨。今茲持節又之江，此地由來文獻邦。數去成科多巨手，拈來名士總無

雙。紛紛各抱荊山玉，一一煩君作題目。席珍齋供好安排，莫使瑰材閟岩谷。君言此事吾熟計，教學原資攻錯利。果能特達定珪璋，下此適須加砥礪。武夷臺蕩青靳驂，浙江閩水同淵涵。孕璞降精天一例，掩瑜懷寶吾何堪。要持此意酬當宁，甲乙丙丁忩收貯。磨礲文采出廉隅，萬丈光芒射牛女。君不見精舍湖邊號詁經，定香亭子亦幽清。他時更取作圖畫，再把聲塵繼阮彭【謂雲楣雲苔兩先生】。石士仁兄年大人屬題即請教正，時道光癸巳八月朔日，芥航弟張井並識。

不遇媧皇能鍊石，下拜徒抱米顛癖。補天材肯充近玩，空山老臥煙霞宅。大興學士儒者宗，漢詁千年門逕闢。手持玉尺來三山，愛士不惜連城易。以石作摯古未聞，無數峰巒環几席。大者如屏小如拳，獨者為蜀屬者崿。其中豈皆磊砢材，一經位置殊常格。有亭翼然可小憩，宜酒宜詩更宜奕。大興既往新城來，後先輝映年半百。【笥河先生乾隆己亥督福建學政，先生督學時，相距幾五十年矣。】追思舊事寫新圖，旋向之江移棨戟。吾鄉獲遇文場伯，誰復荊山泣和璧。方【望溪先生】姚【惜抱先生】而後一瓣香，久已聲名動重譯。篋裏多收善本書，座上常延布衣客。更勞折節到衡茅，屢向湖山陪謝屐。春波重訪阮公墩，舊日風流猶未革。公所遊覽石能記，豈便鴻泥變陳蹟。展卷題詩聊贈行，階前新長苔痕碧。秋風使節倘重來，浙士人人手加額。次雨生協戎韻，題奉石士世伯大人誨政。錢唐汪遠孫呈本。

笥翁遺澤舊名亭，又見先生展齒停。九仞為山功可繼，百年造士石都靈。盈階鵠立如聽講，礪學龍眠記授經。一柱擎霄爭仰企，會看天府勒勳銘。石士老夫子大人誨政，受業夏之盛拜呈。

戴文節西湖侍遊圖卷

【引首紙本，高九寸七分，長三尺九寸一分。】

《西湖侍遊圖》　愷堂賢姪倩屬，貽汾。

【圖紙本，水墨山水，高一尺二分，長三尺七分。】

《西湖侍遊圖》　愷堂一兄屬，乙卯四月醇士戴熙。

【跋紙一，高九寸七分，長一尺五寸六分。】

裾絕名成覺可羞，倚閭曾不累親憂。琴書傲我一船去，歲夢從君十日遊。無恙湖山如有待，多情風月漫相留。還知茂苑春光好，盡許花間奉白頭。　　愷堂賢姪倩正，題貽汾。

迴翔夏屋蓮花幕，報答春暉萱草堂。侍養常逢佳節序，承歡宜趁好湖光。琉璃世界千潭印，丹碧屏風四面張。聽到吳飲舟楫近，版輿那復羨河陽。　　壬子中秋前一日，題應愷堂仁兄教正。八十一叟侯雪松。

【跋紙二，對接，高一尺，長七尺六寸一分。】

癸丑春避地紹興，初夏奉母進香天竺，遍遊西湖諸勝境。壬子秋，擬作斯遊，婦叔湯雨生都督先為書《西湖侍遊圖》弁首，並與侯青甫丈各有題辭，乃因進之。七兒殤，親不樂，罷遊。今於亂離之際，猶得遂老人之願，豈不快哉。時隨侍者耿姬麟趾，女福容，子福申、福保。記以詩曰：紅粉青山奉白頭，全家禮佛願初酬。千年古剎多慈竹，幾片丹霞映火榴。湖上煙波供色笑，雲中樓閣任勾留。亂餘此境真難得，不負題圖先一秋。嗟乎雨生、青甫兩丈因金陵之難，俱下世矣。當予未遊西湖之前，獨能留此翰墨，莫非有數存焉。乙卯四月，戴醇士少司馬為予補圖，爰錄紀遊諸作於後。咸豐五年秋七月，愛廬主人並識。

《癸丑仲春西湖感懷弔古之作》

從軍不愛愛清遊，【時從金陵撫幕返。】十里煙波獨放舟。非重湖山輕將相，誰拚身世易公侯。孤忠空矢悲前哲，大隱如生少匹儔。黃土一坏埋玉骨，話傳千古更風流。　　《同俞鑒人徐畹蓀、汪虎溪登江山船渡錢塘江》

江風浩浩接天雲，橫亙如虹吳越分。十里波濤呼綠酒，半帆絲竹又紅裙。烽煙已報來三楚，猿鶴驚聞化一軍。對岸青山如亂鬢，吾儕何處事耕耘。

《再渡錢塘江》

兩兩閒鷗古渡頭，平沙淺水費勾留。停輿隔岸招孤艇，破浪雙輪駕二牛。【沙阻非牛車不渡。】風鼓半帆煙雨重，雲唧一塔水天浮。眼前簫管皆寥寂，莫問吳江桃葉舟。　　《宿西湖鏡山樓》

窗闢雙眸豁，天遙一鏡浮。澗邊流水咽，塔頂夕陽留。蛙鼓驚鷗夢，漁燈閃石湫。夜深人不寐，明月在樓頭。　　《靈隱道中》

野店鳥偷時，山居犬亦歡。松亭可喚酒，止渴訪茶山。負手行緩緩，曲水聲潺潺。小憩冷泉亭，身倦心總閒。　　《四月既望西湖送汪虎溪之吳門》

烽煙三月亂江濱，南北行人莫問津。如此湖山如此月，何堪堤畔送汪倫。

《登韜光庵》

峰頭石筍立崔嵬，翠擁山門撇不開。百道暗泉鳴竹里，千章古木插雲隈。海天嘯傲仙何在，水月空明鶴自來。底事老僧傳幻境，松間高築煉丹臺。

《孤山》

江浙為比鄰，西湖在尺咫。有人問我時，箝口莫能指。避亂尋巖谷，始舉遊湖趾。值我到孤山，梅花盡結子。香魂何日返，俯仰徒酸齒。登閣思隱淪，鶴去幾萬里。

《南屏山》

千杉滿幽谷，古寺藏其腹。若無榜人引，安得豁我目。我來非貴客，眾僧頭不縮。善惡諸天象，僅堪醒流俗。夕陽半在善，雷峰色枯木。鐘聲出翠微，催歸林鳥宿。

《靈隱山》

南山既清明，北山更縹碧。著屐不騎驢，同遊比足力。問路或短長，欺我遠來客。豈知遊山人，路長意轉適。山泉入口甘，野花隨手摘。拭石試小坐，上下飛禽懌。瞥見飛來峰，巉巖列劍戟。處世須坦平，看山愛欹仄。

《天竺山》

三竺古佛地，千林多野寺。左右橫翠眉，日夕來香騎。縹緲雲間松，駘蕩花前轡。雖具禮佛心，總是遊山意。

《冷泉亭》

左出飛泉右來瀑，中有一池凝碧玉。色黯氣冷如鬼臉，熱腸人亦毫毛縮。

《呼猿洞》

青天忽見風雨急，白日猶疑鬼神泣。呼得老猿出洞來，欲問紅塵歷幾劫。

《飛來峰》

一峰飛，萬峰懸，峰巔猶有一線天。靈隱寺前住日久，幾時飛到雪池邊。
【雪池，余園之池名】

《玉泉》

半畝方塘清見底，憑欄俯玩心如洗。莫謂水清則無魚，五色斑斕蓄千尾。

【跋紙三，凡三接，高一尺一寸二分，長九尺一寸四分。】

絕妙湖山絕妙詩，流霞親捧萬年巵。好從佛界累因果，不解人間有亂離。煙水一家圖畫裏，鶯花三月雨晴時。卅年風景增根觸，白髮攜兒繫夢思。【昔從先資政宦浙湖上為舊遊地，今忽忽三十餘年矣】丙辰仲春，題奉愷堂尊兄先生莞政。玉堂種竹生楊能格。

緩移畫舫鏡波寬，綠暗紅稀蝶作團。如此湖山留句好，無邊風月博親歡。抱才未易辭長鋏，偕隱何時把釣竿。鸞鳳難招殘墨在，展圖何忍剪燈

看。【卷中有雨生都督青甫學博題句】咸豐丙辰暮春題奉愷堂仁兄大人正定，韓崇。

我家西湖濱，省識西湖面。空明煙水間，山容開笑倩。行行江南春，花時恒閱遍。老世賦倦遊，知否湖山戀。故山如故人，相望遲相見。魏塘我轉徙，明湖君歡醮。【時移寓嘉善之西塘】我牽兒女懷，君奉高堂膳。行樂貴及時，即此人人羨。詩補蘭陔篇，圖畫蓬瀛眷。追和落後塵，再至邀君跰。　　愷堂大兄親家正，飲江弟高楨拜槀。

青山白髮畫圖看，花落鶯啼好放船。故國不堪愁裏住，他鄉翻作客中仙。浮家已入山陰道，攬勝還登天竺巔。贏得煙霞供色笑，紀遊一一有新篇。　　咸豐戊午新秋，奉題愷堂尊兄《西湖侍遊圖》，即請教正。香圃弟金以誠未定槀。

愷堂尊兄先生大吟壇命題《西湖侍遊圖》，即請正句。

曹侯江東美無比，天教生在菰蘆裏。拋卻具區三萬濤，來飲西泠一瓢水。西泠之東有兩堤，栽花種樹天下奇。湖中游魚無萬數，饗以南北雙翠微。自從蘇白去後千餘載，風月浩歎猿鳥欷。婆留一兒開石鏡，龍飛鳳舞錢塘勝。趙家南渡小朝廷，貪戀偏安失全盛。我朝儀徵阮相公，風流文采江山雄。當時張鐙觴花底，秋江載菊娛封翁。【儀徵遣花奴赴揚州買菊，來杭命舲坐花以娛太公圖曰載菊過江，既自為截句，三章又屬僚友和之】植柳三千擬召伯，教人長憶甘棠風。【儀徵又飭海塘兵剪柳三千餘枝，遍插西湖，並令海防道歲添插千枝以為故事云】而今海內半烽火，滿地戈鋌無處可。侯昔奉母來避兵，湖淥嵐光殊帖妥。老人安穩相公詩，移補南陔青幾朵。【《秋江載菊圖》有老人安穩住江南之句】一朝急雨打銀甌，忽地仙霞竄銅馬。侯昔穆之日百函，幕府才望傾東南。侯今洋洋彈貢冠，在位或有王陽看。我替侯思已爛熟，高官厚祿豈以換。吾幕但見絳灌讒賈書，不聞常何薦馬牘。得毋潘岳奉板輿，或者老萊舞綵服。我知元祐之治事不可作，惟有青瞳白髮話咸淳婆婆太平真老福。歲賢昔者日愈昨，老人安穩七字足。我以壬子穌君詩，侯云轉徙已失之。覆甕覆瓿奚足惜，中有一段陽春暉。我不如侯千鍾三釜及母仕，又不能買牛買犢為母流恩慈。猶記歲在旃蒙作噩日，先子攬揆初半百。買舟欲避城市囂，萬兀千搖弄湖月。我時學作并州兒，不識西湖是俊物。乃今日月曾幾何，我又半百歲闕一。惟祝令妻壽母安且吉，萬以千億眉壽無有極。君不見當日孤山處士誇，草堂惟解聘某花。漢皇封禪休相笑，青鳥能來阿母家。又

不見西子湖頭風景殊，碧蓮為帾滿為桴。大家詞賦夫人筆，寫遍臨平馬馬嘽圖。咸豐歲在戊午秋八月幾望，汲梁樗僚弟周沐潤稿。

遨遊何處好，勝地數西湖。慈竹煙雲繞，藍輿侍奉娛。陳思誰企及，小宋我友於。莫向桃源問，且瞻武庫圖。【戴武庫善畫山水】奉題《西湖侍遊圖》即請愷堂仁兄大人正之，雪薌弟廉甫草。

大好湖山大好春，扁舟一棹樂天倫。六橋花柳三潭月，較勝斑衣奉老親。當代咸推八斗才，花生口吻詠循陔。龍飛鳳舞平章遍，祇博親顏笑口開。眷屬神仙第一流，無人不羨木蘭舟。白蘇堤伴絲絲柳，門舞春風若個柔。收拾煙霞付寫真，名山生色仗詩人。不多幾筆龍眠派，摹盡曾參養志神。戊午大暑日，奉題《西湖侍遊圖》，即請愷堂先生正之。古虞女史綠君周綺甫草。

樹護爭詠北堂春，翰墨流芳妙絕倫。交結忠臣惟孝子，乞將椽筆壽慈親。淹有登高作賦才，況攜仙眷詠南陔。貞心慈竹凌霜健，並蒂紅蓮映日開。拍隄春水綠波流，無恙湖山且放舟。珍重雙忠遺蹟在，墨花清勁浪花柔。色笑難追寫不真，蓼莪廢讀感詩人。與君同抱終天恨，一度披圖一愴神。辛未仲秋之月，用綠君女史韻奉題《西湖侍遊圖》，即請愷翁尊兄大人正句，艮庵弟顧文彬。

舊夢飛揚湖上頭，慈親色喜願全酬。年華無恙條條柳，劫火傷心艷艷榴。臨水何人知子樂，看山弔古想遺留。白華補了詩空在，賤子瞻云二十秋。

愷翁先生命題即求正句，金嘉采拜稿。

戴文節松壑高賢圖書畫卷

【紙本，水墨山水，高五寸二分，長四尺二寸四分。前半作圖，後半題詩。卷後另紙，毛西堂書坡公詩十章，文不錄。】

松壑高賢，丁巳歲杪仿王叔明，問梅五兄屬，醇士戴熙。

山圍步障四十里，家住神仙十二樓。流水桃華忘歲月，人間萬事一浮漚。幾疊倪迂側筆山，斷雲流水隔溪灣。淡中滋味閒中趣，品格當居王惲間。落落長松瘦幹蟠，風欺雪壓半摧殘。而今蜷曲知無用，留與空山伴歲寒。大廷有討捕，岩疆重門關。健兒效身手，衰髯奮時艱。終歲疲心力，不敢委投閒。故人屏居逍遙谷，寄我一紙求雲山。停午快雪霽，曳履城西原。沿緣躡沙岸，薄凌蠹有痕。凝寒邈空水，岡巒競雄尊。逶迤積楚外，煙玉射微暄。曠望窮

遐矚，信步遣朝昏。挑燈沁澀穎，藉下春酒溫。積雪滿階除，明窗弄豪楮。晚晴人不來，靜聽歸鴉語。

畫筆小倦雜錄題畫舊句以盡餘紙，即請問梅五兄哂正，醇士戴熙待定稿。

咸豐己未秋八月，余感暑濕初起，適問梅仁兄寄此卷來，命書餘紙。八日扃試，俗喧一寂，又涼雨驟作，乃書坡公詩。愧書學不進，無以副盛意，使良友見我今日情味而已。弟庚並記。

戴文節交蘆庵圖卷

【紙本，對接，淡設色山水。高八寸三分，長六尺五寸七分。】

道光庚寅十月，陪徐丈問渠、汪兄驤卿祀屬徵君栗主於西溪之交蘆庵，歸寫是圖。醇士戴熙題記。

戴文節水竹居圖卷

【引首灑金箋，高七寸七分，長三尺五分。】

竹水居圖【篆書】，子嘉二兄屬，文彬。

【圖紙本，水墨山水。高同上，長三尺三寸。諸家題跋，書於拖尾。】

水竹居圖。

嫋嫋修篁拂暮雲，鱗鱗碧沼漾朝暾。二分流水三分竹，消受須添福五分。

仿南田《一竹齋圖》大意作此圖，戲題小句，博祖香大兄一粲。己未暢月燈下，醇士戴熙炎研。

《水竹居圖》，倪雲林原本兩樹夾坡中藏茅屋，上方低巒，餘俱細竹。自題云「水竹居。吳人多用之，類皆鑿池種竹，以誇深靜也。王石谷、惲南田每臨之，余所見不止一二本。」文節此圖自謂臨仿南田，然就畫境論之，南田超脫，文節細謹，殊不相似，轉與石谷稍近，實已自成一家，不拘拘於橅仿也。近來文節聲價與惲、王幾分道馳矣，當其下筆時，詎料數十年中名貴至此，畫以人重，豈不信哉。子嘉二兄出此卷索題，書此奉質高明，以為如何。己卯端午，艮庵並識。

光緒四年，歲在戊寅二月，男戴有恆敬觀。

戊寅春仲，道出黃歇浦上，獲觀是卷，次孫戴兆春謹志。

己卯夏六月，獲觀於吳趨寓舍，長孫戴兆登謹識。

四山抱眾綠，一逕柴門開。澄波跨石樑，修篁間疏槐。幽人坐團蒲，寂歷心曠哉。想見下筆時，颯颯清風來。茲圖昉雲林，王惲時奪胎。工意不工

似，靜者心自知。先生成仁去，翰墨珍瓊瑰。水清與竹勁，素心於此該。披圖令我神與往，一聲清嘯眾山響。　　子嘉二兄雅屬，彭慰高。

　　本朝臺閣中以畫擅名者，首推麓臺司農。繼之者董東山、戴文節，足以鼎峙。文節大節凜然，尤以人重，汔今流傳未久，而聲價已駸駸乎邁東山而儕司農。再閱百年，其鄭重當何如哉。此《水竹居圖》名為仿惲，實運己意，從來大家摹古，不以刻畫求肖為工也。子嘉二兄雅耆名人書畫，弆藏此卷，護如頭目。寄屬題記，因書數語歸之。時己卯秋七月，愉庭吳雲識。

戴文節秋山煙靄圖卷

　　【紙本對接，水墨山水，高一尺，長八尺二寸六分，諸家題跋書於拖尾。】

　　秋山煙靄　國朝畫品當以煙客居第一，淵深靜穆，藏而不露，若南田便有一段靈秀之氣浮動楮墨間矣。癸卯八月畫，為可亭仁兄醇士戴熙。

　　兩浙文章伯，三天侍從班。澄懷寄豪素，清氣足湖山。步武鐵生後【謂奚處士岡】，師承煙客間。雙南休問價，此侷落人寰。見說西湖上，頻來蔣徑中。【昭文蔣山人寶齡客杭日，學士與之過從頗數】青芒沖積雨，白練受薰風。氣為憐才下，心因鑒古空。玉堂天樣遠，讀畫感衰翁。可亭先生屬題並政，嘉善六十九叟黃安濤。

　　婁東王煙客奉常之畫，固是二百年來畫家冠冕。且人有厚德，故有厚福且多壽。戴學士品之曰「藏而不露」，而於南田則曰「靈氣浮動」，則知宗尚有在，其言良可味也。奚鐵生畫非不佳，然其人使酒自大，甚囂塵上矣。生肯與噲同伍耶。此卷作於癸卯，惟時學士服其尊人得月封翁未滿。翁與余交久，讀學士之畫，亦增老友之感。道光二十五年乙巳九月十一日，為海鹽眷彥可亭沈兄先生書。嘉興竹田里弟七十八歲老者張廷濟叔未甫。

　　憶余於乙丑春客都門，與醇士學士寓相距不一里。時學士方赴春官，旋報罷，計偕諸公盼不以失意敦促就道者，而學士處之恬然。且偶借得王奉常及石谷山水兩長卷，愛不忍釋，為多留一月，臨摹副本而後歸，其襟度可想也。故余得常過其寓，瀹茗譚藝，意甚浹洽。曾為余作《寓齋論畫圖》見贈，以志神契。且云：畫之理通於書，以畫求畫，終無悟入處。吾嘗輟筆不畫，專力學書者，五年而畫亦旋進。此誠學士自道甘苦之言也。迨學士捷南宮，官禁近，以文學侍從之臣，皦歷中外，余即於是冬南歸，踤伏里門，久之不出，於是不晤者忽忽已十餘年矣。今可亭先生以學士所寫山水卷見示，乃其前年

讀禮家居時作，筆意悉本奉常家法，未知與當年京邸所臨者何似。要其一種
灝瀚磅礴之致，流溢紙素間，筆耶墨耶，與之俱化。學士所謂書法通於畫法
者，其在是乎。惜雨老病逡巡，學隨年退，即筆墨餘事亦漸就懶廢。回憶曩與
學士論畫時，對此不無自愧云。道光乙巳冬嘉平月八日，笠東俞岳附跋。

　　非雲非霧非虛嵐，冥冥但見秋空煙。平蕪蒼茫出樹杪，江風吹斷峰腰泉。
數椽茆屋隔幽谷，漁莊蟹舍開斜川。溪流隱隱林麓杳，山窮水斷疑無前。奇
思陡然落天外，青冥一界高摩天。紫薇學士擅筆妙，肯為王惲分媚妍。【西廬
老人南田草衣作畫，各有千古，若誤會學士畫之跋語，強分軒輊，則慎矣】掃
除蹊徑闢生面，要使不變如滄田。畫禪一縷僅如髮，廣陵遺散幾百年。西廬
不死南田在，餘子落落爭婢娟。伊余弱歲事柔翰，臥遊每學宗生眠。西冷老
鐵不可作【謂鐵生奚丈】，能事近屬瀛洲仙。論畫擬放雪谿棹，往來燕雁憎
無緣。它日煙波結漁隱，倘肯和我秋山篇。道光乙酉秋八月上旬，可亭司籍
出戴醇士學士所作《秋山煙靄圖》索題，因次坡仙書《煙江疊嶂圖》韻，作
此幸教之。子健弟李修易草。

　　空林欲霜石見齒，寒色蕭蕭逼雅尾。西風爾從何處來，能使秋心動萬里。
誰師造化泄秘鑰，湖上舊遊戴學士。學士生平善寫秋，水墨陰翳秀生紙。昔
年曾作悲秋圖，抑鬱離騷泣蘭芷。楚江風露警啼猿，羈客無聊壯士涕。丁卯
才人雅好事，索我長歌寄燕市。【許金橋戎部曾以學士所作悲秋圖屬題，今二
十年矣】舊夢回頭二十年，彈指光陰迅如矢。後來供奉承明廬，簪筆從容侍
天子。落葉聲中獻賦來【學士宜編修時以落葉賦，應大考尋擢宮贊】，聽秋圖
裏承恩始。【學士應詔作《秋聲圖》】桃李長安未覺春，青山一笑天顏喜。零星
餘墨落人間，秋色還從北極起。入雲遠樹每中斷，倒景危嵐忽孤峙。最後一
峰絕混茫，少昊精神太華體。我昨新從秋浦回，日日煙霞送行李。黃山雲氣
出袖中，岩陵黛色陰蓬底。吾家子久惜不作，富春江水寒如此。歸來展卷作
外遊，夢魂忽墮秋山裏。沈郎愛畫兼愛詩，畫中詩境猶堪指。依稀振策下寒
雲，馬上回頭萬峰紫。【第五行雅字下脫好字】　　道光乙酉嘉平上浣，韻珊
弟黃憲清為可亭二兄先生屬題，即請正句，芝山陸鳳墀作隸。

　　余在都與醇士侍郎為莫逆交，醇士淡於聲利，閉戶讀書，性耽六法。由
吾朝三王及元四家，而上溯董巨，無不刻意臨摹。顧求者踵門，不肯輕為人
作。余至其室，煮茗品題，恒時出所作，與古人名蹟對勘，輒自覺有瑕瑜不掩
處。其心虛，其業勤，自當蘄至大家地位。此卷為可亭姻兄所作，尤其得意之

作。醇士今將歸里，他日當相訪於六橋三竺間，煙雨湖山，助其潑墨，定增逸興也。道光三十年庚戌孟夏上旬，朱昌頤並識。

西盡南嶽東湖山，少年過眼如雲煙。十載閉門屐齒脫，松窗讀畫思翛然。憶昔攜家居澱曲，群峰窈窕飛流泉。澄湖霜清木葉脫，朝莫奇景開平川。炊痕縈互遠村外，夕照明滅歸帆前。生宜邱壑墮塵網，山雲揮手慳非天。沈侯示我厚夫畫，墨華涼潤生秋妍。人間此境本絕少，買山況乏湖湣田。五嶽橫胸託窮慨，倦遊已苦非華年。秋雲出岫忽舒卷，山月邀我空嬋娟。咫尺湖山不得住，乃復千里遊龍眠。回首家山隔煙霧，成連雅奏懷琴仙。槐花欲落雁南首，與君預結看山緣。煙霞招手入圖畫，放歌重和髯蘇篇。辛亥春仲，將復遊皖水，瀕行，可亭沈尊兄出戴醇士侍郎所寫《秋山煙靄》長卷索題，卷中李子健先用坡老書王晉卿《煙江疊嶂圖》韻作歌，奇肆逼真長公，因次厚韻應教，兼以志別。西澗釣逸陳作敬題。

濕煙堆山飛不起，嵐翠蟠蟠鬱千里。旁山無麓樹插雲，樹禿秋高淨如洗。當年侍郎解組歸，飽翰山色湖山裏。胸中有山山乃奇，萬疊煙雲驅腕底。峰迴路轉川原開，漁村蟹舍臨谿涘。飛鴻漠漠去遙天，疏柳冥冥搖遠水。經營慘淡出天真，俗筆紛紛那辦此。沈君舊有煙霞癖，寶之不異千金是。清儀【張邾未】笠東【俞少甫】首作跋，妙語靜累皆畫理。畫中有詩清而姝，長篇小字書黃李。【韻珊子健二子皆善畫】皖山秋老煙蒼蒼，舊遊愁絕陳無已【湘漁】。我今題詩筆力孱，卷圖煙雨秋橫幾。咸豐甲寅中秋前一日，題應可亭二兄大人雅屬即政，彥宣吳廷燮。

十年作宦滯春明，澔右文章噪鳳城。分取題名青鏤管，墨華飛處澹煙生。平林一帶白雲浮，嵐影空明雨乍收。絕似管山秋遠望，半簾濕翠獨憑樓。【余築小樓於管山草廬之西偏，憑欄一望，澱湖諸山，歷歷在目】可亭司籍賢契屬題，皆庚戌夏五月吾德涵草。

卷　七

唐周昉村姬擘阮圖軸

【硬黃箋本，設色。村姬一人作撥阮狀，傍一老嫗持杖拊肩並立。高二尺五寸三分，闊一尺二寸九分，無款。間有破損。左角上一印，左邊二印，右角下一印，皆文闕不辨。梁山舟題書於圖上隔水絹。】

唐周昉《村姬擘阮圖》，山舟梁同書鑒定真蹟。

唐戴嵩鬥牛圖軸

【絹本，設色。二牛牴觸猛鬥，牧童二人驚避樹竇。樹上枯枝立一啄木鳥。高二尺五寸六分，闊一尺五寸六分。無款。】

五代周行通牧羊圖軸

【紙籤。】

五代周行通牧羊圖神品，風滿樓珍秘【隸書。】

【絹本，設色。黑白群羊，一人手執樹枝，望後驅策，一人肩負乳羊而行。高三尺二寸一分，闊一尺五寸五分。間有破損款字傍一印，右角二印，皆殘闕不辨。】

西蜀周行通畫。

【詩斗紙，高九寸二分，闊同本身。】

嬰兒御氣草堤眠，能使雙羊合自然。莊叟不知蝴蝶夢，覺來重作《養生篇》。高柳風清曉日蒼，牧童隨處候陰涼。似憐挾策當年客，物我胸中兩未

忘。 周行通《牧羊圖》古茂可愛，非精畫理者，鮮知其味，亦難與俗人言也。萬曆三年夏月之望，東海屠隆並記。

五代王道求荊林獅子圖軸

【絹本，設色。蹲獅背襯古栢蜀葵，上立二雀。高二尺八分，闊一尺八寸二分。無款。右角三印，模糊不辨。】

五代張戡人馬圖軸

【絹本，設色，一馬作滾勢，一人解鞍坐而調箭，四望皆沙漠痕。高三尺八寸四分，闊一尺四寸六分。無款，右角一印，模糊不辨。】

【詩斗紙，高一尺四分，闊同本身。】

周密公謹云：乙亥秘函黃紋齋，以蓬省旬點，邀余偕行，具衣冠拜右文殿，經道山堂，歷汗青軒，登渾儀臺觀渾儀。步玉渠，登閟閣，閣內兩旁皆列龕藏先朝御書畫，別有朱漆巨匣五十餘，皆古今法書名畫。僅閱秋冬收藏。內皆以鵲綾、象軸為餙，有御題者，加以金花綾。每卷表裏皆有尚書省印。此幀畫壯士解甲，坐憩調箭，旁滾馬雄蹻異常，四望皆沙漠痕。畫者張戡僅留一印於右角，而右角上有尚書省印，朱色爛然。其秘府所藏朱漆巨匣中之一留存至今者耶。此幀余以嘉慶庚午南旋，見於書畫肆中，越十餘年，道光乙酉四月歸省得之。迢迢嶺海，竟無真鑒，殊自幸墨緣之不偶也。辛丑四月十六日記於筠清館中。幀右方有梁蕉林相國印識，牙軸尚是數百年物，不勝神往。記者乙亥，則帝㬎之德祐元年，時公董年四十四矣。南海吳榮光伯榮並題，時年六十有九云。

昔過汾江，因吳樸園年丈而訪筠清館所藏，劫灰之餘，忽驚此寶尚在，然絹糜不可觸矣。閱三載，其戚持以贈我。今又閱三載，披玩而記之。同治二年端節，廣陶。

宋徽宗雙安圖軸

【絹本，設色。棘刺枸杞，鵪鶉小鳥各二，均以生漆點睛。高二尺九寸八分，闊一尺二寸四分。】

紫宸殿御製 押。

宋何尊師葵石戲貓圖軸

【絹本，設色，子母貓五，墨石，蜀葵。高四尺三寸四分，闊一尺七寸三分。間有破損。徽宗題名，左右鈐御印二大璽，下角鈐藏印，四方均殘闕不辨。】

何尊師　押。

宋釋巨然流水松風圖軸

【絹本，設色。高松插嶺，曲澗流泉，松下一人正坐撫琴，一僮傍立。高六尺五寸二分，闊三尺七分。無款。徽宗題書於本身右角下一印，模糊不辨。】

百灘度流水，萬壑響松風。　　巨然真蹟，宣和御題。　押。

宋釋巨然江村歸櫂圖軸

【絹本，橫幅，水墨山水。高一尺四寸五分，闊二尺二寸四分。無款。】

【詩斗藏經紙。高九寸八分，闊同本身。】

北宋僧巨然江村歸櫂圖。林村謝淞洲題。

宋李咸熙寒林采芝圖軸

【絹本，水墨樹石、遠山、瀑布。設色。一人竹笠草衣，腰間結一葫蘆，懸筐於鋤，筐中滿盛芝草，負之而行，作樵者狀。高五尺六分，闊二尺二寸四分。諸家題跋，書於本身。左右兩邊有藏印各五方，模糊不辨。】

營丘李成。

營丘李夫子，天下山水師。放筆寫寒林，千金難易之。秋壑【隸書。】

先朝文臣李成畫《寒林圖》一幅。

右朝散郎、提舉兩浙西路茶鹽公事、賜緋魚袋，臣米友仁審定真蹟，照式裝飾。紹興十年庚申閏六月六日吉，遂中使臣龍大淵進。端月廿又五日丁丑之吉，上御奎章閣閱圖書，嘉閣參書臣柯九思精深鑒別，古學淵源，特擇內府所收李咸熙著色《寒林采芝圖》賜之，俾臣集題。臣嘗竊讀李成《山水訣》云：「畫山水須先立賓主之位，次定遠近之形，然後穿鑿景物，布置高低。落筆不可太重，重則濁而不清；不可太輕，輕則燥而不潤。上下雲煙取秀，不可太多，多則散漫無神；左右林麓鋪陳，不可太繁，繁則拍塞不舒。」又曰：「喬木竦直，蟠屈者，一株兩株；亂石礧堆，奇怪者，三塊兩塊。」間著人物，必於眸子頰毛，求精神於阿堵中。然又必須其人天資超卓，性行和

暢，潛心六法，精究三昧者，始可與言畫道也。今觀其畫山石林泉，布置得
宜，賓主遠近，不漫不越，煙雲澹蕩，筆有盡而意無窮，人物生動，吻欲聲而
步欲移，各臻極玅，翰墨難宣。契其立言，毫釐不爽，宜乎其於開宋之世，
居大家第一，詎非所謂千百年後為山水之宗匠者歟。奎章閣具位侍書學士、
翰林直學士、亞中大夫、知制誥、同修國史、兼經筵講官、國子祭酒臣虞集奉
聖旨敬書。

宋紹興內藏李成《寒林采芝圖》真蹟，奎章閣校書臣字水魯狇、參書臣
柯九思、臣雅琥、侍書臣虞集審定，朝列大夫臣宋本、國史院編修臣宮裴覆
校定，供奉臣李訥、內掾臣林於甘立重裝。至順元年庚午人日。

宋郭河陽終南積雪圖軸

【絹本，設色山水。高五尺六寸六分，闊三尺四寸三分。香積齋題書於
本身。左角下題字，上有白文一印，模糊不辨。】

臣郭熙。

香積齋看定藏。

宋米元章雲山草筆圖軸

【紙本，水墨山水。高二尺九分，闊一尺二寸。沈歸愚題書於本身。左
右角下二印，文闕不辨。】

苕岷江還舟，至海應寺，國詳老友過談，舟閒無事，且索其畫，遂爾草
筆為之，不在工拙論也。

乾隆甲申，沈德潛觀於春暉堂。

宋李迪雪樹寒禽圖軸

【絹本，淡設色。枯樹枝上立一鳥，傍襯雪竹，空處以粉點作飛雪狀。
高三尺六寸三分，闊一尺六寸六分。款字上一印，模糊不辨。】

淳熙丁未歲，李迪畫。

宋馬欽山林亭高隱圖軸

【絹本，設色。古木幽篁，亭中一人臨流據案而坐。高三尺四寸八分，
闊一尺六寸七分。小款二字書於右邊石上，左角下半印，文闕不辨。】

馬遠。

宋夏禹玉灞橋風雪圖軸

【絹本，淡設色山水兼人物。高二尺，闊一尺三分，小款二字闕半。御題書於本身。】

夏珪。

驢背風花冷打人，遠山忽聳玉嶙峋。誰知了了疏疏筆，鄭相詩情盡得神。己丑新正御題。

【詩斗藏經紙，高八寸五分，闊同本身。】

華原氣格。

宋馬麟寒梅凍雀圖軸

【絹本，設色。雪景、梅竹、山禽、小鳥，各二。高五尺二寸，闊三尺三寸二分。款字署樹本上，王覺斯題書於本身，間有殘缺。】

馬麟。

馬麐古幹，無塵最難。　後秀有商喜，筆老韻□麐□□□清，自不易及，然□麐為師耳。王鐸。

宋徐世昌山村暮靄圖軸

【絹本，三幅並成。設色。夕陽在山，暮鴉歸樹。山坳煙霧中，古塔蕭寺，微露其巔，一翁扶杖攜童，倚柴門閒眺，二人鋤於石旁。高八尺六分，闊八尺三寸三分。圖上鈐康皇帝寶一印，係明建文時追尊懿文太子為孝康皇帝。見《石渠隨筆》卷二。】

徐世昌。

宋趙彝齋蓮葉鮮魚圖軸

【絹本，設色。鯉魚四尾置蓮葉上，鱗片以泥金渲染，殊有生趣。高一尺四寸二分，闊一尺一寸九分。無款，衹右角一印。】

宋朱克柔蓮塘乳鴨圖軸

【刻絲本，五彩紅藻，白鷺綠萍，翠鳥。子母鴨各二，游泳水中，間以蜻蜓草蟲等類。高三尺三寸五分，闊三尺四寸。小款兩行，刻於青石上。】

江東朱剛製蓮塘乳鴨圖。【隸書】

元趙文敏墨君圖軸

【紙本，水墨，竹兩枝，高二尺四寸一分，闊九寸一分。文信至楊維禎五家題詠，均書於本身。詹僖、笪重光兩題，書於裱絹。】

子昂為伯庸試繡兒墨作此。

憶昔吳興寫竹枝，滿堂賓客動秋思。諸公老去風流在，相對茶煙颺鬢絲。文信。

晴梢初放葉可數，新粉纔消露未乾。大似美人無俗韻，清風徐灑碧琅玕。河東李倜。

挺挺琅玕玉潤邊，半含春雨半含煙。怪來筆底清如許，老子胸中有渭川。敏。

松雪齋前見此君，白鷗波冷翠紛紛。蕭騷不是湘江雨，要眇還成楚大雲。惟善。

冰輪西轉玉繩橫，何處紫鸞嘶玉笙。卻似官奴燒燭罷，石龍風雨作秋聲。老鐵禎在雲間舒眉處試鐵心穎。

湖州逸法共東坡，友石於今不可過。一段天機真假際，趙公妙手即文蘇。鐵冠道人詹僖題。

趙文敏《墨君圖》真蹟，為神品第一。近得於邗江張氏，與天球拱璧並寶，宜什襲藏之。江上外史笪重光，辛未夏六月廿七日重裝記。

元趙文敏蘭竹圖軸

【紙本，水墨。高二尺六寸五分，闊八寸一分。】

子昂為進之寫。

元趙文敏寫陶靖節小像軸

【紙籤，下截微有殘闕。】

趙松雪繪彭澤像。壬午夏重□□□唐寅□籤。

【紙本，設色獨立小像。高一尺九寸一分，闊八寸八分。畫心尚完善，惟四邊間有破損。】

□靖節像。

大德二年□三月，吳興趙孟□。

【詩斗紙，高七寸七分，闊同本身。僅王雅宜書傳一篇，其餘唐寅至余堯臣四家，均書於裱綾。陸紹曾題書於裱絹。】

五柳先生傳【文不錄】，嘉靖壬午四月，書於桃花庵。寵。

吳興此幀以全力仿龍眠，神形俱得，平生所見無踰於此矣。後學唐寅識並藏。

趙文敏畫此幅《陶靖節像》，簡潔淳古，蕭然畦町之外，不知於李龍眠□□，後來莫有仿弗其萬一。向所見贗本迥不相同，觀者可識廬山真面目矣。萬曆戊寅三月上浣，文仲義志。

古人善書者必能畫，今觀趙松雪《五柳先生像》，畫宗龍眠，故用筆古雅，天真爛熳，宜寶而玩之，異於常品也。戊寅立夏前二日，觀於夢墨亭。吳郡朱之蕃。

虛館坐清曉，高秋零露時。佳菊秀可餐，墨花含晚滋。芳馨發孤思，細讀歸來辭。餘興猶未已，寒玉生疏枝。孰謂公子懷，不與幽人期。撫圖三歎息，繫年非義熙。後學余堯臣謹識。

生世各有時，出處非偶然。淵明賦歸來，佳處未易言。後人多慕之，效顰惑媸妍。終然不能去，俛仰塵埃間。斯人真有道，名與日月懸。青松卓然操，黃華露中鮮。棄官亦易耳，忍窮北窗暝。撫卷常三歎，世久無此賢。月軒示觀趙文敏繪《陶靖節像》，真為逸品，仍錄松雪題《歸去來圖》原韻一首，陸紹曾。【隸書】

元趙文敏桐陰高士圖軸

【紙本，設色。梧桐墨石，朱衣一人，背坐撫琴，高二尺二分，闊九寸三分。鄧文原暨御題，皆書於本身。】

大德三年六月廿七日，為楊安甫作。子昂。

玉立桐陰十畝蒼，托根何必在朝陽。迎風簌簌秋聲早，灑面陰陰月色涼。勝事只消琴在膝，野情聊倚石為床。高人自得坡頭趣，不為開花引鳳皇。古涪鄧文原題。

文石猗桐側，橫琴且不彈。鬚眉盎背坐，那許世人看。壬午春日，御題。

不必七絃攪，琴音流水彈。傳神非阿堵，師意試臨看。梅雨初晴，桐陰清快，偶撫此景，即用前韻，題句並書幀中。壬午閏夏月，御筆。

元李息齋竹圖軸

【紙本，水墨，竹兩枝。高三尺二寸七分，闊九寸四分。於立、熊夢祥兩題均書於本身。】

至大庚戌七月新秋雨涼，隨意寫此，贈文海承旨。息齋道人李衎。

薊丘最愛山陰道，個個人家好竹林。夜半翠煙三萬頃，玉簫人倚鳳凰鳴。於立。

薊丘道人寫瀟湘，煙寒兔冷石齒蒼。素娥剪翠雲葉亂，三十六陂春水香。熊夢祥題。

元方方壺攜琴訪友圖軸

【紙本，設色山水。高二尺六分，闊一尺二分。】

攜琴訪友【隸書】，上清方壺老人戲筆，戊午夏五。

【詩斗紙，高七寸七分，闊同本身。王燧、郟韶、周鼎三家題詠於上，其餘徐有貞、笪重光題識，書於裱紙。】

紫府深沉白晝間，仙人歸去邈難攀。當時暫謫來塵世，寫遍江南雨後山。洪武乙丑十月二日，青城山人王燧題。

曾過蓬島訪茅君，路入中峰紫翠分。琪樹寒生雙磵雨，石門秋臥半潭雲。捲簾山色當牕見，拂軫溪聲入坐聞。何日暨辭塵眼累，青松白鶴日為群。洪武十八年冬十一月廿又七日，郟韶題。

青山影裏梵王宮，綠樹森森磵水重。欲向此間友猿鶴，碧雲深處渺難從。嘉禾周鼎題。

蒼山萬疊路應迷，春到陽林鳥自啼。仙客欲尋仙館去，不知花好在前溪。東海徐有貞題。

元方方壺及張伯雨，俱為方外高品，名噪一時，而方上清尤以畫得名，所作小幅輒有深趣，不落作者畦逕。余向藏其《萬松仙館圖》，今已失之，深用惘然。此《攜琴訪友圖》，山光明滅，樹石隱見，有一望無際之致，尤足寶愛。康熙辛未冬十月廿有七日，江上外史笪重光識。

元方方壺雲山圖軸

【紙本，設色。高一尺六寸一分，闊九寸三分。】

歲旃蒙大荒落閏月，鬼谷山人方方壺為韓致靜作於第二十九福地。】

元朱澤民岩亭聽泉圖軸

【紙本，水墨山水。高三尺八寸六分，闊九寸六分。雷鯉、歐陽衡兩題，書於本身。至正元年夏五廿九日，朱德潤作。】

是幀為楊儀曹君謙故物，今歸諸陸子子虛氏。子虛乃貞山給事族弟，給事紹余觀之，蒼潤清逸，極歎其佳。昔人謂澤民畫在子久、叔明之間，洵不誣也。相與囑弁數語，因假歸題於文瑞樓。建安山人雷鯉。

巘亭聽飛泉，嘯傲面霞壁。小草葉初黃，長松翠疑滴。心隨飛鳥閒，機共停雲寂。拊膝有深情，清襟何用滌。同郡歐陽衡題。

元唐子華風微笛遠圖軸

【紙本，水墨山水。高二尺六分，闊一尺二分。】

雨過山色清，風微笛聲遠。【青】至正二年二月八日，舟過楚湘，篷窗無聊，作此以遣孤悶。子華。

元高房山雲山圖軸

【紙本，水墨。高三尺四寸四分，闊一尺一寸二分。無款。王圓照題書於裱綾。】

高尚書深得米顛三昧，為元季大家所推重。雲林題子久畫有「雖未能夢見房山」之語，在彼時已寶如天球拱璧矣。此幀筆法遒美，墨氣靈通，尤為傑作，不可以尋常視之也。王鑒。

元柯丹丘清閟閣竹石圖軸

【紙本，水墨。高四尺一寸八分，闊一尺八寸四分。御題書於本身，左角一印，模糊不辨。】

至元後戊寅十二月十三日，留清閟閣，因作此卷。丹丘生題。

抹月披煙迥出塵，櫺椮倚石矗新筠。為思愛竹洋川老，一寫精神便逼真。御題。

元柯丹丘雙竹圖軸

【藏經紙簽。】

元柯敬仲《雙竹圖》真蹟神品。竹癡鑒定祕藏。

【紙本，水墨，高二尺六寸八分，闊一尺三寸七分。陸愚卿題書於裱絹。】

敬仲。

柯丹邱畫竹，以一筆寫就，非胸有成竹者不能造。宋文與可後，元人中推為第一。余家藏有丹邱對臨與可倒垂竹一枝，真定相國梁蕉林舊物，廿年

前竹癡翁以梅道人《臥澗長松圖》易去，余常往來於懷。此《雙竹圖》向藏維揚馬氏，昔竹癡翁以重金購得，與垂竹一圖珍如雙璧。翁辭世後，其令嗣長君以此圖歸余，倒垂竹不知秘何人笥中。蓋翁嗣君有六，無從一一詢訪也。嘉慶丁巳臘月二十九日，閒鶴巢主人剪燭呵凍識。

元任月山春水鳧鷖圖軸

【絹本，設色。雙鳧一刷羽，一浴水，垂絲海棠一本，四鳥立於枝上，高三尺五寸八分，闊一尺七寸九分。無款。惟右角上鈐二印。】

元盛文裕群仙圖軸

【鏡面紙本，墨筆水仙根襯綠苔。高二尺七寸三分，闊一尺五寸六分。陳繼儒暨御題皆書於本身。】

群仙圖【篆書】，至正十四年春正月，盛洪畫。

以趙子固水仙更帶唐人，不覺春叢紛敷襲人也，但不露不香耳。陳繼儒。

品已出塵體淨芳，白沙碧草伴清揚。繼儒未足為知畫，卻向圖間恨不香。乙未新正御題。

元曹雲西山居圖軸

【紙本，設色山水。高二尺二分，闊七寸五分。】

英上人訪僕於雲西小築，相與劇談話舊，因作《山居圖》以貽之。時至元三年仲春望前一日，曹知白記。

元王若水雪羽圖軸

【紙本，水墨。萱草、竹石，白描子母雞六。高四尺一寸四分，闊一尺五寸九分。楊鐵崖題，書於本身。左邊鈐白文長印一，文不辨。】

若水王淵畫【隸書。】

石邊叢竹長還低，石罅萱花發又齊。畫史能添生物意，牝雞將子牡雞啼。老鐵楨在雲間小蓬壺，試老陸鐵心穎，葉茂實墨也。

【詩斗紙，高八寸八分，闊同本身。】

畫圖應是祝雞翁，萱草花前竹兩叢。一旦雄鳴破昏曉，日輪飛出海波東。若水道人王淵為郭原忠寫《雪羽圖》，真得意筆也。可閒老人廬陵張光弼題。

居閒觀養雞，生聚同一理。雄鳴常司晨，五德具全美。雌伏復引雛，蕃息殊可喜。畫史妙天趣，移向筆鋒底。揭來當座隅，朝夕玩無已。青城山人王汝玉題。

　　澹軒花鳥竹石，稱當代絕藝，則自幼得趙文敏指授也。觀淵此圖天機逸發，肖古而不泥古者乎。神樂寓所觀並題。

元鄭熙之滄波罷釣圖軸

　　【紙本，水墨山水。高二尺八寸五分，闊一尺八寸五分。】

　　結想在幽僻，衡門對遠山。溪流直到岸，古樹臨蒼灣。修竹鬱以秀，苔垣生紋斑。有詩常可讀，飛鳥相往還。塵事自屏絕，一室多餘閒。偶然開小徑，春草不須刪。掉舟何處客，罷釣滄波間。高懷渺相接，譚笑當留攀。至正辛卯夏日，鄭禧畫。

元孟玉澗四安圖軸

　　【絹本，設色。鷦鷯四，小鳥一，立稻枝上。高一尺九寸四分，闊一尺二寸五分。】

　　四安圖【篆書】，至正十有二年一陽月，孟玉澗製。

元黃子久為鐵研主人畫軸

　　【紙本，水墨山水。高三尺二寸七分，闊一尺二寸一分。】

　　大癡老叟為鐵研主人畫，時年八十一。

元王叔明夏日山居圖軸

　　【紙本，水墨山水。高三尺七寸一分，闊一尺一寸四分。御題書於本身。

　　夏日山居。　戊申二月黃鶴山人王叔明，為同玄高士畫於青村陶氏之嘉樹軒。

　　蒼山雅解朱明障，灌木還饒翠蔭籠。結宇名符瀫水上，不□今昔辨殊同。瀫陽別墅，亦有嘉樹軒，與山樵寫圖處名同，故云。乾隆戊寅御題。

　　【詩斗紙，高七寸九分，闊同本身。】

　　黃鶴山人標格清，胸中丘壑何縱橫。興來捉筆一揮灑，蒼崖翠石煙雲生。人家住在山之麓，隱映門牆蔽林木。橫經讀罷鼓瑤琴，薰風微動牕前竹。司

業先生最愛山，無緣長得青山看。時張此圖向高壁，放佛楊子江天寬。三山林瀚為少司成費先生題。

元王叔明贈陳惟允秋山蕭寺圖軸

【藏經紙籤。】

元王叔明《秋山蕭寺圖》墨蹟，無上神品。雍正戊申秋日，海寧楊守知題籤。

【紙本，設色山水兼人物。高四尺七寸二分，闊一尺四寸。】

穐山蕭寺【篆書】，黃鶴山樵王蒙叔明為秋水惟允賢契作。

元王叔明古木竹石圖軸

【紙本，水墨。高三尺七寸二分，闊一尺五寸五分。白斑、楊維禎兩題書於本身。左角一印，模糊不辨。】

黃鶴山中人王蒙畫。【篆書】

□中鋏網珊瑚樹，石上銀鉤翡翠梢。烏夜亂啼江月落，檀欒飛影下窗坳。八十翁白斑題。

喬枝千雲霄，勁節凌霜雪。巉然石一拳，期□補天缺。會稽楊維禎。

元王叔明秋山蕭寺圖詩畫軸

【紙本，設色山水。高四尺九分，闊一尺一寸四分。】

穐山蕭寺。【篆書】

獨立風前認去鴻，阮生何用哭途窮。空江水急寒潮上，大野風來落日紅。木葉亂飛蕭帝寺，雲情徧護楚王宮。酬恩千里懷孤劍，行李關河慘淡中。邊城鼓角怨清秋，起坐遙生關塞愁。露氣下垂群樹白，星光亂點大江流。百年南北人空老，萬古升沉世若浮。不為五湖歸興急，要登嵩巑看神州。黃鶴山樵王蒙叔明詩畫。

元吳仲圭雨歇空山圖軸

【紙本，水墨山水。高一尺六寸，闊八寸四分。】

雨歇空山較倍清，新泉一道出林聲。坐深不覺忘歸去，無數亂雲岩下生。梅花道人鎮。

元吳仲圭蘆花寒雁圖軸

【絹本，水墨山水、漁舟、蘆雁。高二尺六寸一分，闊九寸三分。】

點點青山照水光，飛飛寒雁背人忙。衝小浦，轉橫塘，蘆花兩岸一朝霜。

元倪雲林竹石霜柯圖軸

【紙籤】

懶瓚先生真蹟逸品。　松子閣寶藏元畫第一幅。

【紙本，水墨。高二尺二寸七分，闊一尺五分。錢曲江、楊鐵崖暨御題均書於本身。笪江上、王石谷、高江村三題均書於裱絹。】

十一月一日燈下，戲寫竹石霜柯並題五言。

久客令人厭，為生只自憐。每書空咄咄，聯傴腹便便。野竹寒煙外，霜柯夕照邊。五湖風月迴，好在轉漁船。雲林子。

去年溪上泊輕舟，笑弄滄波狎海漚。雲去樓空無此客，寒林留得數竿秋。曲江居士題。

懶瓚先生懶下樓，先生避俗避如仇。自言寫此三株樹，清閟齋中筆已投。老鐵在素軒醉筆。

古樹欲生雲，疏竹如搖風。對之多意趣，學者為愚蒙。庚辰春日御題。

雲林此圖，似為曹雲西作，楊錤崖先生跋中所云「素軒者」是也。曲江居士錢惟善與錤史二詩，其清絕全於高士畫法，詩意每為展玩吟詠，滌盡胸中百斛塵矣。舊屬婁東王煙客太常家藏，余從其嗣君得之。因憶曩藏有《師子林圖》、《竹樹小山》《江亭山色》諸卷幅，皆散去無復存，幸獲此幀為娛老之物，能無珍秘耶。江上外史笪在辛記。

元鎮此幅畫竹如楷法，畫石如行押，畫樹如作草書。一種清逸孤迴之氣在筆墨外，宜其元四家中獨步也，兼鐵崖、曲江諸名流相為唱詠不輟。向得觀於王太常先生處，今復為江上侍御介得之，以助山林高致，而翬與高士復得結兩重緣矣。謹識以志快云。虞山王翬。

兩株樹與數竿竹，寫出寒空霜落時。不是此翁迂更懶，當年終是沒人知。雲林此幅曾藏王太常、笪侍御家，今為余所有已數年。春日張之簡靜齋，晨夕相對，愈服其筆力清迴也，不禁遠想其人。康熙戊寅二月三十日，竹牎高士奇。

元倪雲林溪山圖軸

【紙本，水墨。高三尺三寸八分，闊一尺四分。王汝玉、元傑、盛咏三題，均書於本身。右角一印，文闕不辨。】

歲辛亥，懶瓚畫《溪山圖》。

消搖天地一閒身，浪蹟江湖七十春。惟有雲林堂下月，於今曾照昔年人。青城山人王汝玉為伯永契家題。

羨子高名肖懶殘，紫泥空降白雲端。不言世上無人物，眼底無人慾畫難。

疏木晴巒墨尚新，清詩佳麗出風塵，披圖便覺成今古，詞翰誰能繼昔人。休休翁盛咏。

元倪雲林六君子圖軸

【紙本，水墨。六樹參差，遠山一角。高一尺九寸三分，闊一尺四分。黃大癡等四題均書於本身。右角一印，模糊不辨。】

盧山甫每見，輒求作畫。至正五年四月八日，泊舟弓河之上，而山甫籌鐙□此紙，苦徵畫。時已憊甚，只得勉以應□□。大癡老師見之，必大笑也。倪瓚。】

遠望雲山隔秋水，近看古木擁坡陁。居然相對六君子，正直特立無偏頗。大癡贊雲林畫。

江頭碧樹動秋風，江上青山接遠空。若向波心添釣艇，還須畫我作漁翁。朽木居士。

□風起雲林，眾樹動秋色。仙人招不來，空山倚晴碧。澂□趙覲。

黃公別去已多年，忽見雲林畫裏傳。二老風流遼鶴語，悠然展卷對江天。吳興錢雲。

【詩斗紙，高九寸三分，闊同本身。僅董文敏一題，其餘諸家題跋，均書於裱綾。】

雲林畫雖寂寥小景，自有煙霞之色，非畫家者流縱橫俗狀也。此幅有子久詩，又倪迂稱子久為師，俱所創見，真可寶也。壬寅重九後二日觀，董其昌。

畫之簡者，具神骨韻氣則不薄，以氣有餘也。䁗雲林茲圖高淡疏遠，不稠不穠，譬之淵明與柴桑輩，逍遙敷淺、煙浦間，蕭條高寄，眹為領略，斯董董作畫觀也歟。明崇禎十三年端陽後五日，灄漁王鐸題為北海孫父母。時在北畿，同觀吳達可申素園也。

李君實云：「雲林《六君子圖》乃松、柏、樟、楠、槐、榆六樹，行列修挺，疏密掩映，位置得宜，而皆在平地，且氣象蕭索，有賢人在下位之象。豈當日運數否塞，高流隱遁，而為是與。

雲林《六君子圖》，乃元人名蹟中有數之物，與大癡《富春山居》、叔明《聽松》二圖同藏天府。嘉慶己巳香東少宰蒙賜出，洵詞林稽古之榮。不然，人間安得睹此名蹟也。成親王。

錢唐許乃普借觀，留几案者三日。子彭壽侍。道光己酉嘉平下澣。

咸豐癸丑十一月八日，桂林陳鎔、陳琪同觀。

歲事崢嶸，兀坐斗室，取此畫張之，雖暑短天寒，覺靜對移時，彌覺其永。先生能移我情哉。此亦何減成連之琴也。時同治十二年嘉平月小除夕，長沙周壽昌自庵氏靜賞於退思室並記。

孫承澤《庚子銷夏記》卷二記此圖云：「雲林畫在逸品，收藏家以有無論雅俗。予見其畫最多，然偽者十之六七。生平妙蹟無如《六君子圖》，其傾倒如此。」光緒四年二月，錫縝、張度、胡義贊、張之洞、王守訓、王懿榮同觀於束楳廠漢軍許氏西園，懿榮記。同時京師藏倪迂畫真蹟者，胡戶部義贊有《竹石霜柯圖》，張兵部度家一圖，有孫大雅題，皆此日同觀。此圖中人，故牽連記之。

元倪雲林贈周伯昂溪山圖軸

【藏經紙籤】

元倪雲林贈周伯昂溪山圖真蹟【隸書】，元張鶴齋、邵文伯題靜逸庵秘藏無上神品。

【紙本，水墨，高三尺六寸四分，闊一尺一寸二分。元人兩題書於本身。】

荊溪周隱士，邀我畫溪山。流水初無竟，歸雲意自閒。風花春爛熳，雨蘚石斒斑。書畫終為友，輕舟數往還。至正甲辰四月一日，為伯昂寫此圖，賦詩以贈。東海倪瓚。

戊申六月一日養痾靜軒題

汀煙冉冉覆湖波，六月寒生淺翠蛾。獨愛窗前蕉葉大，綠羅高扇受風多。是日陰寒襲人。

五日又題

點點青苔欲上衣，一池春水鶴雛飛。荒村闃寂人稀到，只有書舟傍竹扉。七夕日謾寫紙空。瓚。

十年奔走歎關間，且為新圖一解顏。絕似方溪無事日，滿前喬木看官山。八十五歲老人張監。

十年風雪走南州，驚見溪山眼倍幽。何地可能如畫裏，綠簑煙雨繫漁舟。邵貫鶴齋張公全於五福者，文伯華亭之博古好雅者云。瓚。

元倪雲林秋林遠岫圖軸

【紙本，水墨。高二尺三寸四分，闊一尺一寸五分。】

綠波佳思復如何，塔下清陰芳草多。爛醉哦詩弦寶瑟，閒眠欹枕幔煙蘿。莫將華髮臨明鏡，還寫黃庭換白鵝。剪取吳松雲錦麗，天孫機杼隔明河。用大機，吳人也，住宜興保安寺，壬子九月十九日將還山，戲寫《秋林遠岫》並詩以贈之，且以呈方厓禪伯云。倪瓚。

【詩斗兩紙，分裝本身上下，上高九寸四分，下高八寸，闊同本身。】

聽松庵裏試茶還，第二泉頭更看山。猶有去年詩興在，雲林清閟墨斑斑。成化庚子三月廿六日，吳寬題於京師官舍。

楓林日落鳥飛還，天際修眉似遠山。欲覓仙蹤何處是，展圖惟有墨斑斑。文璧奉和。

何事高人訪大還，忘機城市即深山。倪迂清閟今何處，留得精妍墨潘斑。弘治庚戌十月，祝允明。

識得澹中趣，真成太古天。雲林聲價重，傳播百千年。彭昉。

朝看雲往莫看還，大抵幽人好住山。倪老風流無處問，野亭留得蘚痕斑。長沙李東陽。

倪迂仙去幾時還，留得谿亭對晚山。老我今為亭上客，啜茶閒試鷓鴣斑。沈周奉和。

倪迂今已矣，真蹟在人間。無限天然趣，白雲滿遠山。南濠楊循吉。

元倪雲林林亭春靄圖軸

【紙本，水墨山水。高四尺一寸九分，闊一尺九寸二分。】

至正四年十一月，袁員外來林下，為留兼旬。臘月十七日快雪初霽，庭無來蹟，與僕靜坐，因取琴鼓之。古音蕭寥，如茂松之勁風，春壑之流冰。員外時年八十有二，言貌筋力，未如四五十許人。為言甫弱冠，遭逢盛明，初宰當塗過九華山，道逢神人，與棗食之後，數數見夢寐間若冥感玄遇者。員

外韜耀蘊真，仕祿以自給，不為人所知，豈郭恕先之流歟。為賦五言一首，並寫《林亭春靄》。

郎官調綠綺，谷雪賞初晴。兩忘弦與手，流泉松吹聲。問言踰八十，云嘗見河清。掛帆望九華，神人欸相迎。啖以海上棗，歡愛若平生。玄遇寧復得，惜哉遺姓名。倪瓚。

元倪雲林吳淞春水圖軸

【紙本，水墨山水。高二尺二分，闊八寸三分。董文敏、王百穀兩題，書於裱絹。】

吳淞春水綠，搖盪半江雲。嵐翠窗前落，松聲渚際聞。張君狂嗜古，容我醉書裙。鼓枻他年去，相從遠俗氛。倪瓚。

倪元鎮題子久畫，常稱為老師，蓋以子久善談空玄，為三教之人所宗，尚非謂其畫品足執弟子禮也。然此圖則摹仿，咄咄逼人矣。蕭灑古淡，仍是本家筆在。董其昌題。

此圖煙巒層複，溪路盤紆，不類倪先生平日之作，當是仿黃子久筆意為之。其蕭散絕塵之氣，終不可掩。雖彷彿一峰之法，而實青於藍也。王穉登題。

元馬文璧春雲曉靄圖軸

【紙本，設色山水。高四尺四寸四分，闊一尺一寸七分。】

春雲曉靄【篆書】，扶風馬琬文璧為碧溪高士作。

卷　八

明楊孟載淞南小隱下次車豐富性圖軸

【紙本，設色。松樹遠山，茅屋中一人盤膝而坐。高二尺七寸一分，闊九寸三分。王孟端暨御題皆書於本身。】

《淞南小隱》，雪海楊基作。【篆書】

層層樓觀當湖曲，瑟瑟松風生夏寒。最好玉蟾波面出，此時誰共倚欄干。洪武廿五年夏五月，題《淞南小隱圖》。九龍山人王紱。

溪圍山邐境成隱，松翠楓丹籟泛寒。茅屋高人惟獨坐，誰能唐突世情干。甲午暮秋上澣，御題。

明王孟端溪山漁樂圖軸

【紙本，水墨山水。高四尺七寸七分，闊八寸九分。王達題書於本身，王夢樓書於裱絹。】

前山後山蒼翠深，大樹小樹寒蕭森。不知何處打魚者，日暮泊船溪水陰。鼇叟。

萬古山川一鏡開，層層曲曲見樓臺。雲隨曉月峰前墮，鷗逐春溪樹裏來。兩岸落花人蕩槳，半汀殘雨客銜杯。寰區何處有此地，物外四時無點埃。豈但右軍多筆法，要知黃石是仙才。奔灘觸浪飛頳鯉，絕壁凝嵐護翠苔。玉室金堂疑太華，紫芝瑤草憶蓬萊。相看六月不知暑，一榻清風真快哉。

吾弟王孟端學成於己，而德蘊諸中，三餘之暇工畫，即高出人意表，雖古人不過也。黃君叔洪，吾之至友也，書無不讀，而術無不精，雖醫卜耕稼之藝，亦用心焉。今觀孟端為叔洪畫此圖，筆法高古，用意精深，一幅之間，

而眾妙咸備。豈二人道術相忘不求工而自工耶。抑豈道眼相燭，不敢相欺致如此之精耶。噫嘻，天地之間，未必無荊玉也，卞氏之不生耳。大抵有卞氏，荊玉自然出矣。二君子好古而尚志，趣清而才廣，豈無識之者哉。苟有識之者，則知吾言之不妄媚矣。洪武丙子，耐軒居士王達識。

九龍山人雖在明初，畫筆全是元人法度，與叔明、公望輩正當抗行也。文治。

明謝葵丘秋林漁隱圖軸

【紙本，水墨山水。高二尺八寸，闊一尺八分。陳嗣初題書於本身。左角一印，模糊不辨。】

秋林漁隱　葵丘謝孔昭寫贈鎦綱進士。

晴巒浮靄曉煙收，七里嚴灘景色幽。憶昔桐廬山下過，荻花無數繞汀洲。廬山陳繼題。

明冷龍陽雲山疊翠圖軸

【絹本，青綠山水。高二尺五寸九分，闊七寸四分。】

雲山疊翠【隸書】，大明永樂丁亥夏，武陵龍陽子畫。

明杜用嘉仿吳仲圭山水軸

【紙本，水墨。高四尺一分，闊一尺三寸八分。陳、王二題，書於本身。】

少時最喜學吳仲圭，或興到處，頗有相合處，人但知粗率，即是梅老真筆，而未見其細潤生活也。此用其法，兼師董、巨兩家皴擦，為賞音者鑒之。成化四年二月十又六日，鹿冠道人杜瓊。

樹古都依石，山深半是雲。草堂有高士，彝鼎供周文。此余廿年前所作，茲漫書之。秣陵陳芹。

行盡崎嶇路百盤，滿山空翠濕衣寒。松風澗水天然調，抱得琴來不用彈。吉山。

明劉完庵夏雲欲雨圖軸

【藏經紙籤】

明劉完庵臨梅道人《夏雲欲雨圖》真蹟。沈石田題載《清河書畫舫》，無上神品。靜逸庵珍藏。

【絹本，水墨山水。高五尺二寸，闊二尺九寸八分。無款，沈石田題書於本身。】

完庵再世梅花庵，官廉特於山水貪。記擷此幀梅妙品，奉常寶蓄金惟南。假歸洞庭小石室，終日默對心如憨。心開手應遂捉筆，水墨用事空青藍。天光慘淡雲勃鬱，山影明滅雨意含。重巒沓巘擁濕潤，遠樹細瑣多杉枏。飛淙迸壑勢莫拗，梁圮跨怒森猶監。人家萃住映深塢，林蹊互接迷陰嵐。梅庵如在當歡惜，逼人咄咄夫何慚。有如明月印秋水，水月渾合光相函。此圖流世人可保，未時珍重宜子男。我因題句感宿昔，物是人非懷莫堪。

右原本為《夏雲欲雨圖》，寔出梅花道人之筆。所蓄夏太常所，劉完庵僉憲假臨幾月，始就緒。當時示余，為之賞歡奪真，僉憲公亦自珍愛。僉憲既觀化，其孫傳知先公所惜，益加敬焉。因索余疏其所自云。弘治乙丑三月修禊日，沈周題。

明劉完庵仿米南宮風雨山莊圖軸

【紙本，水墨山水。高三尺九寸二分，闊一尺三寸五分。左邊篆書圖名八字。無款無印。沈石田題書於本身。】

米南宮風雨山莊圖。【篆書】

米家一掬煙雲水，惟有神微我獨知。正統四年秋日，橅於撚髭亭。完庵。

不從海嶽庵前過，那識南宮筆底來。此是完庵神妙手，白雲堆里數峰開。長洲沈周題。

明戴文進關山行旅圖軸

【紙本，設色山水。高一尺九寸三分，闊九寸三分。】

靜庵。

明戴文進岩壑孤舟圖軸

【紙本，設色山水。高三尺一寸七分，闊一尺二寸二分。祝枝山題書於本身。】

錢唐戴文進。

黃陵廟下瀟湘浦，西風作寒東作雨。鷓鴣啼舌到無聲，不管行人望家苦。錢唐畫史胸蟠迴，越山移過吳山來。淋漓元氣似王宰，欲賦誰當老杜才。戊午夏日，允明書於紫筠亭。

明姚雲東秋江漁隱圖軸

【紙本，設色山水。高三尺九寸六分，闊一尺八寸四分。】

江水清且深，江樹葉在林。江上有漁者，翩翩謝朝簪。或言釣徒張志和，弄舟日日尋煙波。西塞山前飛白鷺，桃水鱖肥漁子歌。我歸浴鵠灣頭住，常時持竿釣魚去。漁童樵青少二人，細雨撽頭知幾處。得魚換酒醉只休，醒來臨寫趙湖州。湖州丹青是漁隱，一絲直拂長江秋。嗟予私淑類畫虎，自笑今人弗如古。擲筆金壺墨汁前，漫作漁歌還起舞。

予晚年酷愛松雪趙承旨畫法，近得其《秋江漁隱圖》，朝夕玩繹，自謂頗有所向入。一日坐古鼎齋碧牕下，罷臨晉帖，用紫袍生硯召楮、穎二子驅玄兔以鬥朱鉛，奉寄東海翁，作慶雲山莊清賞。成化丙申建子月四日，大雲姚綬書。

【詩斗紙，高九寸五分，闊同本身。】

姚雲東侍御與東海翁同時，此為慶雲山莊作，當是雲東過訪谷陽時筆。二公天下士，翰墨流傳，皆足千古，子固寶藏，想見祖翁之友，風流如昨，真文孫雅事。董其昌。

明姚雲東古木寒雅圖軸

【紙本，水墨。高二尺八寸五分，闊一尺四寸五分。吳奕題，書於本身。】

雲東逸史戲墨。

秋樹有霜紅冉冉，溪流翻日綠披披。人家禾黍西風裏，鳥雀成群欲宿棲。延陵吳奕。

明王廷直停琴觀瀑圖軸

【絹本，設色。長松、石磴、飛瀑，兩人坐溪邊囊琴閒眺，一童持杖旁立。高五尺一寸五分，闊三尺三寸四分。】

王諤。

明周東村長夏山村圖軸

【紙本，設色山水。高三尺五寸六分，闊一尺八寸五分。唐六如題，書於本身。】

東村周臣寫。

長夏山村詩興幽，趁涼多在碧泉頭。松陰滿地凝空翠，肯逐朱門襬襯流。蘇臺唐寅題。

明沈恒吉漁父圖軸

【紙本，水墨山水。一人鼓櫂垂釣。高四尺四寸二分，闊一尺一寸五分。沈貞吉題，書於本身。】

此老鹿疏一釣徒，服也非儒，狀也非儒。年來只為酒糊塗。朝也村酤，暮也村酤。胸中文墨半些無。名也何圖，利也何圖，煙波染就白髭鬚。出也江湖，處也江湖。　時雨方霽，窞寐北牕，展玩古法名筆，聊□作此贈誠庵老友一笑。恒吉。

一竿風月，一蓑煙雨，家傍釣臺西住。賣魚生怕近城門，況肯到紅塵深處。潮生解纜，潮平鼓枻，潮落放□□，去。時人錯認嚴光，自是無名漁父。八十三翁沈貞□題於有竹居。

明沈石田湖中落雁圖軸

【紙本，設色山水。高四尺二寸一分，闊一尺二寸六分。】

縱目極遐曠，水嬉湖中央。青山載白波，上下相低昂。俯首愛雲霞，零亂隨蘭槳。悠悠遡空明，忽忽超景光。宛宛漢皋女，落雁懸微芒。可望不可接，相思如水長。近自東崑還湖中，雜言錄似味雪親家，較其然不然也。沈周。

明沈石田仿大癡筆意軸

【紙本設色，山水，高二尺八寸二分，闊一尺二分。】

江光掩暎夕陽臺，今日癡翁安在哉。好在雲山呼兀出，何消仙鶴化重來。瀝窮愧汗思濡筆，認作微軀是托胎。春暖秋涼並無事，白頭不放此心灰。弘治辛酉夏五月望惟德過訪余有竹莊，雅留兩日，臨別贈此，沈周戲仿大癡筆意。

明沈石田秋林高士圖軸

【紙本，水墨山水。高二尺九寸二分，闊八寸六分。謝安山二跋，書於裱絹。】

秋林黃葉獨行人，短髮蕭搔兩鬢銀。老到江南遊不盡，也勝騎馬踏京塵。沈周。

此圖畫若散漫，而筆意高渾，神趣油然。仲圭衣鉢，公獨傳之矣。希曾識。

此與杏花書屋皆石田工整之筆，非牸豪者可比。今人但見公晚年作，輒以率爾為高，謬矣。乙亥重觀安山記。

明沈石田滄浪濯足圖軸

【紙本，水墨山水。高三尺二寸二分，闊九寸七分。】

重重煙樹瑣回崗，漠漠溪流漱野塘。最愛空山無俗客，有時濯足在滄浪。沈周。

明沈石田野菊圖軸

【紙本，水墨。高四尺，闊一尺四寸四分。】

牆根野菊自爛熳，新黃瑣碎無人憐。幽芳不揚抱隱德，僻地蕭條宜養賢。聊因杯酒少慰藉，三嗅三歎秋風前。

甲子九月望，牆下野菊麼薤新黃，雜處荒草中，疏煙繁露，亦有可憐者。如人之窮居巉壑，韜光鑠焰，過者不能留盼。而幽姿自芳，含孤貞而不揚，抱素志而自樂，因戲水墨作小叢，以寄閒懷，詩亦不外圖意。長洲沈周。

明文待詔原樹蕭疏圖軸

【紙本，設色山水。高一尺五寸一分，闊六寸三分。王雅宜題，書於本身。】

原樹蕭疏帶夕曛，塵蹤渺渺一溪分。幽人早晚看花去，應負山中一段云。　　正德戊辰七月，文璧製並題。

尺楮相看二十年，子今騰踏我頹然。白頭點筆閒情在，莫道聰明不及前。戊子十月三日，徵明重題。

桑柘閑閑竹嶼深，春風蠶月樹成陰。黃鸝紫燕鳴相和，此是雲山韶濩音。王寵。

明文待詔畫贈玉池醫博軸

【紙本，水墨古木竹石。高二尺四寸，闊九寸六分。御題書於本身，諸家題詠書於裱絹。】

書幾薰鑪靜養神，林深竹暗不通塵。齋居見說無車馬，時有敲門問藥人。徵明奉簡玉池醫博，辛卯閏六月朔。

蕭落槎枒各有神，新篁詭石靜無塵。物猶擇友兩相得，應笑燒琴對畫人。丁丑夏，御題。

琅玕灑逸最傳神，林木森森迥絕塵。引得秋飆助蕭爽，幽篁奇石兩宜人。臣朱珪。

石丈呼來獨寫神，幽篁作伴滌纖塵。古榦喬柯留畫本，秋情詩思更撩人。臣紀昀。

衡山筆底妙通神，三絕詩書畫脫塵。木石與居佳趣得，此君高節更凌人。臣岳鍾琪敬題。

乾隆三十八年正月十二日，重華宮茶宴聯句，賜內廷奉、日講起居注官、翰林院侍讀臣董誥。

明文待詔贈紫峰論畫圖軸

【紙本，水墨山水。高三尺三寸三分，闊一尺三分。御題書於本身，劉文清題書於裱綾。】

吮筆含毫漫寫山，山形矗矗水潺潺。知君自有真丘壑，不在區區水墨間。紫峰過餘論畫戲為寫此並識短句。徵明。

山因樹迴樹依山，虛處還飛瀑水潺。著個草堂特幽絕，客來徒望石橋間。癸巳仲夏上澣，御題。

乾隆丁酉正月六日，重華宮茶宴，蒙恩頒賜，臣劉墉敬識。

明文待詔曲港歸舟圖軸

【紙本，水墨山水。高三尺六寸，闊一尺五分。明人三家暨御題皆書於本身。】

雨浥樹如沐，雲空山欲浮。草分波動處，曲港有歸舟。徵明。

罨畫春山翠雨收，蘢蔥春樹白煙浮。虛亭更在溕濛裏，坐看飛泉拂檻流。彭年。

江寒木落暮煙生，秋滿汀洲雁字橫。誰似風流蔡天啟，扁舟郊雨畫中行。師道。

山腰雲氣斷，樹頂雨聲稠。獨坐馮闌處，溪林見野舟。谷祥。

神。

野艇不須收，煙波任拍浮。得詩緣即景，適性且隨流。山泉雨後生，飛下白雲橫。留得匡廬意，青蓮策杖行。憑欄聊極目，灌木綠陰稠。寄語披蓑者，源中可放舟。山勢倏斷續，雲容鎮溦浮。漫嫌沙水淺，且自泊孤舟。乾隆御題，即用前人留題原韻。

明文待詔中庭步月圖軸

【紙本，水墨園林景。高四尺六寸八分，闊一尺五寸七分。】

明河垂空秋耿耿，碧瓦飛霜夜堂冷。幽人無眠月窺戶，一笑臨軒酒初醒。庭空無人萬籟沉，惟有碧樹交清陰。褰衣徑起踏流水，拄杖犖確驚棲禽。風簷石鼎燃湘竹，夜久香浮乳花熟。銀盃和月瀉金波，洗我胸中塵百斛。更闌斗轉天蒼然，滿庭夜色霏寒煙。蓬萊何處億萬里，紫雲飛墮闌干前。何人為笑李謫仙，明月萬古人千年。人千年，月猶昔，賞心且對樽前客，但得常閒似此時，不愁明月無今夕。

十月十三夜，與客小醉，起步中庭，月色如畫。時碧桐蕭疏，流影在地，人境俱寂，顧視欣然。因命僮子烹苦茗啜之，還坐風簷，不覺至丙夜。東坡云「何夕無月，何處無竹栢影，但無我輩閒適耳」，嘉靖壬辰，徵明識。

明文待詔風雨歸舟圖軸

【紙本，水墨山水。高三尺九寸七分，闊一尺五寸四分。】

蒼山如髮野煙浮，亂葉翻波樹倒流。暝色一川風雨橫，有人高閣望歸舟。徵明。

明文待詔停雲館言別圖軸

【紙本，設色樹石，兩人對坐石上，兩僮侍立樹間。高一尺八寸六分，闊七寸三分。】

春來日日雨兼風，雨過春歸綠更濃。白首已無朝市夢，蒼苔時有故人蹤。意中樂事樽前鳥，天際修眉郭外峰。可是別離能作惡，尚堪老眼送春鴻。履吉將赴南雍，過停雲館言別，輒此奉贈。時丁亥五月十日，徵明。

明文待詔泉石高閒圖軸

【紙本，水墨樹石人物。高二尺一寸二分，闊八寸。】

庚戌八月廿四日，徵明寫《泉石高閒》，時年八十又一。

明文待詔枯木竹石圖軸

【紙本，水墨。高二尺，闊九寸九分。】

古石莓苔蒼，修篁新雨綠。不知歲華遷，空山伴枯木。徵明。

明仇實父柳下眠琴圖軸

【紙本，水墨人物。高五尺五寸一分，闊二尺七寸九分。】

仇英實父製。

明仇實父搗衣圖軸

【紙本，水墨淡描仕女。高二尺九寸八分，闊八寸七分。五家題詠書於本身】

仇英實父。【隸書】

寒衣搗盡淚痕長，八月陰山蚤見霜。恨卻此身空顧影，不隨孤夢到遼陽。空閨秋夜思難平，萬里心旌曳月明。最解容華易銷歇，百年離恨入碪聲。虛巘山人周詩。

梧桐一葉落，閨人千里心。從知邊候早，乘月弄秋砧。華陽皇甫沖。

桐葉秋風金井聲，露華含月玉階清。寸心自逐雙題斷，欲寄關山無限情。百泉汸。

庭樹初殘鴻雁秋，離人終歲寄邊州。時將輕素臨霜月，一夜砧聲萬里秋。皇甫濂。

染汗雙題搗素秋，桐華含露玉階幽。無情唯有關山月，夜夜城南照獨愁。士雅山人黃姬水。

明仇實父負嬰圖軸

【紙本，設色。一人背負一嬰，上繪天狗。高二尺三寸二分，闊八寸二分。】

仇英實父製。

明仇實父竹院逢僧圖軸

【絹本，青綠工筆山水兼人物。高二尺一寸二分，闊一尺。】

癸卯仇英。【篆書】

明唐六如春山伴侶圖軸

【紙本，水墨山水，惟一人衣上微著淡紅色。高二尺五寸五分，闊一尺三寸六分。】

春山伴侶兩三人，擔酒尋花不厭頻。好是泉頭池上石，軟莎堪坐靜無塵。唐寅。

明唐六如華山圖軸

【紙本，設色山水。高三尺六寸二分，闊一尺二寸九分。】

白祿襴衫碧玉環，身於世事不相關。風情抵老如潘朗，顛倒騎驢過華山。唐寅畫並詩，時正德改元正月。

明唐六如松陰高士圖軸

【紙本，水墨。峭壁上松樹兩株，白雲軒蓋一人臨流遠眺。高三尺一寸二分，闊一尺五寸三分。】

昔人歌滄浪，其志良有以。今君號滄浪，事亦有所啟。紛紛污濯中，潔己將自洗。達官跨高馬，所行為眾鄙。志士守閭閻，不辱寧肯死。世不分白黑，類視若蜂蟻。蜂蟻有君臣，世途無涇沚。他日我期君，散髮衡門裏。萬事何足問，長纓付流水。乾旋坤轉日月改，白髮長泉吾已矣。為滄浪先生賦，居士唐寅。

明唐六如臨流試琴圖軸

【紙本，水墨山水。高一尺五寸六分，闊八寸四分。三家題詠，書於本身。】

酒罷茶餘思兀然，未能除得舊琴緣。臨流試罷金徽拂，流水泠泠寫七絃。唐寅。

喬柯如玉落清陰，僮子遙將七尺琴。流水高山堪寄興，底須城市覓知音。吳寬題。

翠巘喬木晝陰陰，獨坐臨攜綠綺琴。理罷冰弦不成曲，由來山水在知音。徵明。

水深幽澗落鳴泉，風入長林起暮煙。相對已多山水意，不須重奏伯牙弦。後學彭年。

明唐六如秋風紈扇圖軸

【紙本，水墨，獨立仕女。高二尺四寸，闊一尺二寸三分。項墨林兩題書於舊裱紙，林吉人題書於舊裱絹。】

秋來紈扇合收藏，何事佳人重感傷。請把世情詳細看，大都誰不逐炎涼。晉昌唐寅。

唐子畏先生，風流才子而遭讒被擯，抑鬱不得志。雖復伴狂玩世以自寬，

而受不知己者之揶揄，亦已多矣。未免有情，誰能遣此？故翰墨吟詠間，時或及之。此圖此詩，蓋自傷兼自解也。噫，予亦骯髒負氣者，覽此不勝嘆唶，豈但賞其畫品之超逸已哉。時嘉靖庚子九月望日，項元汴跋。

　　子畏平生所畫美人，纖妍豔冶，幾奪周昉之席。而此圖獨飄然翛然，悅如李夫人夜半緔帷，姍姍來遲時也。筆墨至此間，出神入化矣。壬寅春仲上澣，墨林山人再跋。

　　六如跌盪失意人，寫此風流得意筆。當時紈扇棄秋風，誰知尺幅垂今日。人生何必歎飄蓬，落花恩怨訴東風。我愛鬌絲禪榻畔，美人環珮伴詩翁。丁亥二月八日，鹿原林佶題於偕山堂。

明林以善雪柳寒禽圖軸

　　【絹本，設色雪景，高柳遠坡，鴛鴦鸂鶒。高五尺六寸四分，闊二尺一寸三分。】
　　林良。

明呂廷振寒梅宿羽圖軸

　　【絹本，設色。古梅枯枝上立一鷹，下棲寒雀，月色朦朧，溪流映帶。高四尺三寸八分，闊二尺四寸六分。】
　　呂紀。

明徐青藤桐陰煮茗圖軸

　　【紙本，設色，樹石人物。高三尺四寸二分，闊一尺八寸一分。】
　　青藤道人徐渭。

明陳白沙梅竹圖軸

　　【紙本，水墨。高一尺七寸八分，闊九寸四分。】
　　數點梅花天地心。白沙老人。
　　【詩斗紙，高六寸八分，闊同本身。】
　　陳公甫名獻章，號石齋。新會人。為國朝理學大儒，從吳君聘講伊洛之學。憲廟時徵為翰林檢討，居白沙村，學者稱為白沙先生。能書，善墨梅，山居不能給筆札，束茅代之，遂自成一家，片紙重如拱璧云。內仲中舍示余屬題，因錄《嶺南名賢傳》歸之，元春張復。】

明陸包山濠上送行圖軸

【紙本，淡青綠山水。高一尺六寸八分，闊七寸八分。文休承題書於本身。】

鶺鴒原上看行弟，雙鶺齊飛復故人。此去秦淮天正好，桃花新水發初平。三峰先生與西塘舍弟，皆以計偕有事金陵。包山陸治於濠上送之，賦此贈別，並為圖意。

閶門楊柳綠煙濃，兩岸樓臺下夕春。風送扁舟何處泊，楓橋燈火臥聞鍾。文嘉。

明陸包山山水軸

【紙本，淡青綠。高四尺七寸六分，闊一尺九寸一分。】

西來疊嶂擁春城，出郭徐看島嶼明。極目遐瞻青未了，側身高俯綠初平。晴巒雲淨空潭影，長谷風疏栿鳥聲。笑拂當年題勝處，青山留得飲中名。春日遊天池席上作，包山陸治。

明陸包山采真瑤島圖軸

【紙本，青綠山水。高三尺七寸二分，闊一尺一寸二分。】

採真瑤島學餐霞，洗髓天池煉歲華。遙指西峰青可攬，彩雲和露擁蓮花。嘉靖甲寅仲春既望，包山陸治製。

明錢叔寶金山圖軸

【紙本，設色山水。高四尺三寸三分，闊一尺四寸。】

神禹開天塹，中流碣石存。蓬萊分左股，灩澦失孫根。驛騎催官渡，歸颿拂寺門。甕城燈火起，鍾鼓送黃昏。隆慶庚午仲春，錢穀寫並題。

明錢叔寶山水軸

【紙本，設色。高三尺六寸八分，闊一尺七分。】

甲戌九月朔日，錢穀。

明陳沱江菊花圖軸

【紙本，水墨。高二尺九寸八分，闊九寸一分。】

嘉靖癸丑冬十月，作於白陽山居，沱江子陳栝寫。

明文休承虎丘圖軸

【紙本，設色山水。高四尺三寸四分，闊一尺六寸三分。】

為愛西丘郭外蒼，春來三度到山堂。看碑每憶顏刑部，對酒難忘白侍郎。石裂道傍誰試劍，舟回溪上客鳴榔。徘徊不是遲歸去，要待中庭月一方。文嘉畫並題。

明王雅宜高樹虛亭圖軸

【紙本，水墨山水。高二尺一寸四分，闊九寸二分。侯懋功暨御題皆書於本身。】

嘉靖丁亥冬十有二月作，山中人王寵。

高樹清溪畔，虛亭落照間。遙看煙斂處，一片雨餘山。樵溪山人懋功。

識得吳中派，愛看雲外皴。問他虛四柱，所待是何人。丁丑春御題。

明文彥可綠陰草堂圖軸

【紙本，設色山水。高三尺五寸九分，闊九寸八分。御題書於本身。】

草堂好是傍山開，竹樹濃陰覆綠苔。手把一編閒坐久，詩人攜鶴隔溪來。文從簡。

宴坐茅堂戶洞開，覆簷梧樹綠生苔。忘言不啻兼忘己，那覺淇傍有客來。乙酉春御題。

明文五峰雪景山水軸

【紙本，設色。高三尺二寸五分，闊九寸八分。】

隆慶改元四月十日寫，五峰文伯仁。

明文五峰太湖圖軸

【紙本設色，山水，高一尺九寸，闊一尺二寸九分。】

隆慶己巳春從胥口泛太湖因寫此圖，五峰文伯仁。

明關慎思仿黃鶴山樵筆軸

【紙本，水墨山水。高四尺二寸三分，闊一尺八分。】

萬曆庚寅冬月，吳興關九思仿黃鶴山樵筆。

明宋石門萬山秋色圖軸

【紙本，設色山水。高四尺四寸二分，闊九寸。】

萬山秋色【隸書】，萬曆庚辰初冬，檇李宋旭仿宋人董北苑家法。

明周服卿蘆花水鳥軸

【紙本，設色。高三尺一寸六分，闊八寸六分。】

辛巳春日寫，周之冕。

明陸子傳林亭品茗圖軸

【紙本，設色山水兼人物。高二尺二寸五分，闊七寸一分。】

待詔公有此圖，為士林模楷，今擬其意。陸師道。

明董文敏鶴林春社圖軸

【紙本，水墨山水。一鶴立於亭前。高二尺二寸八分，闊一尺一寸四分。汪退谷題書於裱絹。】

《鶴林春社圖》贈唐君公董玄宰辛丑二月

家有獨鶴，忽迷所如，人失人得，已類楚弓，自去自來，莫期梁燕矣。乃於君公之牆，復躡羽人之跡，整翮返駕，引吭長鳴，似深惜別之情，都作思歸之曲。嗚呼，雀羅闃若，鷗盟渺然，顧此仙禽，真吾德友。驚蓬超忽，仍聯支遁之交；珠樹玲瓏，不遂浮丘之路。雖云合有冥數，亦由去無遐心。自此可以翿遊萬里，等狎雞群，守養千齡，無虞鳥散者矣。欲志黃庭之報，遂寫青田之真。載綴短章，用存嘉語。

便欲沖霄去，能無戀主情。夢中愁失路，客裏得同聲。【君公家有二崔為友】巢樹經春長，歸軒一水盈。【余與君公只隔一水】今宵不成寐，重聽九皋鳴。　　書似君公社丈正，董其昌。

未能整翮衝霄去，猶寄身於籬落間。引吭長鳴徒戀主，含情常似在空山。

胎禽終得遇浮丘，放跡長林未肯愁。畫裏有神兼有筆，華陽殘碣足為儔。康熙丙申三月八日，松南居士汪士鋐書於尋雲招鶴之軒。

明董文敏寫輞川詩意軸

【紙本，水墨山水。高四尺四寸三分，闊一尺六寸一分。】

人家在仙掌，雲氣欲生衣。

王摩詰詩中畫也，當時必亦有畫與輞川並著。今不復可見矣，為補圖如此。丙寅又六月朔，玄宰為含若孫壻寫。

明董文敏石磴盤紆圖軸

【紙本，水墨山水。高二尺九寸四分，闊一尺四寸。】石磴盤紆山木稠，林泉如此足清幽。若為飛屐千峰外，卜築誅茆最上頭。玄宰畫丙寅題。

此丙辰秋在海上筆，十一年矣。丙寅夏五玄宰。

明董文敏仿張僧繇翠岫丹楓圖軸

【紙本，橫幅青綠山水。高二尺，闊二尺四寸五分。陳眉公題書於本身。】

余為庶常時，於都門見張僧繇所繪《翠岫丹楓圖》致佳，忽忽已二十餘年矣，至今不能去諸懷也。今春為陳徵君作沒骨山小景，尚未愜意。因憶向所見者，彷彿摹此，雖未能追蹤晉唐，亦不落趙吳興後也。玄宰。

此余昔年為仲醇作也，用筆設色差強人意。若曰為苕帚庵中第一圖，則吾豈敢。思翁重題。余得宗伯公畫多矣，然以此圖為苕帚庵中第一，因識其首。陳繼儒。

明董文敏山水軸

【紙本，水墨。高二尺三寸九分，闊一尺二分。】

米敷文八十神明不衰，黃子久九十貌如童子，近余告老歸，精力尚健。史稱畫家以煙雲供養，信不誣也。玄宰識，時年八十二。

明董文敏仿楊昇沒骨山軸

【絹本，青綠。高二尺四寸二分，闊一尺六分。】

余曾見楊昇真蹟沒骨山，乃見古人戲筆奇突，雲霞滅沒，世所罕睹者。此亦擬之。乙卯春，董玄宰識。

明丁南羽仿米氏雲山圖軸

【紙本，水墨。高一尺四寸九分，闊六寸六分。董文敏題書於本身。】

友石從雲間來，出董太史玄宰擬小米雲山相示。雲巒稠疊，煙樹蒙茸，大不踰尺，猶存千里之勢。今之作者，惟在玄宰一人。酷暑方徂，假中點染，漫成此小景。託蹟北苑元暉間，意欲方駕玄宰，觀者能許可乎。聊志上方貽之仲韐氏。他日執之玄宰，其何以謂我耶。歲丁未七月之朔，丁雲鵬識。

米氏父子畫自董、巨出，南羽殆窮其淵源者。煙雲縹緲，片片欲飛，顧謬稱余何耶？因觀仲榦所藏，題此以志餘愧。丁未九月董其昌。

明丁南羽灌蒲圖軸

【紙本，設色山水兼人物。高四尺八寸二分，闊一尺四寸九分。無款。陳眉公題書於本身。】

灌蒲圖。

南羽先生摹唐伯虎畫，霞外人才能當此。眉公記。

明李長蘅林巒積雪圖軸

【紙本，水墨山水。高五尺一寸五分，闊一尺五寸三分。】

癸亥逼除，連日大雪，閉門獨飲小酗，輒弄筆墨。偶得舊楚紙，喜其澀滑得中，為破墨作《林巒積雪圖》。古人畫雪以淡墨作樹石，凡水天空處，則用粉填之，以此為奇。余意此與墨填者皆求其形似者耳，下筆颯然有飄瞥晻映於紙上者，乃真雪也。願與知者參之。廿八日薄暝映雪，題於劍蛻齋中，李流芳。

明卞潤甫山樓繡佛圖軸

【紙本，設色山水。高三尺八寸一分，闊一尺六寸六分。御題書於本身。】

丁丑端陽，仿管夫人《山樓繡佛圖》，卞文瑜。

淨蓮一朵是前身，繡佛無緣那有因。笑煞文瑜特多事，偏稱津逮管夫人。巾幗寧無杜子美，依稀茅屋即東屯。荒村落日絕人至，雙掩還教鶴守門。壬辰仲夏月御題。

明卞潤甫仿巨然山水軸

【紙本，淡設色。高二尺六寸七分，闊一尺三寸一分。】

壬辰秋日，仿巨然筆意。卞文瑜。

明卞潤甫山水軸

【紙本，水墨。高一尺四寸四分，闊一尺八分。】

辛卯暮春，卞文瑜畫。

明程孟陽孤松高士圖軸

【紙本，設色山水兼人物。高四尺一寸，闊九寸八分。】

崇禎四年秋九月，孟陽畫於虞山耦耕堂。

明程孟陽松石圖軸

【紙本，水墨。高四尺一寸六分，闊九寸七分。】

乙亥秋七月，成之弟從山中來，即致酒貲乞畫，為乃兄慎之壽。余嘉其意，遂作《松石圖》以遺之。偈庵老人嘉燧。

明楊龍友仙人村塢圖軸

【紙本，水墨山水。高四尺一寸二分，闊一尺六寸。】

仙人村塢錦為屏，雞犬雲中戶自扃。煙火紅塵俱不著，長齋繡佛禮黃庭。壬午春仲，畫於甌江之輕順閣中，楊文驄。

明楊龍友蘭竹圖軸

【絹本，水墨。高二尺八寸九分，闊九寸六分。】

冷光不媚人，娟秀自相慰。生成丘壑姿，勁節凜可配。一片太古雲，終年飽香翠。春來吹素襟，薰風一斗醉。戲畫似玉詠社兄並題以正，弟楊文驄。

明張爾唯仿北苑山水軸

【紙本，水墨。高二尺九寸二分，闊一尺三寸。】

乙未仲冬畫仿北苑，似子木詞壇，張學曾。

明張爾唯仿雲林山水軸

【紙本，水墨。高三尺六寸一分，闊一尺三分。】

丙申長至前寓吳門西禪寺，晴窗無事，戲仿郳雲林筆意。學曾。

明邵瓜疇貽鶴寄書圖軸

【紙本，設色山水兼人物。高二尺七寸四分，闊一尺六寸。諸家題詠書於本身。】

崇禎丁丑六月，偶唫「卻怪居山猶自淺，有人貽鶴寄書來」之句，蒼書詞兄歎有同心，屬余圖此。時在法水寺清蔭堂，涼風時至，喜而記之。弟邵彌。

誰耽閑靖向巇居，況有同心遠贈書。雲白山青松自好，一塵不到是吾廬。
已欣山響少文遊，更羨溪邊問字舟。閒把道書雠未了，一聲鶴唳碧天秋。壬
午重陽日，為蒼書詞兄對菊題，金俊明。

計僧彌之畫此，垂三十年矣。而僧彌之辭世，亦遂有年。梁月空明，玉
樓不返。聽山陽之笛韻，能無廣陵散之思乎。撫懷今曩，慷當以慨，因繫之以
詩。

謖謖風聲落樹顛，江頭誰子共留連。一船詩畫襄陽米，不是東坡即印禪。
丙午長夏，為蒼書社兄題，陸世廉。

疏鬆嫋嫋溜潺潺，步到前山及後山。道是白雲閒似我，攜琴載鶴卻情關。
書為蒼書道兄，陳藹。

寒到無妨睡，僧唫不廢禪。尚關經病鶴，猶瀘欲枯泉。靜按貝多紙，閒
爐波律煙。清譚兩三句，相向自翛然。書為蒼書社兄，鄭敷教。

魯客抱白鶴，別余往泰山。初行若片雲，杳在青崒間。高高至天門，日
觀近可攀。雲山望不及，此去何時還。徐樹丕為蒼書社兄。

幽意澈秋水，高鴻托青冥。山中有訓酢，但非人所經。剝落者斷岸，蒼
茫者遠汀。孤舟自何發，松風正泠泠。蒼書先生屬題僧彌畫，時在戊寅上巳
無門屙。

賀監舊山川，空來近百年。聞君與琴鶴，終日在漁舡。島露深秋石，湖
澄半夜天。雲門幾回去，題遍好林泉。書為蒼書道兄，周蕃。

會心不在遠，咫尺雲千里。何人相往來，到者為知己。隱士識琴心，支
公解鶴語。門前得有船，昨夜溪添水。題為蒼書詞兄，明河。

僧彌畫品全得勝國逸趣，知其胸中無膏肓，先和州許二張先生為後來之
秀，余於僧彌亦云：此幅法唐子華，已入其室矣。為蒼書詞兄題，文從簡。

罨畫溪頭秋水明，高人逸筆思縱橫。雲山多少玄暉句，不道毫端畫得成。
為蒼老詞翁書，文枏。

明邵瓜疇山熜悟語圖軸

【絹本，設色山水。高一尺九寸七分，闊一尺二寸九分。】

崩另潭上峰，綠雨知槐夏。容容雲氣青，思君治其下。聖鄰社長將歸陽
羨，屬余作圖，以當山熜悟語，因題一絕，並正。時崇禎戊寅夏四月下有一
日也，瓜疇小弟邵彌識於長水龠。

明陳占白劉振之合作蘭竹石圖軸

【紙本，水墨。高四尺九分，闊一尺二分。諸家題詠書於本身。】

庚申浴佛日，華陽洞天戲作，陳元素。

是歲重午前二日補竹石，原起。

寒宵漏永已三更，枕薄衾單夢不成。忽感三花來席上，綠莖紅萼最分明。錢允治。

露下芳葩折紫英，夜深香靄襲人清。援琴欲鼓不成調，一片楚江空月明。張鳳翼。

冉冉幽叢隔塢深，美於青玉貴於金。栽花縣令風流甚，數朵先供伴綠琴。王穉登。

幽蘭生空谷，無人自含芳。欲寄同心者，悠悠江水長。韓道亨。

點墨作幽蘭，容容可人意。世無紉佩人，化作湘谿淚。俞琬綸。

芳原桃李盛春陽，不待秋來委路傍。何似叢蘭江渚上，清風日日細吹香。楊鳳翔。

猗蘭漠漠幽人操，修竹娟娟君子心。空谷日斜人不到，可憐荊棘漫同心。徐汝鎏。

冉冉一叢玉，盈盈吹國香。佳人隔南浦，采贈不能將。毛培。

染墨香欲流，揮毫影疑動。芳心明月窺，弱態春風弄。雲間張球麟。

明張君度秋山觀瀑圖軸

【紙本，設色山水。高三尺六寸八分，闊九寸四分，御題書於本身。】

龝山觀瀑【篆書】，乙亥九秋，吳門張宏寫。

紅柏蒼松秋未寒，溪橋卓杖昈層巒。斯人深識畫圖趣，飛瀑無聲祇合觀。甲辰新秋御題。

明張君度溪亭秋意圖軸

【紙本，水墨山水。高三尺八寸，闊九寸五分。】

壬午夏月過震溪詞兄水竹居，以佳紙索筆，綠陰滿座，新涼襲人，戲仿黃鶴山人《溪亭秋意》，更喜牎幾明潔，大足快也。張宏。

明陳眉公黃葉村居圖軸

【紙本，設色山水。高二尺七寸七分，闊一尺二寸。】

北牕一榻我愛我，南華半卷人非人。潭上秋空秋巘在，蕭蕭黃葉自成村。秋巘師為舷老人所重，冬日見訪有感，寫此贈之。眉公陳繼儒題。

明惲香山錫山黍稷圖軸

【紙本，水墨山水。高一尺九寸六分，闊一尺一寸三分。】

錫山腳下一望，山水、林屋、舟船、橋樑、豆草、黍稷，爭相位置圖。此八月將望，水之宜落時也，而迷迷離離猶如此耶。此數端者其為道，安得爭而綠衣黃裏，勢之相逼云耳也。吾所賴首翹足而尋者不過黍稷，而黍稷僅存一二，盤頭而立，如五十婦人修潔其容，自以為姣好當門，而人視之已憔悴甚矣。嗟乎，錫山腳下如此，豈特此哉。元春陵之言曰：「吾靜以安人，待罪而已。」而杜老作詩又曰：「不必寄元吾」，頗怪兩老心腸不熱，吾之圖此將欲以過之也。病止五日後題，香山向。

明藍田叔秋山飛瀑圖軸

【絹本，淡青綠山水。高五尺五寸五分，闊三尺八分。】

丙申冬日，畫於城曲茆堂。七十又二蝶叟藍瑛。

明藍田叔蘭石圖軸

【絹本，水墨。高四尺六寸五分，闊一尺六寸三分。右角一印，模糊不辨。】

蘭石墨妙，唯元人得楚畹幽姿，風雨煙披之神。是做法梅道人，似子久。辭長兄正之。藍瑛。

明項孔彰雨滿山齋圖軸

【紙本，水墨山水。高三尺八寸，闊一尺二分。】

雨滿山齋九月秋，翠煙常傍硯池流。朝又睡起研些墨，寫幅林泉寄短謳。乙亥秋項聖謨作。

明項孔彰枯木竹石軸

【紙本，水墨。高三尺八寸八分，闊一尺七寸五分。】

春風搖動細香綠，古木深含宿雨青。一句子規啼未了，半山紅日不堪聽。項聖謨筆。

明項孔彰松石圖軸

【紙本，水墨。高三尺八寸八分，闊一尺八寸五分。】

盤踞清風上，天心弄遠泉。有時明月夜，招鶴共棲煙。項聖謨。

明項孔彰雪影漁人圖軸

【紙本，設色雪景山水。高二尺三寸五分，闊九寸五分。】

漫漫雪影耀江光，一棹漁人十指僵。欲泊林皋何處穩，肯隨風浪酒為鄉。崇禎十四年入夏大旱，憶春雪連綿，寫此小景就題見志。無邊居士項聖謨。

明項孔彰林泉逸客圖軸

【紙本，水墨山水。高二尺三寸四分，闊八寸六分。】

緣隄霜葉問誰栽，撲面秋山雨乍開。不信林泉無逸客，相逢濠上兩徘徊。君禹弟既請思翁先生摘選句書冊端，屬余補圖，三年而成。茲欲請季仙高兄書詩人爵里，徵余此圖以貼之。時崇禎戊寅子月望前五日，魯孔孫同觀，項聖謨並記。

明項孔彰山水軸

【紙本，設色。高二尺八寸二分，闊一尺一寸二分。題款書於石壁。】

再生丁酉人項，聖謨畫。

明曾蔗庵寫董文敏小像項孔彰補圖軸

【藏經紙簽】

董文敏小像　從遊齋藏。【篆文】

【絹本，設色。高一尺六寸六分，闊九寸六分。陳廷熹題書於裱紙。】

蔗庵曾鯨寫照，古胥樵項聖謨補圖。

此董宗伯之遺像也，曾君波臣為之寫照，項君伯子為之寫景。有好事者謂瓣香書法絕倫，酷似文敏，攜此相贈。而瓣香又以余畫幾與文敏頡頏，遂轉以見惠，相期懸之靜室，為無量供養，庶不虛私淑之意，並以志我兩人仰止前賢如是，其重且至也云爾。辛巳重九後學，陳廷熹拜識。

明項又新古木竹石軸

【紙本，水墨。高三尺八寸二分，闊九寸九分。】

修竹含風弄影，危柯擎露衝霄，似向騷人灑灑，疑瞻高士囂囂。項德新試小華墨於松院，是日階前初有秋色。

明崔青蚓品茶圖軸

【紙本，水墨山水兼人物。高二尺八寸九分，闊七寸三分。董嗣成、邵彌二題書於本身。】

層疊青山萬綠齊，數椽書屋在溪西。鄰家分得新茶美，擬汲清泉試品題。丙辰三月望後四日寫於寶鼎新齋，山左崔子忠。

愛此風光好，周遭對碧峰。高懷閒雅處，品茗興初濃。董嗣成題於萃雲山房。

山光如洗正初晴，黃鳥枝頭弄巧聲。有客到門茶具美，幽居勝事稱心情。北海以此圖見示，率題如右。瓜疇邵彌。

明馬湘蘭蘭竹石圖軸

【紙本，水墨雙鉤，蘭襯以竹石枯枝。高二尺六寸七分，闊七寸六分。下半作畫，上半題詠。】

庚子秋日寫，湘蘭馬守真。

寫竹描蘭寄阮郎，粉痕微膩墨痕香。依稀天女花狼籍，好逐春風上石床。王穉登。

素雪積黇石，穎蘭試一花。美人調綠綺，幽思在天涯。之蕃。

空谷生幽蘭，無人自含芳。欲寄同心子，迢遙江水長。大中。

睹湘君此幀，真如九畹在坐，咄咄豔人。稱為女子固非耶。如錦。

葉散莫花繁，香斷春魂冷。湘皋水正深，照見新粧影。枝還同嬝嬝，心不共蕭蕭。縱被霜摧卻，春風應更搖。騷人詠九畹，游女怨三湘。蘭閨甘寂寞，不是為人芳。空谷杳無人，幽香在何處。春到秦淮鄉，魂銷楚江女。漫擷春風花，紉作春衣佩。綠葉翦琅玕，紫心裁玟瑁。寧同歲寒草，不肯媚春陽。離離玉階樹，飄然王者香。譬彼桃李花，繁華競相逐。吾願君子操，貞心抱幽獨。帶雨葉搖搖，隨風衣楚楚。同心臭味真，永言吾與汝。本擬綠琴操，翻成翠畹塵。平皋千萬里，妬殺過湘臣。蘭臺光弈弈，桂圃騁容輝。嫩色朝盈室，清芬夜襲衣。庚子仲冬既望，衡郡文肇祉書於秦淮聚錦樓。